智慧城市建设与管理探索

官红梅 著

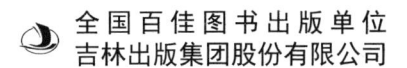

全国百佳图书出版单位
吉林出版集团股份有限公司

图书在版编目（ＣＩＰ）数据

智慧城市建设与管理探索 / 官红梅著 . -- 长春：吉林出版集团股份有限公司 , 2023.4
ISBN 978-7-5731-3232-1

Ⅰ . ①智… Ⅱ . ①官… Ⅲ . ①现代化城市—城市建设—研究 Ⅳ . ① C912.81

中国国家版本馆 CIP 数据核字 (2023) 第 067156 号

ZHIHUI CHENGSHI JIANSHE YU GUANLI TANSUO
智 慧 城 市 建 设 与 管 理 探 索

著：	官红梅
责任编辑：	沈丽娟
技术编辑：	王会莲
封面设计：	古　利
开　　本：	787mm×1092mm　　1/16
字　　数：	310 千字
印　　张：	16.75
版　　次：	2023 年 4 月第 1 版
印　　次：	2023 年 4 月第 1 次印刷

出　　版：	吉林出版集团股份有限公司
发　　行：	吉林出版集团外语教育有限公司
地　　址：	长春市福祉大路 5788 号龙腾国际大厦 B 座 7 层
电　　话：	总编办：0431- 81629929
印　　刷：	三河市金兆印刷装订有限公司

ISBN 978-7-5731-3232-1　　　定　价：100.00 元
版权所有　侵权必究　　举报电话：0431-81629929

前言

智慧城市是未来城市发展的大势所趋，也是未来社会、经济和文化发展的重要载体。随着信息化技术的飞速发展，智慧城市在今后的发展中更具创新性和吸引力，信息技术将成为智慧城市发展的重要基石。随着城市智能化水平的提高，城市管理者、建设者、运营商等各方面的力量相互协作，以一体化经营方式和未来行业发展为基础，会是一个有意义的课题。

随着对智慧城市的研究与应用越来越多，人们对其认识也越来越深刻。近年来，在智慧城市的建设中，国内外发生了一些新的变化，在世界范围内，业内都在不断地进行关于智能城市新的调整与变革。智慧城市的概念，从最初的数字城市发展为智慧城市。"超级智慧"这个词在国际上受到了广泛的重视。不过无论如何改变，智慧城市的核心依然是围绕着这座城市。

随着城市化的推进，必须加强对智慧城市的开发。要着眼于将来，建立以数字化、网络化、智能化为主要特点的智慧城市。近年来，信息科技日新月异，物联网及云计算发展迅速，如今，建造智慧城市是城市发展的第一大潮流，同时也是推动新型城镇化、全面建成小康社会的一项重大举措。要实现社会经济的可持续发展，实现社会公益，解决城市化问题，必须进行智慧城市的建设，而智慧城市的发展也与社会的和谐发展息息相关。本书详细介绍智慧城市的建设和管理，主要是为了提供一些有用的信息。

作者查阅了许多相关的文献，并参考许多专家、学者的研究结果，由于篇幅所限，无法一一道来，我们在这里致以诚挚的谢意。因为时间紧迫，笔者的能力有限，所以在写作中不可避免地存在一些问题，还请大家多多指正，提出宝贵的建议，供以后工作参考。

目　录

第一章　智慧城市建设概述 ... 1
- 第一节　智慧城市 ... 1
- 第二节　智慧城市建设的现实意义 ... 16
- 第三节　智慧城市建设思路与研究 ... 21

第二章　智慧城市顶层规划 ... 60
- 第一节　概述 ... 60
- 第二节　智慧城市知识体系规划 ... 63
- 第三节　智慧城市建设体系规划 ... 82
- 第四节　智慧城市云计算技术应用 ... 105
- 第五节　智慧城市物联网技术应用 ... 113
- 第六节　智慧城市无线通信技术应用 ... 116

第三章　智慧城市建设项目实施 ... 124
- 第一节　智慧城市建设项目实施指导方针 ... 124
- 第二节　智慧城市建设项目实施保障措施 ... 126
- 第三节　智慧城市建设项目实施组织与管理 ... 130
- 第四节　智慧城市建设项目运行管理 ... 133

第四章　绿色智慧城市的设计 ... 135
- 第一节　城市系统要素及其框架 ... 135
- 第二节　绿色智慧城市的行动主体 ... 138
- 第三节　绿色智慧城市的行动准备 ... 143
- 第四节　绿色智慧城市的行动方案 ... 150

第五章　智慧城市管理"1322"架构体系 ... 159
- 第一节　一个城市管理大数据中心 ... 159
- 第二节　三个平台 ... 159
- 第三节　两个支撑 ... 177

第四节　两个辅助 …………………………………………… 181
第六章　智慧城市管理产业发展 …………………………………… 186
　　第一节　智慧城市管理产业 ………………………………… 186
　　第二节　智慧城市管理产业的现状分析 …………………… 187
　　第三节　智慧城市管理产业化探索 ………………………… 190
第七章　基础设施系统建设 ………………………………………… 192
　　第一节　城市基础设施与城市基础设施管理体制改革 …… 192
　　第二节　城市基础设施供给与需求 ………………………… 215
　　第三节　城市基础设施投融资体制与建设方式 …………… 223
　　第四节　城市基础设施经营 ………………………………… 230
第八章　智慧城市管理中的技术应用缩影 ………………………… 239
　　第一节　大数据 ……………………………………………… 239
　　第二节　网络技术 …………………………………………… 241
　　第三节　人工智能 …………………………………………… 244
　　第四节　多媒体技术 ………………………………………… 250
　　第五节　其他技术 …………………………………………… 256
参考文献 ……………………………………………………………… 261

第一章 智慧城市建设概述

第一节 智慧城市

一、智慧城市基本概念

对于智慧城市，有两种不同的认识：一种是狭义的，一种是广义的。狭义上所谓智慧城市，就是在互联网的支撑下，以智慧技术高度集成、智慧产业高端发展、智慧服务高效惠民为主要特征的城市发展新模式，其本质是更加深刻的感知、更加广泛的连接、更加集中和更有深度的计算，为城市肌理植入智慧基因。广义上所谓智慧城市以"更具科学性、更能有效地经营管理、社会更和谐、居住环境更美好"为概念，是一种由上而下的、有组织的信息系统构成的新型城市形式。

目前比较权威的中国智慧工程研究会对"智慧城市"概念的描述是："智慧城市是目前全球围绕城乡一体化发展、城市可持续发展、民生核心需求这些发展要素，将先进信息技术与先进的城市经营服务理念进行有效融合，通过对城市的地理、资源、环境、经济、社会等系统进行数字网络化的管理，对城市基础设施、基础环境、生产生活相关产业和设施的多方位数字化、信息化的实时处理与利用，同时为城市治理与运营提供更简洁、高效、灵活的决策支持与行动工具，为城市公共管理与服务提供更便捷、高效、灵活的创新运营与服务模式。"

(一) 智慧城市主要特征

中国智慧建筑学会关于智慧城市的调查结果表明，智慧城市的基本特点可以分为以下三类。

1. 智慧城市幸福指标体系

智慧城市的幸福感指数是用来测量人类在生活与发展中的感觉与体验。

它不仅是对现实生活状况的一种评判,还是一种对人生的主观意义与满意度的价值评判,也是一种衡量一个地区生态环境、政府管理、经济发展、社会进步、居民生活与幸福水平的指数工具,尤其反映了体制改革与社会发展正在对人民的生存条件和生活品质产生的最强有力的影响。这些都极大地影响着人民的身体健康状况和社会生活安全。

智慧城市的一个显著特点是,它以智慧的方式提升居民的幸福感,它的快乐特性表现在治安、消费和住房、民生服务、社会保障、卫生保健、教育文化、就业和收入等方面。

2. 智慧城市管理指标体系

智慧城市管理指数是对中国城市的治理效能和绩效进行度量的一项重要内容,它的功能是对我国的城市治理状况进行评估,并对其中的问题进行分析,为中国的城市治理工作提供指导。城市管理指标体系既能反映不同地区的整体经营效率,又能反映不同地区在经济、结构、社会、人员、发展、环境等各领域的不同,有利于强化城市的综合管理,保障地区的可持续发展,在实现生态环境良好循环的前提下实现经济的持续健康发展。

智慧城市管理水平是智慧城市的一个突出特点,主要体现在城市综合管理、安全管理、交通运输管理、应急指挥管理、节能减排管理、社会管理、社区管理、企业经济转型与服务等方面。

3. 智慧城市社会责任指标体系

智慧城市的社会责任指标体系是用来衡量企业在权益、环境、诚信、和谐等方面所应负的责任。社会团体应当主动地采取积极的外部因素来进行运作和管理。一个既要履行法定和财务义务,又要履行"实现长远的、强大的社会目的"的机构,才能被视为负起了社会的责任。就国家层面来说,其社会责任表现在政治文明建设、城市形象传播、维护公民权利义务等方面。

智慧城市的社会责任包括权益责任、环境责任、诚信责任、社会责任、和谐责任等。

(二)数字城市与智慧城市

1. 数字城市的概念

美国副主席戈尔于1998年1月在加利福尼亚科技中心的演说中首先将

第一章　智慧城市建设概述

"数字地球"这个观念提出来。"数字地球"是指利用数字技术和地理空间技术对地球进行全面的数字地貌再描绘。利用数字正射影像（包括航空、卫星遥感影像）、数字地形模型、地球三维景观模型等，构建地球的空间位置基础资料。从资讯科学与发展的视角出发，"数字地球"这一观念突出了资讯科技的根本功能，体现了资讯科技的根本观念："资讯是经加工的资料"。"数字地球"的概念对信息感知技术、信息采集技术、信息存储技术等都产生了新的需求，从而为信息资源的共享与开发提供了有力的支持。我国的数字化建设起步于政府的电子政务。自1999年开展国家行政管理信息系统的试点工作，并在十余年的发展中初步形成了一个完整的城市级电子政务系统。北京、广州、上海、南京、苏州等城市在数字城市管理平台的基础上，建立了城市地理信息（GIS）、城市"一卡通"、城市数字城管、城市公共安全（平安城市）、智能交通、城市公共卫生、城市突发事件应急指挥等数字城市应用系统平台，为我国数字城市的建设奠定了基础、积累了经验。

《数字城市建设指南》第一卷将"数字城市"的理念概括为："在一个城市中政府信息化、城市信息化、社会信息化、企业信息化'四化'为一体。通过数字化技术应用，整合整个城市所涉及的综合管理与公共服务信息资源，包括地理环境、基础设施、自然资源、社会资源、经济资源、教育资源、旅游资源和人文资源等，以数字化的形式进行采集和获取，并通过计算机和网络进行统一的存储、优化、管理和展现，实现城市综合管理和公共服务信息的交互和共享。为城市资源在空间上的优化配置，为城市综合管理和公共服务上的合理利用，为城市科学化与可持续发展，建立和谐社会提供强而有力的手段。"

2. 数字城市与智慧城市

智慧城市是数字城市发展的先进发展阶段，它是以数字城市网络化与数字化建设为依托，进一步应用自动化与智能化科技，把政府信息化、城市信息化、社会信息化和企业信息化有机地融合为一体。城市的地理环境、基础设施、自然资源、社会、经济、医疗、教育、旅游、人文资源等，都将城市的社会治理和社会公共资源整合起来，从而使社会资源更深入地感知、更全面地互联互通、更深入地智能化。实现对城市进行全面的管理，对公共服务的互联互通、数据交换、信息资源的整合，促进城市的可持续发展，实现

—3—

绿色发展，为实现城市资源的优化配置，建设和谐、幸福的社会奠定坚实的基础。

二、IBM 的智慧城市

IBM 于 2008 年末第一次将"智慧地球"这个新的理念推向市场。IBM 将"智慧地球"的中心思想称为"以一种更智慧的方法，通过利用新一代信息技术改变政府、企业和人们相互交互的方式，提高交互的明确性、效率、灵活性和响应速度。将信息基础架构与高度整合的基础设施完美结合，使得政府、企业和市民可以做出更明智的决策。智慧的方法具体来说以三个方面为特征，即更透彻的感知、更广泛的互联互通、更深入的智能化。"

（一）IBM"智慧中国"的解决方案

IBM 在《中国需要智慧的发展之路》中认为："智能星球"的概念可以促进中国迈向 21 世纪的经济发展，现在是政府、企业和市民携手努力，为达成更广泛的共识、更全面的互联性和更高的智能水平提供了极好的机遇。IBM 根据中国的实际情况，将"智慧中国"的发展分为五个方面，分别是：保护环境、可持续经济、有效利用能源、企业竞争力、和谐社会。

（二）IBM"智慧中国"的应用领域

根据"智慧中国"五大发展目标，IBM 将其具体运用到"智慧城市"的六个方面。

1. 智慧城市

中国的市政、商业、市政基础设施不健全，市政和市政体系的建设和运行效率不高，突发情况应急反应能力不足等问题亟须得到有效处理。城市是经济发展的中心环节，而智慧城市能使人们的居住品质提高，商业氛围更加具有竞争性，对投资具有更大的诱惑力。

2. 智慧卫生医疗

在卫生体系（尤其是在乡村），由于卫生保健制度的成本太高，卫生服务部门工作低效，缺乏优质的病患护理等。因此，要解决这些问题，只有公民的身体健康，才能产生劳动价值。

3. 智慧交通

为减轻过度运输的基础建设所带来的负担，我们必须要做些什么。减少拥挤就是缩短了货运的时间，缩短了城市居民的出行时间，提高了生产率，降低了废气的排放量，更有利于环保。

4. 智慧电力

让用户有权控制他们的电能，并减少污染。一方面，它可以有效地利用能量，同时也有利于环保；另一方面，既保证了供电企业的供电可靠性，又降低了电网的能耗，保证了可持续的能量供给，从而保证经济的持续和迅速发展。

5. 智慧供应链

智慧供应链的目标是处理运输、仓储和配送等环节的低效能，从而导致高运输费用和较长的库存周期。如果能够顺利地处理好上述问题，对于推动我国对外贸易、增强公司的竞争能力、推动我国国民经济的可持续发展具有重要意义。

6. 智慧银行

增强中国银行在国内外的竞争能力，能够降低风险、增强金融市场的稳定性，从而为大型、中小型企业和个人企业提供更多的支持。

三、中国特色的智慧城市

构建具有中国特色的智慧城市，必须立足于社会治理改革与民生服务。要做好社会治理，就应该加速推动以保障和提高人民生活水平为核心的社会发展。要坚持以保障和提高民生为基本起点和落脚点，不断健全保障和改善民生的体制机制，坚持走共同小康之路，让发展更好地造福于广大群众。

当今世界，随着信息化进程的加快，信息技术的开发与运用不断涌现出新的经济增长点。加快信息化进程，建立和完善信息安全保障系统，是我国调整经济发展模式、保障和改善人民生活、维护国家安全的重要举措。在未来一段时间内，要以加快资源的优化配置为重点，建立现代化的信息技术工业系统，以全面提升经济和社会的信息化发展。要强化系统的整体协调建设，完善网络信息安全的保障机制，提高我国的信息网络安全水平，推动我国经济快速发展，实现社会和谐稳定。

在信息化的今天，智慧城市建设已经成为现代城市发展的必然选择。城市综合管理、城市应急处理指挥、城市综合共享数据仓库、政府电子政务、城市市民卡、城市公共安全、城市智能交通、城市公共服务、城市社会保障与公共卫生、城市教育文化与旅游、城市电子商务与物流、城市基础设施监控与管理、城市物业与供暖节能、城市智能建筑与智慧社区等在城市经济和生活的所有方面提供现代化科学的综合管理和便捷有效的公共服务。未来，我们将在一个充满智慧的美丽的世界里享受和谐快乐的人生。

(一) 中国特色智慧城市建设目标

智慧城市的构建和发展本质上是将低碳经济、智慧城市和幸福生活三合一的城市发展思想在城市建设中的具体表现。智慧城市的建设目的是将政府信息化、城市信息化、社会信息化、企业信息化"四化"有机地结合起来。利用数字技术，将全市社会管理、社会资源、教育资源、旅游资源、文化资源等资源进行数字化收集，并在电脑和互联网上统一存储、优化、管理、展示，从而达到城市的一体化管理和公共服务的信息交流。对实现科学的、最优的资源分配，实现对城市的整体治理、公共事业的有效使用，实现我国的绿色可持续发展，构建和谐的社会，都是很好的途径。

在国家经济、社会各个方面，信息技术的运用越来越明显。因此，要加强对政务的内部网络建设，推动行政体制改革，实现网上办公、业务协同、政务公开。农业信息化建设正在逐步健全。信息化技术在传统工业中的运用，使其在市政、交通、治安、环境、节能、基础设施等领域得到全面发展。社会信息化在科技、教育、文化、卫生、社会保障、环境保护、社区服务、网络商贸和现代物流等方面呈现出蓬勃的发展态势。在新能源、交通运输、冶金、机械、化工等领域，企业的信息化程度逐渐提升。从过去到现在，从传统的服务转向现代的服务。金融业的信息化推动了金融业的改革，并逐步建立了现代的金融服务系统。

(二) 中国特色的智慧城市建设方针

要实现"智慧"，必须要加速推动"信息化"的发展，要制定"智慧化"发展战略，制定"智慧化"的有关规范与标准，以"高水平"的"智慧"为主导。大力推进"多网"一体化、"云计划"的实施,重点推进试点项目,为智慧城市的发展奠定坚实的基础。加强对智慧城市的技术支持,组织开展关键技术的研究和应用,努力在物联网、云计算等领域实现核心技术的突破,推动核心芯片、新一代网络核心技术、传感器、超级计算和智能处理技术的研发及产业化。要积极推进"科技"项目,建设"智力创新"支撑体系,推进"智慧化"应用。政府网上办公系统、政务服务平台、政府决策平台等项目的实施,使之成为一个快捷的政府服务平台。推进城市公共交通、空港、港口、供电、供气、供水等现代化城市的信息化,推动城市规划、管理、安全、应急管理等方面的信息化。《"十二五"规划纲要》提出,我国当前的城市信息化要以信息化为依托,以城市级的第一个应用系统以及城市信息化为核心,以一体化、高效的城市信息化为主要内容,大力促进政府信息化、城市信息化、社会信息化、企业信息化。构建一个基于城市的基本信息管理和存储系统,以及一套用于各个行业的二级应用系统。结合城市规划、土地、交通、道路、地下管网、环境、绿化、经济、人口、房地产、工商企业、金融、农业、矿业、林业、旅游、水利、电信、电力等各种数据,建立城市级的信息互联互通与数据共享交换的超级信息化体系。构建智慧城市社会管理与公共服务体系,包括电子政务公共服务、城市综合管理、城市应急处理指挥、城市绿色生态与节能减排、城市市民卡、城市公共安全、城市智慧交通、城市基础设施管理、城市社会管理与公共服务、城市社会保障、城市医疗卫生、城市教育文化与旅游、城市电子商务与物流、城市智慧社区、城市社区物业与供暖节能、城市智慧建筑等。

(三) 中国特色的智慧城市建设总路线

智慧城市的总体规划要按照"顶层设计、统筹管理、深度融合、全面提升"的工作思路,使其自动感知、高效传递、智能运用和互联互通。智慧城市的总体设计思路如下。

1. 智慧城市顶层设计

智慧城市建设的顶层设计应基于对智慧城市的需要和可行性的分析,主要包括智慧城市功能体系、智慧城市系统体系、智慧城市技术体系、智慧城市信息体系、智慧城市基础设施体系、智慧城市标准体系、智慧城市指标体系、智慧城市建设保障体系等方面的内容。

2. 建设统一管理的海量数据库（云计算中心）

构建具有一定规模的智慧城市大数据库，并将其应用于实际地理上的集成，从而构建一个具有高度智能化的城市级大数据系统。建设城市基础信息、基础设施，完善全市人口、企业单位基础信息库，建设完善城市地理空间基础数据库，建设完善人口、企业机构、空间地理基础信息共享交换平台及工作机制，构建统一的城市地理空间信息资源体系，汇集叠加人口信息、空间、企业单位、城市部件等，完善建成城市管理运行基础资源体系。

加强专项信息资源的集约化管理，加速建立城市管理部件和事件信息基础数据库，全面推进城市部件普查、事件分类、立体图像等三维图像数据的构建，对城市部件进行网格划分确权，摸清管理家底，确定职责权属。构建一个综合利用的资源目录系统，实现全市所有区域的专门信息资源的统一。

3. 建设城市级"一级平台"

建立以"一级监管、二级调度、三级管理、四级网络、统一处置"为一体的城市管理运作方式。构建智慧城市一体化管理和公共服务"一级平台"，分阶段整合公安、国土、环保、城建、社区、交通、水务、卫生、规划、城管、林业园林、质监、食品药品、安监、水电气、电信、消防、气象等部门的业务级"二级平台"和应用系统，构建市政、民生、政务等部门的业务级"二级平台"，提高市政和民生服务的效率。

4. 统筹民生服务业务级"二级平台"及应用系统设计

智慧城市一期项目要立足于社会治理、智慧社区、智慧医疗、智慧教育、智慧房产、智能建筑等业务平台的建设，重点推进市民卡、智慧社区、智慧医疗、智慧教育、智慧房产、智能建筑等业务平台和应用系统设计及系统工程的建设。实现信息共享、集约化共享、专业化的综合利用、部门信息化、应用体系、资源共享、数据更新和数据共享等方面的工作。

5. 智慧城市建设应遵循"四统一"原则

在智慧城市的发展中，必须坚持"统一领导、统一规划、统一标准、统一平台开发""四统一"的方针。作为"一把手"的智慧城市，需要在"一把手"的领导下统筹各级各类力量，实现信息的互联和交流；在智慧城市"一级平台"的顶层规划中，将各个"二级平台"的规划与应用体系进行整合；制定统一的信息互联和资料分享以及交流的标准，并制定系统整合通信的接口规格和协议；对企业的商业平台和应用软件进行统一组织，防止多个厂商对相同的商业平台和应用体系进行反复开发。

6.强化智慧城市建设支撑保障体系

要健全集约型政府投资建设体制，统一建设项目的经费，加强对城市建设项目的审批和资金监管，杜绝多头投资、重复建设。要加强政策和法律的支持，健全相关政策、规章和责任监管体制，建立以政府绩效监管为保障的城市治理评估机制，把城市管理评价考核结果纳入电子监管范畴，完善智慧城市管理的协调和监管机制，为智慧城市管理运行提供强有力的制度保证。

四、国内智慧城市建设现状

(一) 中国智慧城市建设现状

2006年，中共中央办公厅、国务院办公厅印发了《2006—2020年国家信息化发展战略》，并在全国范围内实施了中国的数字化和智慧化城市建设工程。笔者于2008年7月陪同内蒙古鄂尔多斯市东胜区数字城市代表团8人赴中山市、火炬园区、广州市、上海市、杭州市、苏州市、南京市、青岛市、天津市、北京市等地进行了为期15天的实地调研。此次调研主要集中在城市"一卡通"、城市数字城管、城市地理信息系统、供热计量、物业管理、数字社区信息化、电子政务外联网等领域。在2008年，又随东胜区委对广州、郑州、北京等城市的数字城管、城市应急指挥、安全城市建设等相关工作进行了深入的调研和技术交流。

通过考察、学习和技术交换，笔者对我国当前的数字化和智慧化的发展状况有一个较为完整的理解。总体来说，北京、广州、杭州和苏州都是国内最好的城市。其中，北京市应急指挥中心、北京市东城区、郑州市数字城管、苏州市、吴江市城市市民卡、广州安全城市等都是当前数字城市乃至智慧城市发展的典范。近几年来，我国正在进行的数字城市建设的实践表明，要借鉴世界上先进的数字技术和信息技术，借鉴国外的一些成功的经验，并结合中国的实际，探索一条符合中国特点的信息化发展之路。当前北京、广州、上海、南京、杭州、苏州等地的发展理念，就是要充分发挥城市的信息化技术，使城市的行政从垂直到横向、从横向到纵向不断提升。在城市信息化的基础上，逐步建立起政府、企业、社区与公众的信息交流平台，实现人与自然、公众与政府三者的和谐统一。重点加强与人民群众生活密切相关的交通、教育、医疗、居住、治安、社区服务等领域的发展，开展城市市民卡、城市大城管、城市应急指挥、城市智能交通、城市社会保障与公共卫生、社区物业与服务等应用系统平台的开发和建设。

由于我国目前正在进行的数字化、智慧化等领域的研究还没有形成有效的解决办法，比如，没有制定相关信息交互、数据共享、功能协同、信息互联互通、数据共享等标准和执行规范，导致这些已建数字城市或智慧城市在综合管理信息交互、数据共享、网络融合等方面面临着许多问题。比如，由于南京的"一卡通"和公共汽车的数据格式不统一，南京市政府取消了"一卡通"，使政府多支出了一亿元；深圳在创建安全城市过程中，由于缺乏对视频监测系统的连接和影像信息的充分利用，致使深圳的安全管理工作陷入了"信息孤岛"，不能进行网上交互、视频资料的交流，造成了严重的资源损失。在与广州市信息局的技术交流会上，有关负责人明确指出："制定信息交互、数据共享和联网统一的标准是广州数字化的重点工作，但这也造成了广州数字化发展的难度和阻碍。"总之，目前正在建设的数字城市总体上都缺少从上到下的数字化系统平台的总体规划，没有能够及时制定和编写信息化、数字化、智慧化系统平台之间信息交互、数据共享、网络融合的标准和实施规范，这是我国数字城市或智慧城市建设和发展面临的普遍问题。由此，我们可以看出，新加坡为何要花费十年的努力，才能在管理和技术两个层面，处理好各大城市之间的信息连接与资料共享，并全面了解"信息孤岛"的意义。

(二) 中国智慧城市建设存在的主要问题

我国的数字化、智慧化是以城市信息系统、电子政府为出发点的。自1999年启动城市信息系统，历经十多年的发展，初步形成了一个完整的市级政府系统。近几年，在北京、广州、苏州、上海、南京、宁波、鄂尔多斯市、东胜区、克拉玛依市等地，虽然已经有了很多成功的案例，也有了很多值得借鉴的地方，但从现实性和科学性的角度出发，仍然有很多问题，严重制约我国的可持续发展，阻碍了我国信息化建设的进程。

1. 建设目的和实施目标不明确

对智慧城市的科学认知是开展智慧城市系统工程的先决条件。其具体内容如下：

（1）对于智慧城市的概念，目前尚有许多模糊和片面的理解。比如，有人觉得智慧城市是建立通信网络，只要所有人都能使用互联网就是智慧城市；有人将数字城市、智慧城市与数字地图、城市三维可视化联系在一起，认为城市的数字地图、建筑物都建立了，就是智慧城市的雏形；有的人觉得智慧城市不过是做一些商业方面的信息工程，建设一些商业信息系统就能建设一个智慧城市，对于到底什么是智慧城市，却没有一个科学的认知与理解。

（2）没有搞清楚智慧城市的建设目的，一味地模仿，争着要发展智慧城市，并建议在几年之内实现这些指标，有的地方甚至还要建成智慧某某省、智慧某某市。比如，有些城市建成后仅仅是为了迎接上级领导检查，看到的人很多，却从不用来处理企业遇到的问题，事实上就变成了"花瓶工程"。甚至有些经济欠发达地区，都有建设智慧城市的想法，这是一种"一窝蜂"的现象，很多人都是瞎起哄，或者是在宣传。很明显，各地缺乏整体、长远的规划，每个单位都有自己的想法，同样的项目，所有人都在做，却不能共用，导致资源浪费。所以，智慧城市已经成为各单位的"政绩工程"和"面子工程"。

2. 缺乏长远规划和建设方案

笔者通过对我国的数字化和智慧化城市工程的调研，认为目前我国尚无一套长期的智慧城市发展规划与整体规划，从而对我国的可持续发展造成了一定的负面效应。

（1）在缺乏长期规划的情况下，很多地区缺乏对其长期性、复杂性和可持续发展的认识，将一种长期的、战略性的、特定的项目视为一种特殊的项目，盲目追求，必然造成"无序状态"，造成人力、物力和资金的巨大损失。笔者在实践中发现，一个县市的智慧城市建设成本一般在4~5亿元，在全国范围内建设智慧城市所需的资金非常庞大,所以在没有长期的规划和建设计划时,必须按部就班地进行。

(2)未对该区域进行必要的需求和可行性分析,就仓促制定"顶层规划"。此类"顶层规划"往往只是空头支票,有目的性的内容,但缺乏具体的城市层面、业务层面的平台,以及应用体系的具体设计,使得这种"顶层规划"难以落实。在没有搞清楚究竟要建造一座什么样的智慧城市和如何建造的时候,就盲目地投资,购买大量的硬件和软件,甚至重复购买、重复开发软件,导致了巨大的经济损失。目前,各个行业(单位)都在自行构建自己的业务应用信息化体系,而原来的"信息烟囱"尚未完全清除,新"信息烟囱"层出不穷,导致了信息资源的极大消耗。大、中、小城市分别进行不同程度的施工,城市之间、城市内部,无论从垂直还是横向,都不能相互连接,不能进行数据交流,形成大大小小的"信息孤岛"。如果没有一个长期的智慧城市规划与建设计划,就不能有计划、有步骤地进行,也就不能确保其可持续发展。

3. 信息互联互通与数据共享程度很低

在我国,要建立起一个统一的网络环境,必须建立一个统一的系统。然而,现在很多地区还没有意识到这一问题,或者说不够认真。笔者在与部分城市信息管理单位负责人的沟通中,归纳出如下的特点:

(1)观念上缺乏对信息的连接和信息分享的重视,以为要实现智慧的首要任务是要解决各个部门的信息化问题,所以并没有将其视为一个战略的目的和总体的解决办法,更没有将信息的互联和信息的分享放在首位,仅仅建立起一套独立的商业应用信息体系,而在面对全局、跨部门的问题时却一筹莫展。

(2)各行业自主性和各行业的利益对实现信息的互联和共享造成了很大的障碍。在城市的基础地理空间信息的分享中,这个问题尤其突出。由于城市基本地理空间资料是不断更新的,各部门(产业)专题资料的集成都必须建立在空间资料的架构上,要想实现城市资料的分享,就必须从根本上解决问题。负责城市基础地理空间资料的部门和其他部门的工作人员有着很大的利害关系,一些负责收集和管理的企业,更是将其视为"行业垄断"的一种手段,使得各大区域的信息资源很难进行有效的集成和分享。

4. 标准体系和政策法规滞后

完善信息化建设的法律法规以及制度是数字化发展的关键。然而，当前中国的数字化、智慧化城市的发展仍面临着标准体系滞后、政策法规不完善等问题，这严重制约着我国的信息化进程。具体内容有：

(1) 尽管在各个行业（如测绘、计算机等）都制定了相关标准，但由于涉及多学科交叉、多行业相关、多系统集成的庞大系统，至今尚未形成一套完整的标准，尤其是智慧城市建设标准、信息互联互通与数据共享规范、电子政务外网实施标准、电子商务与现代物流实施标准、智慧企业、智慧社区与智慧建筑的建设规范、智慧的城市信息应用系统建设，当前的城市信息应用系统建设尚无标准可用，极大地限制了我国的数字化、信息化、智慧化等方面的发展。

(2) 建设数字，涉及政府、企业、公众等多个领域，必须把政府经营与市场化有机地融合在一起。然而，我国在信息化的发展中，由于存在着大量的问题，导致各行业在信息化等领域的应用中出现了一些问题。同时，也严重地限制了我国智慧城市的建设、信息的互联、数据的分享。

5. 建设实效和作用不明显

在我国的信息化进程中，没有充分认识到信息化的应用与管理变革的相互作用，使得其效率和效能的实现受到了传统观念、体制和运作方式的制约。其具体内容有：

(1) 由于信息技术的飞速发展，人类步入了信息时代，但是人们的思维方式，即利用信息技术来改造自己的工作和生活方式的新理念还没有形成。比如，目前的管理体制（目前的8个钟头）、空间限制（目前的属地原则）、流程限制（目前的纵向管理体制）、暗箱限制（目前的"人际关系"）等人为限制，与数字化、网络化、自动化、智慧化的数字化城市，甚至智慧城市的信息化、网络化、数字化、智慧化等都格格不入。目前的管理体制存在着这样的思想误区，严重制约着数字化、智慧化、信息化的应用。

(2) 当前的行政运作机制和运作过程都是在计划经济条件下建立的，机构设置不合理、部门职责错综复杂、工作流程缺乏条条框框、工作流程落后等问题，不但会对智慧城市的建设产生负面影响，甚至会出现"穿新鞋走老路"的现象。

(3)对政府部门而言,数字化、智慧化为政府部门创造了新的工作环境,也为公务员的思想素质、业务素质、知识水平等带来了新的挑战。推行"智慧城市"的策略,必然要推动体制改革、机构精简、职能转变,而这一切关系到广大公务员的利益。部分已经开始实施的智慧城市,因为存在着许多问题没有得到有效的处理,从而也会严重地制约其效能和功能的实现。

五、国外智慧城市建设经验

数字化、智慧化的城市,其目标是提升公共产品的品质。将智慧化建设视为提升行政效能、提升公共服务水平的一种行之有效的途径,是一个具有重要意义的实践。在国外,智慧城市的建设主要是为了将各类信息资源进行整合,以统一的形式实现对公众的一次全方位的综合管理和顶层规划。智慧城市的建设是一个长期而复杂的系统工程。在智慧城市建设中,各国都有不同的战略选择,主要有以下几点。

(一)建立统一的信息化管理体制

举例来说,英国首相指定电子事务部负责全国的信息工作,并在两位政府人员(内阁办公厅主任、电子商务和竞争部长)的帮助下,负责智能政府和电子商务。此外,在联邦政府的各个机构中还成立了由电子事务部负责制定政策的机构。政府办公厅设立了专门的电子政务办公室,专门处理国家的信息工作。与电子政务部长一道,电子政务专员将每月一次的信息进度报告给首相,并在年终呈交年报。政府各部门授权行政机关及当地政府任命的高层人员,共同组建全国资讯中心,帮助部长及大使统筹全国资讯工作。

(二)制定统一的信息化发展规划

比如,新加坡制定《政府ICT指导手册》,对其实施的管理和培训进行规范化管理。此外,美国的"电子政务战略"、韩国的"信息基础计划""21世纪网络韩国""2006韩国电子化前景"、日本的"e-Japan战略""建设电子政务计划"等都是较为完善的政策,对上述地区的智慧城市建设起到了积极的作用。

（三）强化数字城市及智慧城市的顶层设计

为确保在未来数字化和智慧化的发展过程中，各个国家的政府都采取相应的技术与方法来进行智慧城市体系的规划。例如，基于市场需要的美国运用了 EA 的理念，建立了一个 FEA（Financial EA）；英国在政府的基础上提出了一种以政府资源为基础的"电子政务互操作性"（e-GIF）；德国政府颁布了《智能政务应用系统标准与体系结构》（SAGA），该标准包括技术标准、开发流程、数据结构等。发展中的各大城市都十分注重开发、利用和共享的城市地理信息资源。城市的基本地理信息是区域自然、社会、经济、人文和环境等信息的重要载体，是信息中心建设的重要组成部分。例如，瑞典乌普萨拉市，将多个资料库与电子版的电子资讯系统连接起来，不但标示出市政管道与学校的具体位置，还显示各个年龄段居民的资料，为制定整体规划及各项发展规划有很大的益处。在美国，"开发、使用、分享和发布"的地理空间信息由 FGDC 执行和统一。FGC 陆续将数字规划图、数字正射影像、数字高程模型、土地利用与土地覆盖数据、地名信息等多项标准进行整合，并陆续公布了数据采集、数据交换、元数据等相关标准。

（四）注重政府各部门之间的协调与信息共享

国家建立一个政府组织来统筹管理，促进各个领域之间的协作。为防止数据的重复收集与存储，需要建立一个统一的信息交流与分析体系，以便各单位利用公共数据库进行数据的交流与共享，从而减少数据的存储与维护成本。例如，为了增强各国在信息管理上的合作，芬兰于2002建立了一个崭新的全国信息管制理事会。

美国行政院与预算署于1995年4月提议设立一个综合性的部际资料中心，以减少资料库数目及开支。同时，也可以为各行业之间建立一个基于网络的国家网络通信服务体系。例如，挪威致力于推动数字化城市的再利用与分享，并于1993年至1995期间完成了有关资讯资源的政策制定。而公众资料收集是制定决策过程中最主要的环节，也是整个信息链条的重中之重。

第二节　智慧城市建设的现实意义

在信息化的今天，智慧城市的建设已经成为现代城市发展的必然选择。城市综合管理系统为城市综合管理、城市应急处理指挥、城市综合共享数据仓库、政府电子政务、城市市民卡、城市公共安全、城市交通、城市公共服务、城市社会保障与公共卫生、城市教育与旅游、城市电子商务与城市公共服务、城市基础设施监控与管理、城市物业与供暖节能、城市智能建筑与智能社区等城市经济和生活的各个方面提供了科学的管理模式和便捷、有效的公共服务。未来，我们将在一个充满智慧的美丽世界里，享受和谐、快乐的人生。

一、智慧城市促进政府管理创新

智慧城市的建立从政府信息系统开始，旨在推动行政体制的变革与创新。从根本上说，政府治理的改革就是以国家力量推进行政管理，增强政府治理和服务水平以及在世界范围内的竞争优势。

2010年国庆前夜，中共中央政治局集体学习的会议上指出，要坚持"三个最大限度"，即社会创造活力最大化、和谐因素最大化、不和谐因素最小化，并指出了加强和改进社区治理的"四个注重"，强调从根源上减少矛盾、维护群众利益、做好群众工作。

毫无疑问，我们国家在40年间的快速发展中所获得的成绩是举世瞩目的。然而，也有一定的偏颇，现在社会安定的压力越来越大。这种社会安定的压力多种多样，但其本质特点都在于民众对权利的追求。其深层次的属意性反映了我国在快速发展的进程中，有些地方的经济与社会发生了偏离，以致部分基层人民的权益受损。这种偏离最主要的表现为：不完全的政府职能转换，使市场经济进程中的政府角色发生了混乱，进而产生一种政治和经济的相互交错，也就是所谓的"官商联姻"或"贪污"。如果公共力量没有正确地掌握或者不正确地处理这一问题，那么整个国家的稳定和安全就会受到威胁。胡锦涛指出，要深刻认识解决民族矛盾的重要性和紧迫性，必须重视"从根源上减少矛盾"和"注重维护群众的权益"。

当前，随着政治、经济、行政等新形势的出现，必须进一步完善农村基层组织。要完成关于"三个最大限度"和"四个注重"的重大要求，就要缩小中央政府与基层政府之间的差距。它的中心思想在于缩短与人民群众的关系，这既是一种行政管理的变革，也是一种政治方面的变革。

没有一个政治体制是无法存在的，它的社会性基础就是其体制的构建。当前的中央与地方的体制结构在一定程度上将中央政府与社会联系分隔，使其社会根基遭到严重破坏，若不进行改造，则很难建立其社会性。而基层和基层政权则是与人民群众进行交流的最前线，其治理的"民心"取决于自身的治理水平和行动，日益增多的问题需要透明、廉洁、均等化、有效地恰当处置和适当的解决办法，同时也需要为广大群众提供及时的援助和服务。将智慧政府的电子化管理扩展到社会中具有以下五个方面的意义。

（1）促进政府决策和实施工作的有效性。

（2）充分利用行政权力的扁平化，降低政府权力的交叉和权力下放以及相互扯皮的情况，提高执法的透明度、均等化和高效能，防止贪污腐化。

（3）各级政府甚至是中央政府，可以最大限度地听取民众的心声和要求，搜集民众的民意等；从社会角度看，有助于对公共行政机关实施有效的监管与评价。

（4）促进城乡一体化，有效解决当前城乡二元结构严重分化的问题，实现城乡均衡发展。

（5）把"三个最大限度"和"四个注重"的要求贯彻到基层，切实把人民群众的利益放在第一位。

在智慧政府的信息化中，应该以网上行政审批、网上监察、网上绩效考核为切入点，构建一个智能的电子政务外网，建立一个全域的政府公共服务系统。着重于政府各个职能部门的信息互联和共享，促进我国智慧政务信息化的发展。

二、智慧城市提升城市科学化管理水平

智慧城市是一种全新、科学、严谨、精细、长效的现代城市管理方式。当前，智慧化城市的智能化治理由"数字城管"发展到城市一体化"大城管"，城市智慧化的实施要以数字化城市为出发点，以城市一级的综合监测

和智慧化城市的综合管理系统为目标，重点在市政、城管、交通、公共安全、环境、节能、基础设施等方面的信息互联互通与数据共享，以在一个城市范围内建立数字化、自动化和智慧化的城市综合管理系统为目标，提高管理效率，减少管理费用，提升城市的科学性。

智慧城市的智慧管理是当前城市发展的必然趋势，是构建城市运行的一种有效途径。

三、智慧城市推动社会民生服务业

"以人为本"的公共服务是"智慧"的起点和落脚点。通过智慧社会服务与公共服务、商业服务等方面的信息服务，建立了一个信息共享的信息平台。重点发展城市市民卡、电子商务、现代物流、智慧小区。依托智慧城市社会生活服务信息化建设，整合智慧商务、智慧媒体、智慧教育、智慧卫生医疗、智慧社区服务、智慧金融、智慧旅游，以及网络增值服务、现代物流、连锁经营、专业信息服务、咨询中介等新型服务业内的信息资源，实现信息互联互通与数据共享。建设以智慧城市为标志的生活服务新形态与新形式。

（一）智慧城市与社会民生服务的关系

现代化的生活服务，是在工业发展较为成熟的阶段，主要依靠信息技术和现代化的管理思想发展起来的信息和知识高度集中的服务，其中有从技术改造和更新运营方式中产生的，也有从信息和知识的快速发展所产生的服务。

在现代化的社会中，要遵循服务业的市场化、产业化和社会化的发展，打破过去的"技术孤岛"和"资源孤岛"所造成的"信息孤岛"，真正做到"互连"，让服务业高效率、低成本地为用户服务。

智慧城市开展社会生活服务信息化建设必须以"市民证"为先导，以构建"智慧"公共服务系统为依托，从而实现智慧商务、智慧物流、智慧媒体、智慧教育、智慧卫生医疗、智慧社区服务、智慧金融、智慧旅游等方面信息的互联互通与数据共享。

(二）智慧城市社会民生服务业发展原则

以共性支撑、横向协同、模式创新、产业带动为基本方针，加快发展城市社会生活服务。

（1）一般性支持是指在对现有的公共服务资源进行有效整合的基础上实施基础性、关键性的技术支持。特别是制定以业务重构为导向的服务规范，为服务方式的革新和新型经营方式的构建奠定了坚实的基础，抢占了社会生活服务业的高地。

（2）横向协同是指在过去行业占优势的垂直发展模式的前提下，按照市场化、社会化、产业化的发展理念，运用现代技术和管理技术实现横向协同，突破行业、区域的条块分割，为社会民生服务业协同发展提供示范。

（3）创新的方式是指以一般的支持为依托，建立以实体和非实体贸易为核心的新型商业过程，实现信息流、金融流、实物流和内容流的整合与协作。在此基础上，对关键区域进行选择，开展具有经济效益、可持续发展的应用示范项目，最大限度地反映出服务业的新特点。

（4）推动行业发展，以市场为主导、以服务为主体、产学研相结合的方式，以服务技术与服务互动的规范化形成高效的社会第三方服务体系，建立对社会民生服务业长期发展的研究和开发支持体系，加快社会民生服务业产业链的形成。

四、智慧城市带动企业信息化应用

在智慧城市的发展中，以信息化促进工业化是一个非常关键的问题。通过企业智慧管理平台和智慧政务外网，构建政府与企业间、企业与城市服务业间、企业相互之间的信息互联互通与数据共享的平台。通过以信息化带动工业化、以工业化推动信息化，实现高科技、高经济效益、低资源消耗、低环境污染，并且最大限度地利用人力资源的优势。

（一）智慧城市推动"两化融合"

工业化与信息化是两个截然不同的历史进程。工业化是指从一个农业大国到一个现代化国家的发展。"信息化"是指加速我国信息技术的发展与工业化进程，促进我国信息技术在国民经济和社会各个方面的普及和运用。从整体上看，现代化的工业与信息化之间存在着这样的联系：工业化是信息技术的物质基础和主要媒介，信息技术则是推进工业化进程的"引擎"和推进力量，二者之间存在着密切的联系，互相促进，互相发展。

信息化驱动工业化，即通过信息化城市的发展推动公司信息化，整合政府信息化、城市信息化、社会信息化等信息化资源。以政府信息系统为主导，以信息技术为依托，以智慧城市为平台，推动全行业的信息化建设，探索一条新的途径。

以信息化推动工业化的关键在于实现企业的信息化。企业信息化是指利用计算机、网络和通信技术，为基础的产品研发、生产、销售和服务提供支撑，实现信息采集、加工和管理的系统化、网络化、集成化，信息流通的高效和实时性，从而实现全方位的物流管理。

企业的信息化程度，直接关系到国家以信息化推动工业化进程的成功与否，进而影响整个国家的综合实力。企业是国家的重要组成部分，是实现工业化和信息化的载体，它的信息化程度不仅是国家信息化的基石，而且是以信息化推动工业化，实现新型工业化的关键。

在智慧城市中，实现企业的信息化必须是以网络为主导，依托于一个地区的网络和现代化的物流系统，从而推动本地企业的信息化发展。

(二) 智慧城市促进信息化产业发展

智慧城市的出现，为人们提供了一种全新的生活方式，例如，智慧交通、智慧安全、智慧医疗、智慧校园、智慧教育、智慧建筑、智慧房产、智慧社区、智慧家居等，都是新的"现代服务业"。根据最保守的估算，智慧城市工业的发展将为我国的经济带来很大的效益。

在这个发展的进程中，将不断涌现新的高端信息服务提供者，而智慧政府在新一代信息产业支撑下，将在转变政府职能为人民服务中发挥重要作用。

新一代信息技术在智慧城市建设中的应用，包括规划设计、软件开发和应用、系统建设、平台管理和运营等多个环节，在智慧城市的整个寿命过程中，没有一种技术能够适应现代信息技术在整个生活过程中的应用。这就不可避免地带来了企业的信息集聚。

智慧城市的现代资讯技术运用，应该采取产业集聚、企业集群的模式，建立智慧城市科技园区，以智慧资讯与通信产业为主，包括云计算、物联网、智慧数据仓库、无线城市、移动通信、智能终端、智能显示。智慧城市的发展将极大地推动下列行业的集聚。

(1) 智慧感应行业：工业互联网、人工智能与影像解析、图像处理及模式识别等。

(2)"互联"与"协作"行业："三网融合""下一代互联网""下一代 IP 协议""网络技术"等。

(3) 云计算产业和大的互联网产业：高性能计算产业、资料整合与资源开采产业、云计算、云存储与云分析、云安全及可视化网络资料中心产业。

(4) 高端显示、展示及云服务业：新兴的平面显示、高端软件研发、多媒体动画、三维地理信息系统及 VR 技术。

(5) 高科技设备的研究与制造产业：包括生物医药、生物农业、生物制造产业。

这些高技术行业属于广义的智能资讯通信行业，具有高技术、高成长、高利润率的特征，通过引进、扶持这些高端工业，对目前的重点行业进行调整，对当地的工业发展起到推动作用。大力引进和培养智能信息与通信产业，为其积累技术池、人才池、资金池和增值池，大力推进"十二五"规划支持的七个战略新兴产业发展（比如，节能环保产业、信息产业、生物产业、新能源汽车、高端装备制造业）。

第三节　智慧城市建设思路与研究

一、智慧城市建设指导方针

智慧城市的发展方向是以可持续发展为中心，以智慧城市为依托，实现可持续发展。要把经济发展、改善民生和社会稳定结合起来，把人民群众最关心、最直接、最现实的问题作为基础和起点，建设高质量的城市，其中包括教育、医疗、环境和社区的治理。在高质量的城市生活中，把公共事务与公共生活的服务扩展到社区、草根，让人民真正感受到高质量城市所带来的快乐，是智慧城市永续发展的目的与来源。

（一）智慧城市与可持续发展的关系

自2002以来，中国共产党十六大提出了"可持续发展"的战略构想。可持续发展是基于对资源和环境的维护，以促进发展为前提，以改善和提升人民的生活品质与福祉为目的的发展理念与策略。这是一种新的发展观、道德观、文明观。智慧城市与可持续发展有着相同的含义：

1. 突出发展的主题

发展与经济发展有着本质的不同，它是社会、科技、文化、环境等多方面的综合问题，是一种全人类共有的、普遍性的人权。

2. 发展的可持续性

城市的发展与社会发展不应超出资源与环境容量，应运用现代技术与智慧技术，实现对资源的有效使用，保障生态环境，建设"绿色"的城市。

3. 人与自然的协调共生

在构建新的伦理理念、价值观基础上，用科学发展观将人类的全面、协调、可持续发展有机统一，实现经济、社会的可持续发展。要推进人与自然的和谐发展，使人口、资源、环境协调发展，走生产发展、生活富裕、生态良好的发展之路，确保经济和社会的可持续发展。

（二）智慧城市可持续发展指标体系

在智慧城市的发展中，智慧城市的发展需要与可持续发展相融合，并将其纳入可持续发展的要求与目标中。

根据下列原理和方法，建立可持续发展的智慧城市指数。

1. 客观科学性

可持续发展体系包括自然、经济、社会等众多因素。该评价指标的编制应立足于科学依据，既要客观、真实地反映出可持续发展的特点，又要充分体现出资料的可信度和方法的科学性。

2. 系统整体性

由于各因素的关系都是相互联系、相互影响的，因此，建立的指标体系要能全面地体现整个系统的各个方面,就需要从大到小层层递进,从而构成一个整体的评估体系。

3. 可操作性

在一个复合体系中,不同的因素发挥着不同的功能。在构建可持续发展的综合评价指标时,应力求恰到好处,以对其进行有效的评估。

二、智慧城市管理与服务指标体系研究

本书认为,要借鉴世界上最先进的数字化应用思想和信息技术,借鉴国外的成功经验,并结合中国的实际情况,探索出一条符合中国特点的信息化发展之路。

(一) 智慧城市管理与服务需求分析

在城市化进程中,科学的城市经营和服务正受到越来越多人的关注。智慧化城市建设是指运用现代科技构建一个统一的城市综合管理和服务系统,有效地运用信息技术,实现科学、严谨、精细、长效的现代化管理。当前,城市智慧化管理由过去的"数字城管"发展到"大城管"的智能化管理模式,其中包括城市管理,城市市容管理,城市治安管理,城市交通管理,城市公共基础设施管理,城市水、电、煤、气、供暖管理,城市"常态"运营管理,城市"非常态"突发事件的处理和调度等。实施智慧化城市的一体化经营和服务,每个管理单元和设备都会有自己的数码识别代码,并被整合到智慧城市的综合管理和服务系统中。

智慧城市综合经营与服务平台通过监测、信息集成、呼叫中心等数字化、智能化技术应用,将各种"常态""非常态"信息及时传递给城市综合管理中心,使其能够实时监控,科学、现代地进行管理。

智慧城市管理与服务系统以城市管理与服务为基础,以城市管理、公共交通、公共安全、环保节能、基础设施、应急指挥等方面信息的互联互通与数据共享的大集成、管理与服务的大应用。通过构建一个面向全国的数字化、智慧化的城市综合服务体系、指标体系和标准体系,对构建和支持中国的"智慧城市"进行全方位、高速的发展。智慧城市的管理和服务系统的构建需要满足以下条件。

1. 智慧城市管理与服务的创新

智慧城市的经营和服务是现代城市发展和经营的必然趋势。随着社会经济的发展，城市的经营和服务必须由以前的"粗"型向"细"型转变；由以往的行政方式向法律方式转变；由以往临时、突击性的"堵漏洞式"治理转变为经常性的长效治理；从以往的消极对待"批文"转变为积极地寻找问题，并加以解决。为了实现这一目标，我们需要推动城市智慧化，让政府治理和解决问题的效率由低效率变为高效率，从而消除各个部门之间相互扯皮、多头管理等"政府失灵"现象，更好地发挥其在管理和服务方面的作用。智慧城市的管理和服务系统的建立，为城市的长期运行和服务提供了一种全新的模式，在我国有着广阔的应用前景。

2. 智慧城市管理与民生服务相结合

智慧城市的经营和服务充分反映了"以人为本"的理念，把管理融入服务中。城市是所有公民的，城市治理的起点和落脚点就是要把人民群众的利益最大化，把"琐事"、城市的行政问题、生活中遇到的各种困难都用智慧城市的管理和服务平台进行处理，以此调动城市的积极性，从而实现城市治理的良性互动，共同治理城市。通过这种方式，加强党政机关与民众的联系，为社会治理创新、安定团结、建设和谐社会奠定坚实的基石。在这一过程中，我们党的领导干部要转变思想观念、改变领导方式、提升执政能力。

3. 提高城市管理与服务效率

智慧城市的经营和服务系统极大地提升了城市的经营和服务水平，同时也减少了运营费用。智慧城市的管理和服务覆盖了各级政府部门的各项职能，使各个部门的信息资源能够得到有效的交流、分析、决策和处理，从而大大提升了工作效能。因城管巡查的覆盖面广，可以节约人力、车辆等巡查费用，该问题具有定位准确、决策准确、处理准确等优点，克服了重复处理的缺点，使处理单个事故的费用大为减少。这样既能有效地促进城市的行政管理，又能对各个行业的工作业绩进行科学的评估。

（二）智慧城市管理与服务指标体系研究的意义

智慧城市的经营与服务评价既是衡量智慧城市经营与服务的主要手段，也是构建智慧城市综合管理与服务系统的基础。

第一章 智慧城市建设概述

智慧城市的经营和服务指数属于大规模信息技术领域的前沿课题，其技术的运用和功能的实施与一般的信息化应用系统截然不同。智慧城市的管理和服务包括理念、组织、流程、管理和运营等各个层面，这些都与智慧城市的运行、管理和服务有关。智慧化城市的经营与服务，能够充分地感受与人类、事物的活动，极大地提高了城市的运作效能，提高了城市的运营效率，实现了环境友好化、资源配置集约化、人民生活幸福、社会协调发展。智慧城市是新一波信息化革命和新一代信息技术革命的深化和发展，是工业化、城市化与信息化深度融合的一个重要方向。通过"智慧"来引导城市发展方式的转变，将使其在公共行政、社会管理、经济发展等方面得到广泛的运用。

智慧城市的评价包含城市经济评价指标、交通指标、环境指标、安全指标、保障指标、政府服务电子化评价指标和城市基础设施评价指标。

当前，在我国的某些数字化、智慧化城市的发展过程中，还出现了许多不顺利、不稳定的问题。比如，由于信息采集、传输、监测、协调、指挥、调度等综合管理能力的缺失，使政府无法有效地管理现代城市，无法实现长效机制下的城市常态运行监控与服务管理，导致城市缺乏统一的监控、展示、通信、协调、指挥、调度等综合管理的能力，使政府无法有效地管理现代城市，无法实现长效机制下的城市常态运行监控与突发事件下的城市应急管理的信息整合。又如，在某些数字化或智慧城市的构建过程中，无论哪一块智慧城市的整体架构都是一个庞大的复杂系统，不管是哪个行业的信息，都是整个城市的一个整体，而不是相互独立、互不联系的"信息孤岛"。政府机关和城市运营监测信息缺少连接和共享数据的技术，使各个行业的商业应用体系不能实现信息集成、网络融合、数据共享和服务协作。

在一些数字化和智慧城市的构建中，由于缺少从业务领域、实现功能和运行流程等层面对政府各业务部门的功能、业务流程进行系统化、规范化、流程化的安排，造成政府部门之间业务重叠、业务流程烦琐复杂，办事效率低。

1. 搭建一体化城市综合管理与服务平台

要真正发挥智慧城市的管理和服务职能，就要建立一个一体化的信息交换、网络集成、数据共享和服务协作的"一级平台"，把各个"二级平台"

和各个应用系统连接起来，形成一个相互关联、完整、协调的综合管理、监控和服务系统，使系统信息实现共享和合理分布，解决各个系统独立运行、各自为战的"信息孤岛"问题。城市级的信息连接平台将智能交通、环保监测、政务服务等各个业务平台和通信接口整合在一个统一的计算机网络平台和一个统一的人机界面上，从而实现各业务平台及应用系统之间信息资源的共享与管理，实现相互操作和快速响应与联动控制，以达到智慧城市自动化、智能化的管理、监控和服务。要做到"分散采集、控制、集中管理"的统一管理，提高工作效率，最大限度地降低管理成本，并根据不断发展的环境和工作的多样性和复杂程度，对整个社会的各种突发情况做出快速响应和处置，为智慧城市提供一种高效、方便、可靠的现代化管理方式。

2. 编制城市综合信息互联互通与数据共享交换标准

根据我国的信息化要求，充分利用外部网络的优势，对已有的各种信息资源进行全面的集成，从而达到信息资源的互联和交流，解决"信息孤岛"问题。能最大限度地满足政府信息化、城市管理信息化、社会民生信息化、企业经济信息化等基础信息资源的共享。建立统一的信息互联和信息交流标准，旨在各个数字应用平台与各个信息化应用系统间进行信息的连接和交流。

建立的信息互联互通与数据共交换规范主要有：数据分类编码规范、数据模型规范、数据字典规范、元数据规范、政务信息资源目录服务、视频多媒体数据规范、地理空间数据共享规范、数据查询规范、数据交换配置规范、数据交换配置规范、数据交换存储规范等。

在智慧城市的各个层面上，各个信息化服务的应用和智能监测都应该遵循这样的规范，凡不能达到以上信息互联互通与数据共享交换的要求的，必须采用合适的转换方法，以达到本标准的信息互联互通与数据共享交换规范和要求，实现各数字化应用平台和信息化业务应用系统及智能化监控系统间的信息互联互通与数据共享。

3. 构建城市综合管理与服务指标体系、功能体系、业务流程体系

建立一个统一的城市管理和服务系统，是建立统一的城市管理和服务系统的前提。同时，城市综合经营和服务业的评价指标也要建立在智能系统和系统集成的服务系统之上。在对智慧城市的一体化经营和服务流程进行梳

理之后,将其融入服务中,使其更好地发挥作用,从而使公众更加全面地认识到政府机构的组成、职能、政策法规、办事流程、行政决定等,使政府与人民的沟通渠道更加便利和顺畅,同时也增加了政府部门工作的透明度,推动政府的廉洁。因此,建立一个完善的城市管理和服务评价指标,既是政府治理的创新,又是政府治理的一项主要工作和实施途径。这也进一步表明,建设一个现代化、信息化、民主化、公开化、效率化的城市综合管理和服务指数系统具有非常大的意义。

(三) 智慧城市管理与服务指标体系研究的方法

基于对智慧管理与服务体系的需求,提出了基于智慧管理与服务体系的指标体系研究,提出了基于智慧管理服务体系的指标体系、标准体系、管理服务过程等指标体系的设计与实施,并据此进行城市管理服务平台的整体设计和具体设计,确定平台及应用系统软硬件配置,实现信息与系统集成,完成平台及应用系统管理与服务的全部功能。

在智慧城市建设中,必须加强城市的综合行政管理,注重信息共享和业务协同,促进信息资源的整合,建设统一的政务信息中心和综合行政服务,提升政府的行政管理整体效能。具体来说,就是整合产权方的管道基本资料,进行城市地下管网的数字化改造,为应急管理、行业监管和企业管理提供一体化的信息化管理。在全国智能运输体系架构的指引下,利用无线射频、高速图像识别处理、GPS、GIS 等技术,构建基于"全方位"的智能化运输项目,强化城市的运营与服务。加强信息处理、云计算和物联网等先进技术的运用,加强公共安全、环境监测、应急联动等领域的建设。建立全市网格化的巡逻管理体制,实行城管、公安等综合力量联动、市容和社会治安综合治理,建立城市综合管理信息中心,建立精确、快捷、高效、全时段、全方位覆盖的指挥和应急处置系统,形成特色的城市管理模式。

对智慧城市的发展提出新的需求,提出建立智慧城市的必然性和科学化的思路。根据我国当前智慧城市发展的需要,提出了两个主要的问题:以服务为导向的政府功能转变与机构变革;由于行业间的障碍,导致企业间的信息交流不顺畅,导致各行业之间的协作不够有效。智慧城市的研究目的就是解决这两个问题。其中包含:

1. 指标体系研究

该指标体系是衡量一个国家的整体经营和服务的发展状况和发展潜能，提供一个明确的、可测量的标准，为政府政策的制定提供参考。

2. 信息互联互通与数据共享交换标准

要构建一个有效的公共信息交流机制，打通因行业壁垒而形成的"信息孤岛"，为构建一个可运行的数据共享平台打下坚实的基础。建立数据管理规范，为当前各个部门和未来数据共享平台的数据管理、数据质量管理、主数据管理、生命周期管理和数据安全管理提供依据。

3. 城市管理和服务流程的梳理和优化设计

将传统的以组织和功能为导向的过程转变为以管理和服务为导向的过程，以实现有效的管理和为社会及商业服务。该指数是衡量智慧城市的管理和服务水平的主要依据，它对各方面的工作都具有一定的参考价值。在指标系统中，某一项指数的变动能够更精确地反映出某一领域的具体状况，有关主管部门可以依据指标设置的标准对其进行调整。此外，在多年的发展和制度的建立下，各个部门的内部管理制度比较健全，部门的评价指标能够更好地体现部门的工作状态，但是在部门间的相关信息共享方面，没有一种行之有效的方法。

（四）智慧城市管理与服务指标体系研究的成果

智慧城市的经营和服务指数系统的主要研究内容如下。

1. 指标体系支撑智慧城市科学发展决策

该指数系统不仅能够全面、客观地反映一个国家的整体运营情况，而且能够从多个侧面反映出一个城市的运行情况。

（1）将评价指标与人民群众的发展密切联系。通过对有关民生发展的要素进行全面总结，确保其在建设过程中能充分地迎合人民群众的需要，提升他们的幸福感、获得感和安全感。

（2）各项指数系统与政府治理紧密联系。对政府治理的各项因素进行科学性的剖析，可确保行政部门的行政效能得到提高、行政程序的公开、行政程序的合理调整，进而提高行政机关的效能。

（3）指数系统与工业升级紧密相连。通过对智慧城市所反映出的工业升级的各方面进行剖析，促进智慧工业的发展，从而达到转变工业的目的，并确保其可持续发展。

（4）指标与信息基础结构互为补充。综合考虑了智慧城市的各项基本信息结构，为智慧城市的有线、无线网络服务和相应信息系统的正常运作和安全性提供依据。

（5）在指标系统的构建上，传统的智慧城市指数系统仅从目前的价值和目标价值出发，本节提出"区间价值"的概念，并对其进行分类。针对不同层次的问题采取针对性的对策，增强了城市运营的有效性和支撑能力。

总之，通过对智慧城市的各项指标进行研究和编写，可以为智慧城市的具体建设制定一个全面、完整的总体目标，以便对各业务子平台和应用系统的建设都有一个清晰的功能实现的要求，同时将城市运行管理的各个要素进行量化分析，从而给予智慧城市的具体建设更加准确的指导和良好的数据支持，为城市的发展做出科学、有效的决策，确保智慧城市的发展。

2. 为产业转型提供导向指标和精准数据

"十二五"时期，在一、二、三产业协调发展的基础上，将服务业列为产业结构调整和升级的重要内容，加速发展服务业大发展态势，全面实施"服务业倍增计划"，推动服务业发展提速、比重提高、结构提升，率先形成以服务经济为主的产业结构，成为具有较强影响力和辐射力的区域性现代服务业中心。此外，在智慧城市的发展中，智慧工业是我国智慧城市发展的一个关键环节。在此基础上，应按照一、二、三产业的特定划分方法，建立相应的产业发展规模和增长程度，从而更好地体现出各产业的发展情况，对政府的政策制定具有重要的参考价值。

三、智慧城市建设前期工作的重要性

（一）智慧城市建设前期工作的内容与流程

智慧城市的前期工作主要有：需求分析、可行性研究、总体规划、信息结构分析、信息资源共享和分析。在智慧城市的全寿命过程中，前期工作是一个非常关键的环节。基于对智慧城市的远见，我们必须对其进行需求分析，从需求的角度来认识并弄清楚它究竟要建"什么"，然后开展智慧城市

的可行性论证，在前期调研的基础上，实现智慧城市在技术、运营、经济上"行得通""做得到"。基于该项目的可行性研究，提出了智慧城市是一项大型信息系统工程特征，需要对其进行全面、系统的分析。通过调研、分析和研究，在智慧城市需求分析、可行性研究、信息化系统分析等基础上，才能真正拥有"发言权"，为制订智慧城市的整体方案提供依据，制订出智慧城市的具体实施策略和方案，并为下一步智慧城市的建设提供决策依据。

智能建筑系统工程与一般建筑项目在需求、设计、实施、运营等各环节有着明显的差异和特点。智慧城市建筑系统工程属于超大规模的信息化系统工程，其技术的运用和功能的实施与一般建筑工程有着很大的区别，同时也与现代城市的运作、管理和服务的理念、组织、流程、管理和运营等方面有着密切的关系。当前，在智慧城市的发展中，还面临着许多不顺利的问题，包括信息的传输、监控、管理、集成、网络化、数字化、自动化、智能化等综合技术的运用。目前，我国还没有统一的标准，尤其是在我国的信息化系统中，没有一套完整的、可供参考的技术和实践依据。此外，一些智能建筑企业对其项目的风险意识不够，对其自身的特殊性以及其运行的特征也不十分熟悉，对整个生命过程中各阶段的具体工作和运行过程都缺少相关的工作经验。因此，在全面的规划工作中，我们能够全面地理解智慧城市信息化、智能化的需要，运用科学性的视角，从信息、系统和方法的角度，全面认识智慧城市的困难和不稳定，并进行大量细致、全面的工作，尽可能地减少不稳定因素的影响。

智慧城市的建设，本质上就是将现代科学技术运用到各个方面，使之达到现代化、信息化的目的，所以，它并不只是科学技术的运用，而是现代城市的经营观念和战略，尤其是对城市的经营和服务方式的革新。城市管理思想与系统技术的融合与革新，有赖于城市建设的前期调研、数据分析、现代城市需求分析、现代城市管理与管理体系结构分析、现代城市运营流程再造、智慧城市建设可行性研究、现代城市战略性总体规划设计等。虽然这些工作涉及范围广泛、调查分析论证工作量大、技术含量高、统计资料多，工作难度大，但要为城市整体系统设计和系统工程实施提供战略性、纲领性、指导性文件，为今后智慧城市的整体系统设计和系统工程实施提供指导，为后续智慧城市的整体系统设计和系统工程实施提供规范的依据。因此，全面的智慧城市建设计划将直接关系到整个项目的成功与失败，我们要充分认识到其前期工作的重要性、复杂性和关键性。

(二) 智慧城市建设需求分析

智慧城市的建设需求不仅局限于一般资讯系统的需求，而且包括了整个城市的整体经营与服务功能，其主要研究的是政府经营与服务的流程，透过调查、研究、分解、论证现有的行政服务与服务的现状，以厘清问题的症结，了解与研究其需要，以便为未来的发展与规划提供科学的基础。

智慧城市建设的需求分析是运用信息论、系统论和控制论的方法，有针对性、有步骤地对智慧城市所选择的目标和建设领域进行实证研究和科学研究。需要分析的目标就是要搞明白原来的城市运营系统"做什么"，并调查、分析和描述现行城市经营系统的运行过程，以解答今后的智慧城市究竟"要做什么"。

基于对智慧城市建设的需求进行分析，通过对智慧城市建设的科学判断与决策，决定智慧城市"要做什么"，从而进行可行性研究、城市信息化体系结构分析、城市信息资源共享调查与分析、智慧城市建设整体规划设计等一系列智慧城市建设的前期工作。

1. 智慧城市建设需求分析的任务

智慧城市的需求是通过智能建筑设计单位或者委托专业的咨询机构，对目前的城市经营状况进行全面的调查。调查的主要内容如下：

(1) 调查当前政府部门的运作流程、资讯处理流程、内容与方式，对当前的营运流程、政府部门与公众的关系进行剖析，并分析当前营运流程中的缺陷，指出当前营运流程的"瓶颈"；

(2) 调查当前政府各个职能部门在城市一体化和公共服务中所需的资讯，政府与公众、政府与企业之间的资讯交流与分享，以及政府与企业之间的资讯交流与分享；

(3) 对当前市政一体化、市政公用设施建设中存在的最薄弱的问题进行调查，并对人民群众最关心的问题，以及有关政府部门应采取的措施进行调查研究；

(4) 对当前政府部门和产业的信息化水平、信息体系的配置进行调查，确定各部门之间的信息交流与合作，并制定本单位信息化工作的规划和指标。

基于以上对智慧城市的调查，构建智慧城市的"智能需求"逻辑模式。运用信息论、系统论、控制论等理论，通过一套分析、图形和文字的表述，将其表达为新的智慧城市运行模式，并对其进行详细的阐释，最终编制《智慧城市建设需求分析报告》。

2. 智慧城市建设需求分析的基本步骤

对智慧城市的要求进行一般分析。

（1）概述。编制智慧城市建设需要的调研概要，依据调研的框架，对其运行过程进行初步的调查、统计、收集、整理，形成相关的基本数据文件。

（2）具体的研究。本节对调研中获取的基本资料进行分析、汇总、处理，以了解当前政府机构与运行过程，与城市行政，以及与公共服务职能的关系，尤其是政府、城市、社会和企业在信息化需要上的关系。数据词典与数据的逻辑关系、实体与关系模式（E-R 图）、功能与数据关系（U/C 矩阵）、基础应用平台与应用系统划分、信息互联互通与数据共享的软件和环境支撑需求、城市基础网络设施需求等，并在此基础上进行详细调查和确认。

（3）对需求的结果进行分析。在归纳了上述两个阶段的研究成果后，构建一个新的智慧城市运行系统的逻辑模式，并对其进行详细的阐述，最终编制《智慧城市建设需求分析报告》。在对智慧城市进行分析的基础上，对智慧城市的需求分析、可行性研究、信息体系结构分析、信息资源共享分析以及总体规划设计等方面的内容进行研究。调研和分析往往会相互交错，因此，对智慧城市的前期工作是否有效进行深度的分析至关重要。

3. 智慧城市建设需求分析提交的成果

通过对需求调研、概要分析，最终编制《智慧城市建设需求分析报告》，并将其上报。

（1）对智慧城市内外的环境进行剖析。

（2）对我国智慧城市的发展特征及可持续发展的研究。

（3）对智慧城市的功能性要求进行详细的剖析。

（4）开发智慧城市的远景及整体建筑指标。

（5）构建智慧城市的整体思想和战略分析。

(三)智慧城市建设可行性研究

1. 智慧城市建设可行性研究概述

基于对智慧城市需求的剖析,现在要对其进行可行性的论证,而不是进行整体的规划和设计,这会导致在投入了巨大的资源和精力后没有足够的精力去建造。

智慧城市的可行性研究既是对其进行深入的需求剖析,又是进行全面的规划与设计的前期工作。在进行可行性研究时,往往要经过四个步骤:初步调查、详细调查、分析研究、形成可性报表。前期调研与细致调研为工程项目的实施方案提供了定性与定量分析的依据。

在调查的深度和广度上要适当地掌握,过于浅薄或过于狭窄会使结果出现偏差,过于深入或过于细致也会使调查对象的范围扩大,使调查工作在一定程度上耗费了大量的时间和精力。一般来说,在完成《智慧城市建设可行性研究报告》"立项"后,还要进行系统的主题调研与数据分析,以及对整个系统架构的构建和数据的分享。

可行性研究是智慧城市整体规划中的一个关键环节,也是一项重要工作内容,是基于对现有市政与公用设施体系的分析,推导出一个具有抽象逻辑的模型,从技术可行性、操作可行性和经济可行性三个角度来选取由该模型推导出来的实体体系。本节的研究目的是为今后智慧城市发展规划的制定和实施奠定了基础。在项目实施过程中,项目的可行性是一个非常关键的环节。可行性研究的目标在于以最少的成本、最快的速度对所涉及的问题进行仔细分析和研究,以决定其有没有能力和方法来处理,也就是它的可行性。可行性研究的目标并非在于问题本身,而在于决定问题是否有价值以及如何处理。

前期调研是在对项目意图和需要进行分析的基础上,对工程进行前期调研和评价。通过对项目的技术、经济、环境和社会等因素的细致调研,对其进行更加细致的调研。尤其是像智慧城市这样的超级大系统。初级调查可以精简详尽地调查,并对其进行大致的论证与评价,以便判断所分析的工程是否具备进行进一步细致调查与研究的条件,有没有需要研究的关键技术和工程,需要进行怎样更深入的功能研究或工作过程重构支持。

2. 智慧城市建设可行性研究的初步调查

（1）目的。在进行系统分析时，首先要进行的是初步调研。在需求分析的过程中，我们制定了一个整体的策略，对企业的信息化要求进行研究，并对其进行资源与应用的限制。初步调研是针对全公司的，重点是总体目标、总体功能和发展趋势，以及项目目标、规模和内容的初步研究。

（2）具体的项目。对整个机构进行全面的信息、相关人员的信息和相关工作的信息研究。其要点如下：

①系统的外在环境：目前的制度与哪些外在的主体有业务上的关联，有什么物质或资讯的往来以及对本机构的工作有显著影响的环境状况（其中包括自然环境、社会环境以及经济环境）。

②现有制度概述：包括职能、人数、技术条件、技术水平、管理制度、效率、可靠性等。

③现有制度的重要意义：与主管机关、各级主管部门、各级所属人员如何沟通，如何搜集和传递情报，能够获得哪些资料，不能获取的资料，如何向信息体系提供资料，等等。

④对于目前制度的状况和开发新制度的态度：各级领导、管理部门、基层单位和与现有制度有密切关系的外部单位，他们对现有制度的现状、满意程度以及期望等都抱着何种态度。

⑤开发新的信息系统资源：使用者可以或计划在开发新的信息系统上花费人力（技术等级和人员）、物力（资金和装备）、时间（开发的周期）。

（3）总结。

①所要开展的项目既必要也有潜力。

②无须进行项目的研发，仅需要对现有的体系进行相应的调整和修正。

③原先的体系功能不完善，仅能利用原来的功能。

④该计划现在没有发展的必要。

⑤本项目当前没有任何发展的必要。

若为第1条，系统分析师应将《系统规划建议书》提交给编制系统的单位负责人，内容为：项目名称、项目目标、项目计划的必要性与可能性、项目内容、初步方案、系统设计方案等。

(4) 初步研究的主要内容。

①初步的调研应注重整体内容，例如，机构简介等。

②要关注当前的情况、上级的态度、政策法规、发展前景等。

③多量化少定性的方法，搜集特定的资料。

3. 智慧城市建设可行性研究的详细调查

细致调研和初步调研是不一样的，细致调研是为了更好地理解目前的市政及服务业资讯的运作状况，而非系统的外在状况，是要搞清楚目前资讯系统的基本逻辑与流程，关键是要对该体系的内部功能架构进行研究，包括机构架构、业务流程、资料流程、数据存储及构成。细致调研要远高于初步调研，要做大量的工作，要有大量的人员参与，还要对现有的制度和行政进行了解。

鉴于新制度的发展，应以旧制度为基础对现有制度进行细致的考察，这是实现制度分析的重点。对现有 MIS 进行细致的调研，旨在了解 MIS 的现状，找出实施流程，查找存在的问题，搜集相关的数据，以便为今后新体系的开发奠定基础。

(1) 对侦查目标和侦查基本原理的研究。

在系统的初步调研基础上，对新系统的目标、范围、规模和要求进行细致研究。通过对现有制度的研究，确定新制度应该做什么、如何做、何时做以及问题是什么。系统的细致调研是一项深入细致、详尽的调查，涵盖了市政当局的内部机构、功能、工作流程、信息流、信息处理、信息关联等。

在进行系统性细致的调查时，应当遵循真实性、全面性、规范性和启发性的基本准则，也就是说，调查数据应真实、准确地反映当前制度的现状，而非根据被调查人的意志来反映制度的长处和短处。一个系统必须通过若干个子系统的有机组合来完成。在研究过程中，要循序渐进地指导、持续地进行，特别是针对电脑加工的特殊情况，更要擅长以用户可以听懂的方法来提问，以开启用户的思维。

(2) 为进行详细的调研工作做好准备。

鉴于系统细致的研究工作具有十分重要的意义和特殊性，因此在开展研究之前必须做好充分的准备工作。调查的准备工作包括：熟悉业务、拟定调查大纲、确定部门主管和业务协作人员、确定调查路线。

①对公司的运作有一定的了解。要学习有关业务工作的理论、方法、趋势等内容的重点和难点问题；对国内和国外公司在此类业务和 MIS 的运用水平、深度和广度上有一定的认识，对新的系统设计的实用性和先进性有一个大致的认识，以方便今后的调研工作。

②编写一份调查表。制定调研大纲，让操作人员预先做好充分的心理准备，让系统的分析者对此有所了解。它的具体内容可以按照现实状况来修改。

③明确各科室的责任和协作的工作。要想有序、有效地开展细致调查，就必须在被调查单位的高级主管中指定主管，并指定主管的调查工作，并指定与调查有关的主管，以配合调查工作开展。选择的合作伙伴必须对行业很了解，并且有很好的合作意识和高度的责任感。在具体的调研工作中，应以上级主管为主，把介绍业务、提供资料等工作纳入合作单位的职责范围，以便提供一个畅通、和谐、有保障的工作条件。

④查明调查路径。总体而言，对调查对象的调查采用"自上而下"的调查战略，从调查部门领导到部门负责人，再到企业员工。采用这些方法，与系统的视角相一致，具有整体性、发现潜在需求、提出部门对系统的要求、使新系统的逻辑模式更有远见等许多优势。

⑤组织人员的训练。调查活动涉及范围广、耗时长，同时也会增加有关人员的工作量，要求各方面协同工作，因此要调动和训练相关人员。通过调动，被调查者可以更好地理解新的 MIS 工作的重要性，以便他们能够积极地为其工作提供帮助。通过训练，有关的商务人士可以学习电脑所能完成的工作，并且训练他们在制定调查大纲的基础上主动参与、合作、协助调查和其他系统性的工作。

(3) 对调查进行详细的研究。

具体的研究包括输入信息、加工过程、输出信息和信息编码等。

①输入信息。对输入数据的研究直接关系到整个系统的分析与设计。对于输入的每一项资料，需要进行详细的研究：输入资料群的名字、输入用途、收集方式（手动或自动化）、输入周期、时间、最大输入量、平均输入量、拷贝数量、传送地点、存储时间、生成数据群的单位和个人、数据项、位数、类型、上下界等。

②加工过程。在处理过程中,需要特别研究的问题包括:处理过程的内容、处理过程的名字、处理过程的组织、处理方法、处理算法、处理的时机、产出的数据、处理过程的检验方法、处理过程的需要、处理人员、发生频率等。

③输出信息。由于该体系的目的是获得输出的数据,所以要对现有的数据进行详细、不遗漏的研究,并在此基础上进行完善和构建。对于每一种数据的产出需要进行详细的研究:数据集的名字、使用部门或用户、用途和需要、产出数据的单位、产出数据的方式、生产的时间与周期、分发数量、所处理的数量、发送方式、数据项名、位数、数据类型、检查方式、相关输入信息等。

④信息编码。编码的具体方法、形式和适用范围有着密切的联系。目前的编码方式直接关系到新编码方案的开发,涉及编码的名字、编码方法、规则、要点、编码的总数量、编码的位数、段数、起始代码、最大代码、缺省率、增加或失效次数、行政机关等。

(4) 具体的调查方法。

1) 调查的焦点。通常采用集中采访法进行高级经理的问卷调查。在开展调查之前,要先进行一系列的问题分析,以便指导工作的开展,并确保其完整性。通常上述问题应包含:

①你现在是个什么样的职位?

②你有哪些工作?

③你如何计划你的日常工作日程?

④你的工作程序是怎样的?

⑤你接触过哪些报表,哪些数据?在细度、全面性和获取速度方面,这些资料有什么问题?

⑥从整体的角度来看,你觉得应该改善的经营和工作过程是什么?

⑦你觉得在新资讯体系中,什么是需要着重处理的?

在获取高级经理资料和职能需要的同时,强调对其他研究方法进行辅助,并确定研究的结论。

2) 实地考察。

有些时候,仅仅靠填写表格或者采访不能精确地了解商业运作的具体内容。在此背景下，通常要以实地考察的形式来了解企业的经营状况，也就是由专业的系统分析师到相关的工作单位，与特定的经营人员共同工作一年，亲自体验经营的程序和运作的具体程序，以及各种异常状况和应对措施。

实地考察是一种改进信息系统调查工作的手段，它通常是为了更好地理解企业在经营过程中出现的不正常现象以及具体的问题。一般来说，大多数国家和公司的经营流程都是标准化的，在经营时，往往会遇到很多不正常的状况（活动）。对于这种不正规的现象，通常需要采用一种比较深入的研究方式，由于企业的工作人员还没有形成系统且全面的认识，该办法适合于对具体问题进行研究，例如，了解事故原因、确定指标等。

3）讨论会形式。

研讨会形式是指在某一特定场所召开会议，通过会议获得有关研究成果的会议形式。该研究的特点在于：调查范围广，针对性强，信息真实，但也有对会议主持人的组织和参与人数代表性的限制。该研究方式适合于要求公共部门进行的问题调研，例如，部门的业务范围、工作内容、业务特点、工作流程、存在问题、建议和要求。

4）采用问卷调查的方法。

问卷调查的方法是把要询问的问题以表格的形式在指定的时间段里发给特定的人进行填写，然后进行统计归纳，得出结论。该方法的优点在于：调查范围广、及时、准确、科学，但其设计要求高，需要大量的人力和物力。该办法适合于要求公开的问题研究，这些问题可以很容易地得到解答。

4. 智慧城市建设可行性研究的可行性分析

在此阶段，可以通过对新的项目进行系统的调研，来确定新的项目能否完成以及是否有价值，从而防止在付出了巨大的努力和资源后，却没有得到实施或者新的制度并没有什么实际的价值，从而造成不必要的投资。对新的体系进行可行性的研究，需要在最短的时间里，以最少的成本来决定该体系的可行性。通过对现有的信息采集和数据的对比研究、对现有的信息采集系统进行深入细致的研究，为下一阶段新的信息采集系统的设计和开发工作奠定理论基础。

(1) 工程项目的实施方案。

1) 技术上是可行的。技术上的可行性取决于新体系的目的，例如，硬件、软件和其他技术，技术工人的数目和级别。

硬件部分要考量电脑的存储体、功能、连线能力、安全防护设施，以及输入输出设备、外存储器与联网资料通信设备的配置、功能、效能等。软件部分主要包括操作系统、业务系统、数据库系统、信息集成系统、应用软件包的设置和作用。当然，所要考察的技术，一定要具有广泛的使用经验，现有的或可二次发展的，而非等待或进行中的。

2) 可行性分析。

经营上的可行性应该从经营的观点出发。可以从下列六个方面进行详细的剖析。

①要实现 MIS 建设，必须进行科学化的基础工作。管理体系的健全，规章制度的健全，运营秩序的稳定，科学的管理手段与程序，完整而准确的原始资料，是管理信息化的重要保证。一个新的系统在发展过程中，没有完整的原始资料，没有条理，没有条条框框，管理混乱，就不会有新的系统出现。

②新制度能否成功，取决于领导者的现代管理，特别是他们的资讯观念。一个具备现代经营理念的领导者，要从长期的发展眼光出发，从组织素质的提升和组织竞争力的高度来认识新的制度建设的重要性。

③智慧城市建设是一个具有长远意义的系统工程，要使其成功地实现，必须加强对其的组织与配合。首先，政府要把工作的中心放在"一把手"上，组建一个政府"一把手"担任组长、政府相关部门和企业负责人担任组员的机构。在政府层面上，"信息技术理事会"负责日常工作。其次，要构建一个智慧城市的领导体制和运行机制，明确任务、加强协调、通力合作，制定统一的指挥与调度指令。政府各部门、单位、企业要在其组织协调下进行需求分析、可行性研究、信息化体系、总体规划、总体设计、施工图设计、系统工程招投标、项目实施、组织验收、技术培训、运行管理、维护保养、提升扩展等。保证政府信息化、城市信息化、社会信息化和企业信息化建设的平稳发展。

④加强对智慧城市的管理和技术人才的培养，是构建智慧城市的关键

环节。人才培养的目的就是要熟练运用智慧城市所需的各类技术与装备，使之更加高效、全面地应用与管理。普通员工能灵活操作和使用系统；系统经理和技术工人应具备独立操作、分析、判断解决系统中共性问题的能力。

⑤智慧城市是一个具有时间跨度大、工作繁杂、涉及范围广泛的综合性系统工程。因此，在智慧城市的发展过程中，必须分阶段地进行，并将其分为短期、中期和长期三个阶段。按照区域实际情况，智慧城市的建成周期一般为5年。

⑥在进行智慧城市的可行性分析与布局时，要综合考虑智能建筑的合理布局与可能实现集约、均衡负载，以及最大限度地进行硬件、设备、设施、能源、环保、消防、职业安全与卫生等问题的可行性研究。

3) 经济上的合理性。

经济上的合理性，主要在于评价该工程的效益，也就是该工程所产生的经济效益以及在经济上的合理性。

在智慧城市建设中，按照国家建设工程投资评估的相关要求进行投资估算，按照"符合规范、结合实际、经济合理、不重不漏、计算准确"的原则进行。

智慧城市建设项目的投资预算主要内容有：①项目的前期费用，主要包含项目的市场需求、项目的可行性调查与考察、专家咨询、总体规划、设计、招投标等；②工程执行成本，主要包含系统软硬件、数字机房、系统设备安装和试运行等方面的支出；③工程发展成本，主要包含本工程所需人力成本及其他相关支出；④运营费用，主要包含各项设备运转所需要的材料费用、设备维护费用和其他运营相关费用；⑤训练成本，主要包含使用者、管理人员、操作人员和维修人员等。

(2) 对工程方案进行可行性论证。

可行性研究所需的时间与系统的大小有关，通常是数星期至数个月，所需资金占全部工程总费用的2%至5%，且较大的工程还需进行样机研发。工程项目的实施主要包括：①对项目的规划与设计。对体系的起点和目的进行剖析。②要清楚地了解以城市的经营和服务为基础的信息需要。清楚当前的制度能否符合当前的需要，反之，问题出在哪里。要求有目标地研究目前的制度。这种研究工作的一个很大问题是，目前的制度研究花费了过多的时间，要让系统分析者明白，这个研究并不在于具体地说明该体系的功能，而在于了解当前的体系所起的作用。经常对目前的状况进行研究，这样就可以让系统分析者清楚地知道问题出在哪里。③对建立新制度的初步构想进行阐述。在调研的前提下，要绘制出最上层的资料流程表和对应的资料词典无须进行细致的分析（如果有需要的话）。要想了解新的体系和其他体系之间的关系，这是一个非常关键的限制因素。④对新的制度进行评估。与使用者交流观点，研讨问题规模、目标及关键技术的运用，根据资料流程表及资料词典，对新的初步构想进行评价，若有问题或矛盾，则可找到问题的解答方法，并予以核证，如此重复多次以达到新的、系统的逻辑模式。⑤建议和评价各种备选办法和进行可行性分析。进行可行性分析必须包括新的方案，也就是解决问题的方法，比如，硬件和软件的设置。⑥在决定是否进行的情况下给出一个选项，并决定计划策略。⑦编制工程发展规划，包括人员、财、物的安排。⑧做好项目的可行性分析。⑨将调查的成果递交给使用者和专家评审团队或项目的咨询机构（咨询机构）。

(3) 做好工程项目的可行性论证。

通过对系统的详细调研和可行性研究，得出的结论必须编制成一份可行性分析报告，主要包括：①工程概况、任务来源、存在问题及重要性等。②系统目的：在对系统进行细致调研后，由使用者与开发单位共同决定系统的目的及作用域。③工程建设包括：人力、财力、设备和时间。④可行性研究：从技术、经济、管理、软环境等多个角度，对该项目在目前所拥有的各种资源和其他情况下能否实现该项目的具体目标，以及需要满足哪些具体的要求进行分析。⑤分析结果：基于上述的理论，建立新的开发体系的模型架构，并对其进行验证。

(4) 对项目的可行性进行研究。

①可以马上着手进行下一阶段的计划和方案的编制工作。

②为了启动项目（例如，增加投资、增加人力、延长时间等），必须增加资金投入。

③必须在一定的情况下进行（例如，改进行政工作、重新组织结构等等）。

④在执行之前，必须对该对象做出一定的调整。

该项目的可行性分析结果体现了新的系统研发工作者对该项目的认识。这份报告应该在正式的大会上进行，对所有的潜在问题进行全面的评价。要邀请有丰富工程技术经验的人员参与"可行性报告评审"，进行头脑风暴，做出最切合现实情况的评判和评价。该方案一旦通过，将作为《项目可行性研究报告》的一份正式文档，而该方案中所列的体系指标和范围将作为下一步"工程计划"工作的基础和指南。

（5）提出关于智慧城市的可行性论证报告。

智慧城市的可行性论证报告包括智慧城市的初步可行性调查、详细调查、工程效益和风险评价等方面的工作，并编制了一份《智慧城市建设可行性研究报告》。

1）关于智慧城市的初步研究。

2）关于智慧城市的详细可行性调研。

3）建立智慧城市的收益和危害评价。

4）关于智慧城市的可行性研究。

（四）智慧城市建设总体规划

整体计划一般是指计划的整合，涉及一个计划或机构的发展方向、环境状况、中长期目标、主要政策和执行战略。每一种计划都在不断地发生和发展，并且随着各种计划的执行情况和策略的改变而适时地做出相应的调节。智慧城市的整体布局打破了以往缓慢、散乱的格局。

1. 智慧城市建设总体规划概述

智慧城市是一个庞大的信息化系统，在国内外的调研和数据中，约70%的失误是因为不合理的规划。尤其是大规模的信息化系统，其亏损不但庞大，而且更具有隐藏性和长期性，常常要等到整个系统全部执行乃至完成以后，在实际应用中才逐渐显现。当前，世界各国学者十分关注大规模信息化系统的整体策划与逐步的实施。智慧城市的整体规划是城市信息化体系的基础，没有科学的规划，就无法实现其目标。

全面的智慧城市建设是我国智慧城市信息化系统的长期发展战略。将建设目标、实施目标、组织结构、技术应用、实现功能、项目实施计划等信息元素整合为"整体规划"，是建设目标建设和实施的策略。

关于智慧城市的整体规划要提出并处理下列几个关键问题：

（1）在智慧城市建设中，如何确保其整体战略与其在行政与公共事务方面的工作目标相协调？

（2）如何提出、组织、设计一个智慧城市的整体架构，并以其为依托，建立与发展相关的商业应用系统平台，实现智慧城市的管理与服务？

（3）在服务领域和执行职能方面存在交叉或相互冲突的商业应用体系中，应该如何制定出一个重点执行方案和如何进行资源的配置？

（4）根据信息论、系统论和控制论的视角和原理，针对智慧城市系统工程的分层次实施的工作内容和工作目标提出相应的对策、措施、方法和计划。

智慧城市建设整体方案是智慧城市系统工程的首个阶段，是大规模智慧城市发展的首要环节，它的规划设计的好坏将直接关系到整个系统的发展。因为智慧城市信息化系统耗资巨大、技术复杂、系统开发和施工时间较长，因此，必须从一个高层次的系统设计，以城市层面的信息互联和数据的分享为出发点和基础，从战略上把握智慧城市信息系统工程的建设目标和功能框架。

2. 关于智慧城市总的计划原理

在制订智慧城市总计划时，必须遵守下列基本准则。

（1）全面实现智慧城市的发展。其超大规模信息化系统的规划起点是其建设与发展的策略。根据城市的发展目标，对其信息化要求进行深入剖析，并逐渐推导出战略目的与整体架构。

（2）全面实施智慧城市的整体规划，要做到由上至下，既要考虑高层的统筹，又要兼顾各个层面行政与商业的需要。

（3）摒弃资讯体系对组织的依赖，首要目标是建立过程，而最基础的智慧城市建筑行为与决定不受行政及行政职能的影响。虽然组织结构可能会发生变化，但是最基础的行为和决定大体保持不变。对智慧城市建造进程的理解通常是以现有的组织结构为基础，脱离对其的依赖，可以为整体的规划做出相应的调整。

（4）智慧城市的体系架构整体化、一体化。在开发的整个流程中，信息化平台的设计与实现都是"从上到下或从下到上"。在此基础上，提出了一种基于自顶向下的设计方案。

(5) 为了方便地执行智能化的市政系统工程，整体方案应为今后的工作指明方向，并使之协调一致。在选择方案时，应注重时间，选择最经济、最简单、最容易实施的方案。技术运用方法注重实用性，而不是一味地追逐名牌以及与技术"超前性"的脱节。

3. 智慧城市建设总体规划步骤

智慧城市的整体规划编制有以下九个方面。

(1) 拟定编制整体计划的概要，其中包含编制目标、编制原则、编制范围、编制内容和编制方法。

(2) 搜集与该区域内、外有关该计划的各类资料，对所搜集的各类资料进行汇总、整理，并按照该纲要提出的目标、原则、范围、内容及方法进行分析。

(3) 基于对城市建设的需要和战略可行性的研究，从建设目标、原则、范围、内容与方法、功能结构、阶段性实施计划和安排、财务状况、建设的风险和软环境等多个角度进行综合研究和论证。

(4) 对限制进行界定。根据财政状况、人力资源、基础设施、信息资源等因素，对智慧城市的相关制约因素进行界定，并制定相关的配套制度。

(5) 明晰智慧城市的战略定位。基于对智慧城市的需要、可行性研究、限制等因素的综合考虑，提出智慧城市的发展策略，即在项目（可分阶段）完成后智慧城市应该具备的功能，如智慧城市的经营范围、功能结构、技术应用、项目实施要点与阶段进度规划、项目估算等。

(6) 为智慧城市的整体架构提供框架。根据智慧城市整体架构，勾勒出未来智慧城市资讯系统的架构模式，反映各架构层级之间的关联与整合。

(7) 制订智慧城市建设工程的分级及按阶段进行的策略计划。依据建筑资源有限的情况，选取智慧城市的建设时间、阶段的规划、重点实施的工程内容、工作任务、施工次序等。

(8) 制定执行工程的时间安排。对工程施工的先后次序进行评估，并制定相应的工程管理方案，包括人员和信息的集成需求，并将其纳入工程的总体任务、费用和进度规划之中。

(9) 制订全面的智慧城市计划。《智慧城市建设总体规划方案》是按照总计划的基本原理进行整合的。在这一进程中，我们会持续地向有关单位咨询，并由有关单位进行《智慧城市建设总体规划》审核，并在审核后实施。"整体规划"是今后智能"总体设计""工程设计"的指导。

4.智慧城市建设总体规划内容

一般情况下，智慧城市的整体规划都是3~5年的中长期发展规划，也有一年以内的短期发展规划。在"智慧城市"的中期规划中提出了"智慧城市"的总体发展方向和"智慧城市"的总体规划，而"短期"规划的主要目的是"智慧城市"规划的制定。智慧城市建设的整体计划由下列要素组成。

（1）全面实施智慧城市建设的总体目标。本书的主要工作内容有：智慧城市发展的战略目标与框架、内外部环境、发展与建设的内在约束、企业应用信息化平台的功能实施目标、技术应用、实施计划和应用体系的整体架构等。在此基础上，提出了基于智慧城市建设的企业信息化管理体系的总体目的，并提出企业信息化发展的指导方针，发展策略是实现企业信息化工作的一个重要指标。

（2）智慧城市的整体架构和系统设计。本书主要内容为：智慧城市系统的构建体系与智慧城市系统的整体架构。智慧城市的构建体系包括功能体系、系统体系、技术体系、信息体系、标准体系、保障体系和基本结构体系；智慧城市的整体架构系统则明确了各平台的各层及各平台的关联度和整合性，由公用信息展示服务层、信息共享层、数据存储层、基础网络设施层、业务平台及系统应用层等构成，为智慧城市建设建立了系统平台应用体系的结构框架。

（3）按等级划分的智慧城市资讯体系。本书的主要工作内容为：智能建筑工程的划分，以及对其体系结构、信息系统集成平台、业务管理平台、业务应用系统和各子系统的边界、接口等进行详细的阐述。

（4）实施智慧城市的计划。本书主要内容有：建设实施规划要点、信息系统安全规划要点、建设环境规划要点、系统工程建设阶段的分区、工作内容、计划和时间等。在短期（一年）内，将项目的工作内容、任务、时间进度、财务资金和项目工程预算等进行整合。

5.智慧城市建设总体规划方法

智慧城市的整体规划是实现信息化系统工程的一个关键环节，科学地建模和分析是提升信息化体系的一个重要依据。"模型"为智慧城市资讯体系的设计提供了指南，"方法"为其执行提供了详细的程序。本节提出了三个层次的模式，并提出了策略性的资料计划。

在智慧城市建设的整体方案中，建立一个基于信息化、系统化、商业应用化体系结构的最重要环节。当前，关于智慧城市规划的各种模式都是基于 Bowman、G. B. Davis 等人所提出的三期规划模式，对规划过程和方法进行了分类，因此更适用于智慧城市的规划。

（1）制定策略。在智慧城市的总体规划与资讯体系计划中建构一个完整的资讯系统架构，其主要内容有：设定智慧城市的目标与执行策略；设定资讯系统的平台使命；评估资讯系统的发展状况；设定资讯系统的发展方向与策略。其途径包括：战略集合变换、基于建设组织的战略、基于组织集合的战略规划等。

（2）对资料的要求进行剖析。为了深入了解智慧城市的建设和相关的服务需要，本节提出了一种基于智慧城市的信息化平台架构，用于指导特定的商业应用软件的研发。主要研究了城市规划决策支持、城市运营业务流程、城市管理、公共服务、政务管理和政务管理等方面的信息要求。在对以上资料要求进行分析的基础上，制订智慧城市信息化平台的目标、内容、任务和开发等方面的计划。

（3）在执行中的资金配置。通过对智慧城市建设的信息要求进行分析，可以明确建设项目的分类、实施内容、分期计划、时间进度计划、人力资源分配计划和建设资金分配计划。

6. 智慧城市建设总体规划目标

根据国家建设部《数字城市示范工程技术导则》及《数字城市示范工程总体规划设计方案评审指标》，制订《智慧城市建设总体规划方案》，提出《智慧城市建设总体规划》的具体内容。《智慧城市建设总体规划方案》要充分反映我国智慧城市建设的良性发展，提高城市规划、建设、管理、服务等方面的能力，推动智慧城市、行业、社区智慧化、工业化示范项目建设，实现"十五"规划建设智慧城市示范项目（下文称"示范工程"）建设。"智慧城市"建设的总目标是：把数字化技术、信息互联互通和信息分享系统集成、网络通信、地理信息、软件集成和应用集成、管理信息系统和电子政务办公自动化等现代高新科技连接起来，逐步改变城市规划、建设、管理和服务的信息技术平台，以信息化技术的广泛应用提升整个城市规划、建设、管理和服务的效率、水平和能力，同时促进与之相关的政府信息化、城市信息化、社会信息化和企业信息化的同步发展。

在智慧城市的整体规划中，必须坚持下列七个基本的原则。

(1) 建设"智慧"城市要与全国建设的方针、政策和规划相适应。

(2) 在实施智慧化城市的过程中，要按照国内、当地的相关信息技术和技术规范来进行。

(3) 在省级和市级建设和信息管理机构的指导下实施"智慧化"建设。

(4) 对智慧城市建设实施严格的品质与流程监督，并符合相关单位制定的验收规范。

(5) 在智慧城市建设中，要大力推进先进的、优化集成的、适当超前的应用体系。

(6) 加快"智慧"城市建设，推动"信息化建设"，推动"信息化"与"互联网+"的融合发展。

(7) 建设"智能"项目时，要以拥有自己知识产权的软件为重点，扶持国家工业。

7. 智慧城市建设总体规划提交的成果

通过对城市规划的需求和可行性分析，确定城市的总体规划目标，制定智慧城市的整体结构体系规划、智慧城市信息分类规划、城市级信息互联互通一级平台规划、各领域业务应用一级平台规划以及智慧城市建设实施规划，最终形成《智慧城市建设总体规划方案》。

(1) 规划的整体目的。

(2) 总体结构和体系计划由总体框架结构、功能体系、系统体系、技术体系、信息体系、标准体系、保障体系和基础设施体系构成。

(3) 信息互联互通平台包含信息集成平台、数据资源管理平台、数据交换与共享平台、数据存储与分析展现平台、统一认证平台、信息安全平台、可视化管理平台、数据仓库平台、信息管理中心与数据机房、互联网及物联网基础设施等。

(4) 二级平台的规划包含智慧政务电子平台、城市综合管理(大城管)平台、城市应急指挥平台、城市公共安全平台、城市智能交通平台、城市节能减排平台、城市基础设施管理平台、城市市民卡平台、城市智慧卫生医疗平台、城市智慧教育平台、城市电子商务及物流平台、城市智慧社区服务平台、城市智能建筑物业及设施管理平台等。

四、智慧城市建设目标和任务

可持续发展策略是智慧城市建设的基本原则和准则,对今后智慧城市的发展具有重要的参考价值。"智慧"发展策略将与经济社会发展目标、社会管理创新和社会民生服务理念紧密结合起来实施任务。

(一) 智慧城市促进经济发展

智慧城市的发展重点在于:运用全面的资讯交流与分享,分析并明确重点提升区域,建立资讯科技园区,促进工业集聚,推动资讯平台的建立,提升公共服务品质,促进投资和产业结构转变与城市经济可持续发展。企业在迅速发展的同时也在寻求行业的改革,并在适当的地方实现政府的功能转换:如何根据自己的城市特征和发展战略,不断完善自己的行业,不断改善自己的服务品质,为公司创造最佳的软、硬环境。

各种系统都有,其中就有各种行业的动态。城市管理人员应该促进这种相互联系和有效的分享。在确定各种类型的用户和供应商之后,根据不同信息主体的需要,开发出具有针对性的、新的、面向顾客的服务,从而达到行业的服务创新和提高整个行业的服务质量。

与此同时,城市管理人员也要依据与经济发展和招商引资相关的经济发展指数(如基础建设、劳动力、经营成本、知识创新能力、生活环境等)建立一套采集和监测系统,以便管理人员能够依据城市的实际经济行为对有关领域实施及时调节。以克拉玛依为代表的城市,以石油和化工为依托,规划以"智慧"为突破口,通过对油田的数据采集和整合、数据模拟分析、预测预警、过程自动处理、专家经验和知识运用、系统自我改进和持续的生产过程优化能力。从过程控制、研发控制和政策支持三个层次上提高我国石油工业的发展,构建起在世界范围内、在世界上处于领导地位的工业智能系统。

（二）智慧城市环境管理

1. 资源管理

智慧城市是指利用资讯科技来评价资源的供给与品质，调整其利用程度，监测供给网络状况，并做长远计划。在资源的生成、消耗以及与其他资源的相关性和效果的基础上进行信息的搜集，从而达到智能的资源管理。比如，智能化水资源的管理，可以实现对水体的环境、污染程度的即时监控与智能化的分析，从而达到对水资源的利用。对管网的利用进行最优评价，对管网进行合理布置，并对渗漏问题进行适时的处理。实现了对水资源的动态监测和智能化调度，并依据监测和分析结果，为水资源管理提供科学依据。

另外，智能的节能治理可以有效地减少能耗，节约使用更多的洁净资源。主要内容有：智能化的削峰填谷，温室气体排放量的管理与监控，以及对能量装置的远程监测与诊断。

2. 环境管理

智慧城市通过智能监控与分析，对污染程度与污染源的关系进行评价，以达到最佳的治理效果。并将该系统的监测结果与其他监测资料结合起来，为各环保部门的决策提供依据。

（三）智慧城市基础设施管理

在对现有的基础设施进行全面的研究后，智慧系统可以根据以往的基础设施资料对其进行详细的了解，并进行仿真，从而制订出完善的施工方案和日常的维修方案。智慧的底层结构可以针对最终使用者的需要特征为他们的客户提供相关资讯及个性化业务，从而调整他们的使用和消费方式。

智慧城市通过对现有基础建设的实际情况进行动态的调整与优化，从而有效地提升基础建设的利用价值。

智慧城市能够快速、准确地获取基础设施的资产，改善企业的价值状况，减少企业财产损失，改善企业的经营效率，降低企业的经营成本。通过对设备进行即时的管理，可以帮助用户及时地找到可能出现的问题，以便进行适当的维护和资源的分配。

(四) 智慧城市生活品质管理

智慧城市要适应人民日益提高的居住品质，主动利用智能手段，在教育、医疗、社会保障、交通、文体娱乐等领域持续提高智能化的应用。

透过各部门之间的资料自动搜集与分享，迅速响应民众的服务需要。同时，为公众提供一个畅通的信息渠道，对有关单位的工作业绩进行有效追踪，从而促进政府的不断改善。

在城市公共事务的智能化治理中，市民的公共事务可以实现多渠道、一站式的一体化，将多个部门的工作过程有机地结合在一起，从而实现公共事务的共用。

智慧市民卡能够为市民提供个人服务，如社保、医疗服务等，使之由市民服务转向公共服务，既可以节约开支，又可以改善服务品质。此外，透过智慧市民卡片了解城市居民的需要，对其进行有效的分析，针对各种特点（如各年龄段）做出预测，并积极、高效地为其服务。

(五) 智慧城市安全管理

以"最平安的城市"为目标，以宽频信息网为基础，构建公安局、分局、派出所三级监控系统；综合运用视频监控、GIS、GPS、计算机、通信、多媒体等技术，并结合已有的信息资源，建立一个统一的安全网络平台，以达到信息的共享。

智慧城市的治安管理，包含了智慧的安全监控与指挥及突发事件的处理。

1. 智慧的安全监控与指挥

构建智慧安全监控指挥系统，其核心是：实时视频监控、远程图像调度、数字化信息（视频）存储和分析、人员/车辆位置轨迹监控、面向多渠道多平台报警联动，安全管理指挥中心等。

在智慧城市的信息化建设中，数据的查询和多维度的解析已经逐渐成为智慧城市的一个典型。利用该方法，可以实现基于图像特征的图像提取，以及在入口库、犯罪记录库、指纹库等信息的基础上进行多维度的关联分析和数据挖掘。对网络舆论、公众信息、内部情报等进行全面的剖析，为警方提供有用的信息。

智慧城市治安管理指挥系统是城市治安管理、城市报警、电子警察、治安卡口、三台合一的综合管理系统，通过智能化的管理实现快节奏、高效率的警力资源管理，满足政府职能部门在治安管理、城市管理、交通管理、公安应急指挥方面的需求，建立统一指挥、科学监控、协调有序的平安城市运行机制。

2. 智慧的应急管理

在城市发生的各种事件中，如食品药品安全、犯罪预防、公共疾病等，都要进行有效的警报与应对。

智慧城市能够及时搜集重要目标的信息，分析趋势，提供预警，优化应对措施，以实现对突发事件的预防、控制或减轻其后果，迅速应对可能的突发事件，并优化紧急调拨的资源。

智慧城市综合利用现有的位置、入口、地理空间等各种数据，构建预警模式，以增强防范的效果。与此同时，加强各方面的协调和情报交流，建立跨区域的监督与控制，确保应急策略快速、果断和有效的实施。

总之，在这些方面，智慧城市的建设可以使各大区域和它们的子系统走向完善。智慧城市的发展仍未完成，仍需及时追踪其总体成效及各项经营业绩，并将之与设定指标进行比较，以持续完善与修正其发展策略，为下一次做规划建立一套完善的、封闭的工作流程。

五、智慧城市指标体系

智慧城市是一种以信息化、网络化、数字化、自动化、智能化技术为核心的综合性信息化技术，它可以充分地感受和连接一个人的活动，从而极大地提高一个城市的运行效率和效益，使人们的生活更加便捷、环境更加友好、资源更加节约。

智慧城市评价系统是以城市"智慧化"发展理念为基础，综合考量城市信息化水平、综合竞争力、高品质、平安、绿色低碳、人文科技等诸多要素，综合评价指标旨在更好地反映城市建设取得的成绩与水平，从而对城市竞争力、建设绿色、人文和谐社会、推动社会转型发展等问题提出评价标准。

智慧城市建设的指标系统按照下列四个方面来设计：

（1）指标易于采集，采集的历史资料和现状资料可靠、方便、科学；

（2）各项指数有一定的代表性，能够完整地体现一个领域的整体发展程度；

（3）各评价指数之间存在着一定的可比性，不同城市之间、不同历史时期的不同评价标准可以对其进行科学的对比；

（4）该指数可扩充，可按现实发展需要增加或修正该指数的内容。

基于上述原理，结合当前城市发展的重点，智慧城市指标体系主要可分为智慧城市基础设施、社会治理与公共服务、智慧城市信息服务经济发展、智慧城市人文素养、智慧城市市民主观感知等。

（一）智慧城市基础设施

智慧城市基础设施是指保证智慧城市各个功能通畅、安全、协同运作的有关基础建设。其内容主要分为3个次级指数和8个三级指数。

1. 宽带网络覆盖水平

宽带网络覆盖水平是指各种不同类型的有线、无线宽带网的覆盖率。主要包括3个二级指数、8个三级指数。

（1）可访问家用光纤的覆盖范围。光纤访问是利用光纤在本地终端和客户间进行的传送介质。其中，光缆接入率是衡量我国城市基础设施建设发展程度的重要标志。在智慧城市中，可使用的光纤接入率要达到99%。

（2）无线电网络的覆盖范围。其是指利用多种无线电技术，在市区范围内完成的无线网络联结。智慧城市的无线接入率要达到95%。

（3）在重要的公共区域无线局域网的覆盖面。其是指在大专院校、交通枢纽、商业密集区、公共活动中心等重要公共场合使用无线局域网的覆盖范围。在智慧城市的重要公共场所，无线局域网的接入率要达到99%。

（4）新一代无线电网络（NGB）的接受度。其是指电信网、计算机网、有线电视网络融合发展、互联互通以及相关的衍生服务发展程度。智慧城市NGB网络覆盖率必须达到99%。

2. 宽带网络接入水平

宽带网络接入水平是指在不同类型的宽带接入通道中用户可以真正享

有的带宽。主要有以下两个方面的评价标准。

（1）家庭平均上网的程度：是指每个家庭在市区实际使用的宽带（包含不同的家庭网访问模式）。智慧城市家庭平均上网能力应该达到30 M。

（2）无线网络的平均存取等级：是指户外网络使用不同的网络传送模式所达到的平均频宽。智慧城市中的无线上网等级应该达到5 M或更高。

3. 基础设施投资建设水平

基础设施投资建设水平是指在与智慧城市有关的领域进行投入与建造。包含以下两个三级指数。

（1）基建投入在社会固定资产中的比例：是指城镇基建投入总额在国民经济中所占的比例。智慧城市每年的基建投入要达到5%或更高。

（2）感知网的构建：是指在传感终端的设置、传感网络建设等领域，通过多种途径（包括政府和社会）进行的固定资产投入。"十二五"时期，对智慧交通系统的投入将继续维持在一个很高的水平（占全社会固定资产的1%）。

（二）智慧城市社会管理和公共服务

城市社会管理与公共服务是智慧城市的重要组成部分，它包含政府行政管理、安全管理、道路交通管理、医疗卫生、教育、环境监测、能源管理、社会保障等各方面的管理与服务，是促进城市人民福祉的重要内容。其中，二级评价有8项，三级评价有34项。

1. 智慧化的政府服务

智慧化的政府服务是地方政府综合各种行政资讯系统及各种资源，提供开放协同、高效互动的行政管理工作的发展程度。包含以下5个三级指数。

（1）提高行政许可的在线处理能力：即在全市范围内实行全程在线服务的行政许可项目所占的比重。在智慧城市建设中，电子政务服务的在线处理率要达到90%。

（2）在整个过程中，政府工作行政执法活动的电子化监督比率：是指在各种信息技术的基础上，实现对行政审批的全过程电子化监督。在智慧城市中，政府部门的公共服务活动的全过程监控比例应该是100%。

（3）网络环境下的政府机密文件流动比率：是指在互联网上流通和处理

的政府机密文件所占的比重。在智慧城市建设中，政府政务公开文件的在线传输比例要达到100%。

（4）商业与政府部门之间的交互性：是指与政府有交互作用的公司，在不同的城市和地区与政府进行各种信息交流所占的比重。在智慧城市中，企业与政府的互联互通比例要达到80%。

（5）公民与政府部门的交互性：是指公民与政府之间的各种资讯交流与互动所占比重。智慧城市居民与政府的交互性应该达到60%。

2. 智慧化的交通管理

它是指利用信息技术来提升道路的行驶速度，提升道路畅通程度，优化居民的出行感受，从而实现城市道路的精细化、智能化。主要由以下5项指标组成。

（1）公众对车辆资讯的重视程度：是指对各种类型的车辆信息进行跟踪的公民所占有的比重。智慧城市居民对交通资讯的重视程度应达到50%。

（2）公共汽车站点的电子标识量：即在全市公共汽车站点中，电子站牌占总站点的比重。在智能交通枢纽中，公共汽车的电子标识率要达到80%。

（3）居民对道路交通指示信息的遵从性：该指数是以开车的人为目标，是指在开车时遵守指示的人。在智慧城市中，驾驶员交通诱导信息的使用率应达到50%。

（4）停车引导装置的覆盖范围：是指在全市各停车场中设置停车引导装置的车位。在智慧交通枢纽建设中，停车场引导体系的覆盖面必须达到80%。

（5）在市区公路感应装置中的装配量：是指在主干等级及以上的道路中，各种类型的交通资讯传感器的安装效率。在智慧交通系统中，道路感知设备的安装比例要达到100%。

3. 智慧化的医疗体系

医疗保健是一种方便而又精确的医疗服务，是公民可以真正享有的。主要包括以下3个三级指数。

（1）建立公民电子卫生记录的存档比例：是指公民在使用电子医疗记录时所使用的比率。在智慧城市中，居民的电子化医疗记录必须100%。

（2）医疗记录的使用情况：是指在全市所有医疗机构中，使用电子医疗记录单位所占的百分比。在智慧城市中，医疗记录的使用要100%。

（3）不同医疗机构之间的资源和信息分享情况：即在全市所有医院中，实现了医疗服务和信息的共享。在智慧城市中，医院与医疗机构之间的资源共享率应达到90%。

4. 智慧化的环保网络

它是指利用多种传感器和感测器对大气、水源等进行监测、预警，并做出相应的处置。它包含以下三个重要的方面。

（1）自动监控的环保品质比率：是指利用信息化技术，对空气、水进行自动、实时监控的比率。智慧城市的自动监控率应该在100%以上。

（2）加强对重点污染物的监测：是指对城市主要污染物进行信息监测的比重。在智慧城市建设中，对主要污染物的监测要做到100%。

5. 智慧化的能源管理

它是反映一个国家节能减排的主要标志。包含以下5个三级的指数。

（1）家用智能手表的安装量：是指在住户家中，装有智能型电、水、气表的比率。智能化住宅的智能化仪表安装比例要达到50%。

（2）节能管理的公司比重：是指在企业中运用各种资讯科技来进行经营与均衡所占的比重。在智慧城市中，节能控制的比重应该在70%左右。

（3）智慧交通信号灯的管理：是指在主干等级及以上的道路中，实现智慧管理的比率。在智慧交通中，智慧交通灯的使用率要达到90%。

（4）新能源车辆的使用情况：是指新能源车在全市范围内的比例。新能源汽车在智慧城市中所占比重应该在10%左右。

（5）楼宇能耗的比率：指城市B类及以上写字楼使用信息技术达到节约能源所占比重。智慧建筑的节能率要达到30%。

6. 智慧化的城市安全

它主要内容有城市应急联动、食品药品安全、安全生产、消防管理、预防犯罪等。它包含了以下6个三级指数。

（1）建立健全食品和药物追踪体系：是指能够在主要的食物和药物品种中，从制造到出售的范围内，达到其所占的比重。智慧城镇的食品和药物追踪体系要覆盖90%。

（2）加强对自然灾害的警报。一年之内，对地震、暴雨、台风等自然灾害进行预警的比率。智慧城市要达到90%的天灾警报。

（3）建立重要的紧急情况的紧急救援体系：是指在城市各方面建立起对重大突发事故的信息和应急体系的能力。在智慧城市中，重要的紧急情况下，必须建立100%的紧急应变体系。

（4）对城市进行网格化的治理：是指在整个地区内，实施栅格管理的各地区所占的比重。智慧城市的网格化治理覆盖率要达到99%。

（5）危险物品的安全管理：是指对各种危险化学品的交通工具进行实时监测的比率。智慧化的城市危险物品的运输监管比率应该是100%。

（6）对居民的户口和流动情况进行追踪：是指对居民和居民的详细身份数据进行收集和追踪。智慧城市户口和常住居民信息数据库应当涵盖全市99%的居民。

7. 智慧化的教育体系

智慧化的教育体系是指人们能够方便、准确地获取教育的各种信息，同时也是学校的基础建设。它包含三个重要的方面。

（1）城乡居民的教育开支：是指在教学中所需的软硬件投资。在智力类的基础上，政府投入的财政投入应该达到GDP的5%。

（2）家庭和学校之间的互动性：是指在各学校之间，利用各种信息技术来达到家庭和学校之间的交流。在智慧城市中，家庭与学校之间的互动应该达到90%。

（3）网上授课的比重：是指在不同类型的城市中，利用信息技术进行网上教学的大学生所占比重。在智慧城市中，互联网教育的比重应该达到50%。

8. 智慧化的社区管理

它是通过信息化技术为居民管理、信息推送和养老等提供服务，为居民（包括居委）管理工作带来便利。主要由以下四个层次的评价标准组成。

（1）在社会范围内开展的资讯服务：是指具有全面资讯服务体系的团体比率。在智慧城市建设中，社区信息化建设的覆盖面要达到99%。

（2）促进社会服务的资讯传递：是指社区行政机关利用信息化方式主动将各种信息推送到社区的居民中，所提供的各种信息所占据的比重。智慧城市的社区服务信息传递比例要达到95%。

（3）提高老年人护理工作的信息化水平：是指在社区中为老年人提供的

护理数量所占据的百分比。在智慧城市中，老年人的信息监控覆盖率要达到90%。

(4) 住宅小区内安全监测装置的安装度：是指在拥有独立财产的住宅楼中安装安全监测类型的传感器。在智慧城市中，住宅小区内的安防监测系统的安装比例要大于95%。

(三) 智慧城市信息服务经济发展

它是一种以智能为基础的城市信息化经济服务。其中，主要包含2个二级指数、7个三级指数。

1. 产业发展水平

它是指整个城市的信息化能力。它包含以下三个重要的方面。

(1) 区域总产值中的IT服务价值份额。它是对整个IT服务的发展程度的度量。在信息服务领域，智能产业的附加值要达到10%。

(2) 在全部货物的销售额中，通过网络进行交易。它是一种计量信息化水平(包括以电子商务方式进行的、以电子方式进行的产品和服务)的方法。智慧城市中的电子交易总量要达到30%。

(3) 在整个社会中，IT行业的员工所占据的比重。智慧城市中资讯服务行业的从业人数要达到10%。

2. 企业信息化运营水平

它是指利用信息技术支持企业的发展和运营。主要由以下四个层次的评价标准组成。

(1) 综合利用工业与信息技术的综合指标：即在现代化进程中，实现现代化的一体化发展。

(2) 企业站点的建立比例：是指站点在公司中所占有的份额。在智慧城市，企业的站点建设比例要达到90%。

(3) 电子交易的公司业务活动比率：是指在购买、出售等环节中，企业的电子交易行为。智慧城市中，企业的电子交易行为比例要达到95%。

(4) 企业的信息资源利用率：是指信息资源在企业研发、生产、管理等方面所占的比重。在智慧城市中，企业的信息资源利用率要达到95%。

(四) 智慧城市人文科学素养

它的评估指标是：民众对智慧城市理念的认知、基本科学技术（如资讯科技）的运用、居民的幸福感。其内容主要分为4个二级指数、7个三级指数。

1. 市民文化科学素养

它是指公民整体的文化教育程度和公民对科学、文化的了解程度。包含以下2个三级指数。

（1）在全国范围内，本科及本科以上的文化程度。它是一个很好的衡量市民文化素养的指标。在智慧城市中，本科及以上文化程度要达到30%。

（2）提高公共文化素质。城市人群的基础科学普及知识水平是衡量其认知水平的重要指标。智慧城市公共文化素质要达到20%或更高。

2. 市民信息化宣传培训水平

它主要是对公民进行各类信息的宣传和训练。其中一项是与年度有关的宣传和培训者所占的比重。它是保证市民对信息化知识的持续更新，提高对数字化设备的认识和利用水平的一个关键因素。智慧城市开展的推广和培训工作的人口要达到8%。

4. 市民生活网络化水平

它是指运用各类智慧应用系统、技术和产品来达到智能的人生境界。包含以下3个三级的指数。

（1）居民的网络接入情况：是指在整体中，使用频繁的网民所占据的百分比。智慧城市居民的网络使用量要达到60%。

（2）手机互联网使用率：是指手机使用者所占比率。在智慧城市中，手机网络的使用率要达到70%。

（3）在网上购物的住户比率：是指在网上购物的人所占百分比。智慧城市居民的网上购物率应该达到60%。

(五) 智慧城市市民主观感知

以民众的主观感知指数为基础，通过抽样调查，对有关智慧城市的各个关键环节进行评估（以客观评分，十分满意的评分为10，极不满意的评分为0)。其中，主要包含2个二级指数、9个三级指数。

1.生活的便捷感

生活的便捷感是市民在出行、就医、教育等各领域的方便服务。包括以下5个三级评价指标。

(1)对上网收费的满意程度：使用者对网络收费的满意度。智慧城市用户对网费的满意程度应该在8或更高。

(2)方便地获得车辆的信息：它是一种满足感，反映了人们在日常生活中获得交通资讯的便利性。智慧城市居民对获得交通便利程度的满意程度至少为8。

(3)在城镇获得医疗服务的便利：主要是针对患者就诊时间、医院态度、医疗手段及医疗服务的满意度。智慧城市居民对医疗卫生服务的满意指数为8。

(4)便利的政府服务：是指居民在办理有关行政事项方面的方便满意度。智慧城市居民对政府服务的便利度满意指数为8。

(5)便利地获得教育资源：是指居民在就学、再教育等方面的服务。智慧城市居民对获得教育资源便捷程度的满意度至少为8。

2.生活的安全感

它是指人民群众在日常工作中对食品药品安全、环境安全、交通安全、预防犯罪安全等方面的满意程度。包含以下4个三级指数。

(1)卫生和卫生服务的满意程度：是指公众对食品和药物卫生服务的满意度。智慧城市居民对卫生和药物卫生服务的满意程度至少为8。

(2)满足感和对环境的要求：反映了广大人民群众对治理和监测、突发事件的反应和处置等方面的满意度。智慧城市居民对环境治安的满意程度应该在8或更高。

(3)对道路交通的满意程度：是指公众对道路交通安全、轨道交通和航空交通安全的满意度。智慧城市居民对道路交通安全的满意程度应该在8或更高。

(4)满足感的预防：是指公民对于治安案件的检出率和相应的监察、预警以及处理的满意度。智慧型城市居民对防范违法行为的满意程度应该达到8。

第二章 智慧城市顶层规划

第一节 概述

一、顶层规划内容

本节以笔者在智慧城市的顶层设计与实际工作中的体会为基础。智慧城市的顶层设计包括：智慧城市的知识系统与智慧城市系统的规划。智慧城市是一项复杂的、长远的、综合的大型信息系统工程，笔者从新加坡"智慧岛"向"智慧国"转型的实践和经验出发，提出了在全面推进智慧城市建设前必须先进行一系列的顶层规划，再进一步细化到各个特殊业务平台规划和底层应用系统设计，最终形成整套且科学完整的智慧城市建设路线图和行动计划，以及能够指导各专项业务平台和应用系统工程可实施的方案和施工图纸的编制与设计。

在智慧城市的顶层设计中，一般会有三年至五年的中长期智能系统建设规划。其中，有一年之内的短期执行方案。在中长期的智慧城市规划中提出了总体的施工指导和施工目的，短期规划的主要任务是组织、行政、资金和人员保障，以确保未来的工作顺利进行。

二、顶层规划方法

在进行智慧城市的建设过程中，最关键的一步就是进行智慧城市的顶层设计。"模型"为智慧城市资讯体系的设计提供了指南，"方法"为其执行提供了详细的程序。本节提出了以下三个层次的模式，并提出了策略性的资料计划。

（一）三阶段模型

在智慧城市的顶层设计中建立一个基于信息化、系统化、商业应用化的体系结构是一个最重要的环节。本节介绍了基于计算机辅助设计的信息系统计划的设计方法。当前，各种规划方式都是基于 Bowman, G. B. B. Davis 等提出的三个层次规划过程与方法学的划分，更符合智慧城市的规划模式。三阶段模型包括三大类：战略规划、信息需求分析以及项目实施资源分配。

1. 战略规划

要实现智慧城市整体规划与资讯体系计划的衔接，其主要内容有：提出"智城"的目标与执行策略、设定"资讯系统"的使命、评估"资讯科技"平台发展的背景与策略。其方式包括：策略集转换、基于构建机构的策略以及基于机构的集合确定策略等。

2. 信息需求分析

要对智慧城市的建设和有关的信息要求进行深入的探讨，需要构建一个能够引导特定商业应用软件的体系架构。主要研究了城市规划决策支持、城市运营业务流程、城市管理和公众服务，以及政府部门的业务管理和日常工作等方面的信息要求。在对以上资料进行分析的基础上，制订智慧城市信息化平台的目标、内容、任务和开发等方面的计划。

3. 项目实施资源分配

通过对智慧城市建设的信息要求进行分析，可以明确建设项目的分类、实施内容、分期计划、时间进度计划、人力资源分配计划和建设资金分配计划。

(二) 企业系统规划法

企业系统规划法（Business System Planning，BSP）是美国 IBM 公司于 20 世纪 60 年代后期创立并逐渐发展的一种组织方式，其目的在于对企业 MIS 进行规划与设计。BSP 以信息为基础，将企业的经营目标转变为整个 IT 系统的策略，BSP 所支撑的是企业各个层面的目标，而实施 BSP 则要求各个层面的服务子系统来实施。

BSP 的设计思路与智慧城市的顶层设计理念是完全相同的，其整体架构系统也是基于多层次的目标来支撑智慧城市的整体目标。同时，在系统的体系架构上也要求有多个商业应用系统与子系统。

运用 BSP 从智慧城市的目标出发，提出了基于智慧城市的顶层设计方案，由上到下得出了智慧城市的信息要求。智慧城市的事务管理是对信息采集与分析的基本环节，对事务处理过程进行了整理，对业务过程进行重构，确定了决策的方式与问题，发现了与其逻辑关联的数据，并对其进行关联。利用该数据，可以为智慧城市的信息化建设提供依据。基于系统的体系架构，可以设定企业应用系统的优先级，并依据其功能类别划分其层次、系统组成、技术应用、实现功能，并对各系统进行分期、分步骤的规划。BSP在智慧城市的顶层设计中应注意以下几个方面。

1. BSP的主要目标

BSP的主要目的是提升智慧城市资讯管理体系的设计水平，既能满足智慧城市在短、中、长期的资讯需求，又能成为智慧城市整体发展的重要内容。

2. BSP的基本原则

（1）在智慧城市的发展过程中需要进行高层策划，以支撑其发展战略。

（2）智慧城市的顶层设计策略应该体现其不同职能和不同层面的管理要求。

（3）基于最高层次的规划建设智慧城市资讯体系与平台，应当将连贯的资讯传递给智慧城市。

（4）在顶层设计中应当推动行政机关和行政制度的变革。

（5）在实施的过程中，应当首先进行"自上而下"的实施政策。

3. BSP的基础

（1）对智慧城市的建造流程进行界定。智慧城市的构建是对各种智慧城市进行行政和公共服务所必需的、逻辑相关的一系列决定和行为。智慧城市的整体运营是一套完整的商业过程。通过对智慧城市商业过程的界定，可以让人们更好地了解智慧城市是怎样通过信息技术实现自己的目的，从而构建各种不同的系统和平台的运作过程，并根据不同的系统和不同的业务模式，把这些不同的业务过程分成不同的职能区，形成相应的职能领域。

（2）对资料类别进行界定。资料类别是为支撑智慧城市商业过程所必需的与之相关联的资料。利用资料类别的概念，能够辨识目前支援智慧城市商业过程资料的精确度与实时性，并能辨识出资讯整体架构所需的资料类别；探索智慧城市商业过程中的信息分享；找出每个单独的应用程序在商业过程中产生的、使用的和缺失的资料。BSP是以数据类型与商业过程相结合的方式来确定智慧城市的整体架构，通过商业过程与数据类型的矩阵来表示它们的相互联系。

4. BSP 的核心

BSP的技术关键在于为智慧城市信息化平台的整体架构设计和实现。智能系统平台结构体系包括功能体系、信息平台体系、信息基础设施体系等。

一般情况下，信息系统的平台是一个具有一定规模的、相对独立的、自主的系统和平台。从上到下，对整个系统的整体架构进行全面的设计，有助于各平台的信息和系统的整合，从而达到城市层面上的信息互联与分享。因此，必须明确每个独立的体系和平台的信息以及系统之间的整合界限。在智慧城市商业过程中，需要运用系统的整体架构来表示各系统与各子系统的相互联系。"结构图"包括：所要求的系统平台的服务范畴、功能、数据支撑、数据资源的分配、数据的分享等。

第二节　智慧城市知识体系规划

智慧城市的知识系统是对其进行理论和前沿性的探索，为其系统的规划提供依据。

一、概述

智慧城市的规划主要有指标体系规划、信息系统规划、城市管理和服务体系规划、标准体系规划等。

（一）智慧城市指标体系规划

智慧城市指数是衡量一座城市总体行政与公共服务的状况及发展前景的重要手段，为政府的行政工作提供明确的衡量标准，也是衡量和评价智慧城市的绩效与可评价的重要依据。

(二) 智慧城市信息系统规划体系

构建智慧城市各行业之间的信息交流与数据分享，突破行业壁垒形成的"孤岛"，为构建"大数据共享"的运行奠定了坚实的理论依据。建立数据管理规范，为当前各个部门提供数据质量管理、主数据管理、生命周期管理和数据安全管理服务。

(三) 城市管理和公共服务体系规划

它是指将智慧城市指数与管理及公共事业运作指数相融合，将传统的以管理和功能为导向的过程转变为以管理和服务为导向的过程，从而实现高效管理，并为市民及商业服务。

(四) 智慧城市标准体系规划

智慧城市不仅包括顶层规划、专用业务平台、基础应用体系的设计，还包括信息和系统的整合，以及"一级平台"和"二级平台"的构建。智慧城市是信息系统相互连接的系统。在智慧城市的构建中，无论哪一种专业的平台和应用系统，都是整个智慧城市的一种应用，而不是一座座孤立的、独立的"信息孤岛"。要达到这一目的，就需要制定一个智能城市的标准化系统。

二、智慧城市指标体系规划

智慧城市是一种以信息化、网络化、数字化、自动化、智能化技术为核心的综合性信息化技术，它可以充分地感受和连接一个人和一个人的活动，从而极大地提高一个城市的运行效率和效益，使人们的生活更加便捷、环境更加友好、资源更加节约。智慧城市是新一波信息化革命和新一代信息技术革命的深化和发展，是工业化、城市化与信息化深入结合的一个重要方向。通过"智慧"来引导城市发展方式的转变，将使其在公共行政、社会管理、经济发展等方面得到更多的应用和聚集，从而使其在管理等方面更加完善。

智慧城市指数是以城市"智慧化"发展的思想为基础，综合考量城市信息化水平、综合竞争力、高品质、平安、绿色低碳、人文科技等诸多要素，对城市建设进行综合评价，旨在更好地体现城市建设取得的成绩及水平，从而对城市竞争力、建设绿色、人文和谐社会，推动社会转型发展做出评价。智慧城市指标体系规划一般分为四个阶段：指标体系规划方法、指标体系框架与组成、指标体系的编制、指标体系的构建。

（一）指标体系规划方法

智慧城市指数系统的设计是其最基本、最关键的环节。本节主要阐释指标系统中各个特定的指数是怎样形成的。在对智慧城市的需求进行调查、访问、个案研究与实证研究的基础上，对智慧城市的实际情况进行筛选，从中筛选出一些能够反映智慧城市实际情况的关键指数。在此基础上，根据方法的需要，从调查的项目中选择出符合智慧城市发展的指标，再对项目进行评估、论证和沟通，并进行横向的评估和优选，完善相关的、重叠的、不完整的指标，最后形成主要的评价标准。

在指标体系建设的基本原理基础上，从指标名称、指标定义、指标来源、数据来源、指标范围和指标对策等方面进行详细的阐述。

（1）指标名称：以调查的成果为依据，从行政运行效率、市民和企业对市政和公共事业的需求出发，并结合国内外的实例，给出各种指标的命名。在指标命名时要简洁，要使其内容能更好地表述，避免造成混乱。

（2）指标定义：对各项指数的名称做详尽的解释，指出各指数所体现的行政和公共事业的特定领域，所涉及指数的覆盖面，所能达到的商业支持程度等。

（3）指标来源：根据不同的指数，说明该指数的具体测算和评价标准。

（4）数据来源：提供资料的途径（来自特定商业单位的哪些资料制度或途径）进行资料的定期更新等。

（5）指标范围：按照现行的定义和测量方法对当前的数据进行估算。

（6）指标对策：指标的目标值由指标基准值、过去3～5年的演变趋向和今后发展计划的需求而决定。

（7）指数的幅度和对策：一般状况下是指指数所占的区间，相应的对策。

（二）指标体系框架与组成

所谓的"指数"，其实就是在原有的"指数"和"内容"的基础之上，把各个"指数"按一定的分类、分级的方式构建起来。

一般来说，该指数体系可以分成以下三个层次。

第一层次为多个层面，总体上根据城市管理与服务的主体、客体以及相关支持因素，如政府、城市管理、社会民生服务、企业经济、信息基础建设多个方面来进行。

第二层次为与所述第一层次相关的二级商业或工业，比如与城市管理相关的二级服务：智慧城市管理、应急指挥、公共安全、交通管理、节能减排、基础设施等。

第三层次是二次元企业或产业的职能与表现结果，以及城市管理部门所完成的各种职能与业绩评价的结果。

此外，企业与公民的主观评估也是一个很大的内容，将会被分别列出。该指数的主体部分，是以城市经济、服务电子化、交通运输、环境保护、社会保障、基建等为依据，建立相应的名称、定义、衡量标准、数据来源、基准值、目标值、范围值和对策等，以充实和改进整体的指数系统。

(三) 指标体系编制内容

本节从城市智能指数的制定原理和当前城市的重点内容出发，将智慧城市指标体系划分为智慧城市基础设施、社会治理与公共服务、城市信息服务经济发展、城市人文素养、智慧城市市民主观感知等。

三、智慧城市信息体系规划

在我国的信息化发展过程中，情报资源的规划对于我国的现代化具有十分重大的意义。经过传统的信息化管理，目前已经逐步进入"网上信息化"的时代。信息化建设与发展必然会给信息化工作方式和业务方式带来重大变革，合理的整合对信息化建设具有重要意义。

(一) 信息体系规划的概念

资讯资源是指人们在实际生活中所接触到的各种图表和资料的统称。

1. 信息资源特点

(1) 具有可再利用性，其价值在运用中得以反映。

(2) 信息资源的使用是以目的性为主导的，在不同的使用者中，各种信息表现出的价值也是不一样的。

(3) 信息资源要具有综合性，不受时间、空间、语言、地域和行业的限制。

(4) 个人财产是一种公共财产，没有人有权利购买所有或永久性的资讯；这是一种可以买卖、交易和交换的货物。

信息化计划的本质就是对信息化的资源进行计划。信息资源计划是指人们在实际生活中所需的资讯，从收集、处理、传输到使用的完整过程。信息化是指通过组织、规划、协调和控制有关的信息资源和活动，以达到既定的目的，从而使信息资源得到合理的开发和使用。

2. 信息体系规划步骤

智慧城市规划一般可划分为五个阶段：信息系统的需要与研究分析；信息系统与信息资源的研究方法；信息系统与资源分类原则；信息系统与信息资源规划；形成智慧城市信息系统。

(二) 信息资源规划的必要性

1. 为提高政府管理与服务能力提供了新的思路

指出信息技术在促进国家发展的过程中起着关键作用，在实施过程中必须对信息资源进行合理的分配和整合，才能有效提升企业的经营和服务水平。

2. 帮助厘清并规范表达用户需求，落实应用主导

要落实"应用主导"的信息化政策，必须把握使用者的需求。只有规范信息资源计划，才能真实地反映出使用者的需求，并对其进行模型化。

3. 整合信息资源，消除"信息孤岛"，实现应用系统集成

造成"信息孤岛"的主要技术因素是缺少基本的信息资源管理规范。在此基础上，对企业进行全面的管理。

4. 指导智慧城市建设的应用软件选型，并保证成功实施

企业在制定"两个模式和一个规范"的基础上掌握了选择和执行的先机，而在管理咨询、多方考察和讨论之后，如果企业认识不到位，很可能出现"削足适履"的误区。

5. 信息资源规划是云计算中心建设的基础工程

信息资源计划的结果是：信息模型（功能模型、数据模型、结构模型）、数据规范（概念数据规范、逻辑数据规范、数据元素规范、信息分类编码、用户视图），可以在云计算中心实现前绘制出一幅基于云计算模型的城市信息地图，并在此基础上构建一套数据标准，以保证各软件系统的一体化、标准化，从而弥补目前"信息孤岛"技术上存在的"短板"。

(三) 信息体系规划需求与研究分析

1. 信息资源规划的预期目标

(1) 对一个城市的信息资源进行系统化的计划。

(2) 构建智慧城市的数据库系统和 E.R 地图。

(3) 为智慧城市创建一个逻辑性的资料库和管理基准。

(4) 全市和行政机关拥有的全部资料和资源分享情况。

(5) 实现有效的无障碍连接，将"信息孤岛"和"信息烟囱"清除。

2. 信息资源规划的功能需求

按照职能不同，信息资源的计划内容分为三大类：信息组织、信息检索和信息服务。以服务为目标，以组织为依据，以获取为工具。

(1) 组织情报。所谓"资讯全序"，就是运用一定的规则、方法和技术，揭露和描写资讯的外在特性与内涵，并按照一定的参量与顺序，将资讯由杂乱的资料整理成有秩序的资料。而知识结构既是未来资讯组织的发展趋势，也是资讯资源管理研究的一个热门话题。简单来说，就是挖掘与其相关的流程或行动，从而最快速地将有用的知识或资讯传递给使用者。它具有自动化、集成化和智能化等特点。但是，如何更好地显露出这些隐性知识却是困难和关键所在。

(2) 查询资料：它就像是一个逆向的信息结构，是利用某些搜索手段，依据特定的需要，通过某种方式，从一个数据库中获取所需要的数据。

(3) 资讯服务业：是指通过多种途径将需要的资讯传递给使用者。第一，收集、评价、选择、组织和存储散布于各种载体中的信息，使之有序，易于使用；第二，要了解使用者和资讯的需求，才能为使用者提供有用的资讯。

3. 信息资源规划的数据需求

通过对智慧城市的综合规划，可以将其划分为系统、基础、业务、融合、共享、交换、业务七大类型，相互支撑，构成一个数据共享的平台。

（1）System Data：包括用户数据、账户数据、单点登录数据、安全证书数据、工作流数据、系统日志数据、消息提醒数据等。

（2）基本的资料：主要内容有人口、法人、空间、宏观经济四大基本信息。

（3）商业资料（private）：是指对各级政府机关的经营活动进行日常统计。

（4）对资料进行合并：是指将商业资料与基本资料完全整合起来的资料集合。

（5）资料的分享：表示资料的存取。

（6）资料的交流：是指资料来源和行政机构之间的资料交流。

（7）所提供的业务资料：是指通过对服务对象的多层次加工形成初级、中级和高级服务的信息，服务于政府机关、有关部门和企业。

4. 城市管理的行政职能分类

（1）政府的批准：经营执照，包括餐饮、教育、法律、建筑等行业。

（2）审核和批准：重大建设项目计划、资源计划、人事调整计划等。

（3）资格证明：对教育、测绘、房产评估等进行资格审查和审批。

（4）登记和注册：是指有关出生、婚姻、教师、科技成果等社会和企业信息。

（5）对政府进行监管：对重大工程、企业行为、群体性社会活动实施全流程监督。

（6）裁定的应答：裁决争议以及土地和矿产等的归属。

（7）对政府的惩罚：对企业、社团、个人违法违规行为的惩罚。

（8）行政上的强制性：没收财物，拆除违章建筑等。

（9）为个人、社团、企业提供就业、教育、气象等方面的信息。

5. 信息资源基本属性分析

我国的信息资源具有丰富的类型。任何一种资源都具备六个最基础的属性：所有者、时间、地点、产生方法、产生依据、资源体。简言之，就是什么人、什么时间、什么地点、用什么手段、依据什么标准、产生什么后果。

6.信息资源存储格式分析

数据的存储形式可以分为两种：一组可以用一种或多种形式来表达的信息，我们把它叫作"结构化数据"，比如数字、符号；另外一种是不能以数字形式表达的，如文字、图像、声音、网页等，我们把它叫作"非结构化数据"。根据统计，有20%的人口是结构性的，80%的人口是没有组织的或者是半结构性的。目前，全球结构性数据的成长速度约为32%，而非结构性数据的成长速度为63%。2012年，非结构性数据所占比重超过75%。在非结构性数据中，有50%~75%的数据来自人类的交互作用。

（1）结构化数据。我们对结构性数据非常了解，尤其是事务数据、定量数据。各国的政府和企业收集、存储、查询，利用这些数据来制定发展战略，预测趋势，运行报告，分析、优化运营。现在，结构化的数据应用工作已相当成熟，可以为企业带来重大的商业见解，更有效地为顾客服务，遵守规章条例，为决策者们提供及时、持续的关键资讯，以使企业达到最佳状态。

（2）没有组织的资料。随着资讯科技的飞速发展，电子商务、手机应用、社交网络等的蓬勃发展，使得影像资料、办公资料、扫描档案、网页、电子邮件、微博、即时通信、语音、影像等各种非结构性数据迅速增加。

（四）信息体系与信息资源规划方法

1.信息体系与信息资源规划策略

（1）从实际出发，再到实际的运用。

（2）实现智慧城市的人、事、物三者高度和谐统一。人的主要信息是以身份证号为线索，而相关的信息是以住址为线索，相关的事件则以时间为线索，彼此相连。

（3）要做到"标准一致，源头唯一，集中集成，共建共享"。

2.信息体系与信息资源规划和管理理论

在智慧城市的顶层设计中，信息系统与信息资源的规划是非常关键的，它的最后结果是建立一组科学的、恰当的、有计划的、有策略的、有步骤的、有目标的、有目的的管理体系。科学、合理地确定目标集合、战略路径和任务以及措施。前提和依据是：对当前形势和发展的科学判断，科学地分析基本情况，准确地掌握需求，深刻地洞察业务活动。根据上述的界定，规划的内容包括：目标、路径、任务和措施以及现状、趋势、条件、需求和可操作性。

3. 信息工程理论

霍顿、马钱德等是美国资讯资源管理界的奠基人，也是最权威的学者与实践人员。他们对 IRM 的研究成果颇丰，核心思想如下。

（1）与人力、物力、财力、自然资源等资源同样具有不可替代性，必须对其进行有效的管理。内部控制是一个必不可少的部门，应当被列入公司的经营预算中。

（2）内部控制系统包含数据来源及数据处理的系统。前者侧重于对数据的掌控，而后者关注于在特定情况下管理者是怎样获得和加工这些信息的，并着重探讨其在公司中的作用。

（3）内部控制系统的目的是增加企业在动态和静止情况下对外部信息的需求，从而增加企业的经营效率。

（4）信息资源管理存在着一定的阶段性。20 世纪 90 年代，信息资源管理的发展大致可以分为四个时期：物理控制时期、自动化技术管理时期、信息资源管理时期、知识管理时期。

信息技术的基础是：在现代数据处理系统中，以数据为核心；数据的结构具有稳定性，且过程具有可变性；终端使用者一定要参与到发展中来。

霍顿的信息管理理念可以归纳为：封闭而开放性的知识生命周期观念；从广义上看，是对信息资源与资源的综合利用。

4. 信息资源规划方法

在一般的信息工程学中，信息资源计划可以归纳为"两种模式与一个规范"。"两种模式"包括了信息系统的基本功能模式和数据模式，而"一个规范"则是基于信息资源的基本规范。在信息资源的开发与使用方面，最根本的规范就是要将其纳入数据模式中。

5. 信息体系与信息资源分类原则

智慧城市信息系统分类计划是根据信息分类的基本原理，将其归类、汇总、集成起来。智慧城市系统是一个庞大的系统，它涉及的范围很广，系统结构很复杂，系统类型很多，应用和功能也很广泛，远不是 MIS 能够相比的。

智慧城市信息系统分级计划的目标是：界定智慧城市信息的类别与整合，并结合信息系统的系统架构，例如信息系统整合平台、业务管理平台、业务应用系统与各职能子系统之范围、边界与接口。从过去几个智慧城市的经验来看，没有从顶层的规划和设计、信息互联和信息分享的角度来考虑，忽视了信息的分类计划这个基础和关键工作。没有一个科学而完整的信息资源分级计划，就会造成各领域、各行业、各应用信息平台和信息需求不清楚、平台与系统的界面不清楚等问题。

智慧城市的本质在于构建一个超大规模的信息化体系，支持现代城市的运营、管理和服务。其中涵盖了政府信息化、城市信息化、社会信息化、企业信息化各个方面的信息平台、行业管理平台、业务应用系统等各类信息系统。城市信息融合和信息分享包括了政务信息、城市监控管理信息、社会政务信息、公共服务信息、企业管理信息、生产信息、市场信息、财务信息和人事信息分享。根据城市的经营和服务需求，城市的信息和资料流动具有纵向、横向甚至是倾斜的趋势。要对各种功能复杂的系统进行分类、汇集和集成，就需要建立分类的基本原理和手段。

(1) 以互联和资料分享需求为首要准则。

在我国的发展过程中，要实现信息的互联和数据的分享，必须以实现城市层面上的信息互联和数据的分享为首要目标。从智慧城市系统与信息化建设的要求出发，按照"分层集成"的思想，把智慧城市信息化系统划分为：一级平台、各领域各产业、各领域各应用及功能系统与信息整合（三级平台）。城市层面的信息互联和数据交流，是指将四个不同领域中不同级别的企业级信息和系统综合服务平台（第二个）整合在一起，形成一个由"一级平台"组成的"二级"评价体系。

(2) 基于需求进行信息的管理。

本节从城市管理的需求出发，按照不同的产业管理服务范畴划分出四大类：政府管理、城市管理、服务管理、企业管理，将属于这些领域各行业管理的应用和管理信息汇集，并归属于上述四大类领域业务级信息与系统平台中。

(3) 市政建设的基本准则。

基于对城市管理和公共服务的需要，按其管理和服务的内涵与作用，可将其划分为"非常态"管理、"常态"管理、政务服务、商业服务等，而智慧城市各个领域行业管理类所属各应用及功能系统，均可实现与城市综合管理和社会公共服务各业务级信息平台的互联互通与数据共享。

6. 智慧城市信息平台及应用系统分类

按照信息资源的分级原理，可以将信息平台和应用体系划分为决策信息层级和管理信息层级。这种分级方法不仅能实现"分层集成"的信息互联、数据分享，还能适应不同行业的经营范畴，并能适应"常态""非常态"对社会公益事业的需求。

（1）按照决策信息层级进行分级。信息系统和应用系统按照信息的层级划分可以划分为战略信息系统、战术信息系统和业务应用信息系统。相应于"分层集成"的信息互联和数据分享，分别是一级数字化应用平台、二级业务级应用平台和企业级数字化应用平台。决策信息的层级划分，本质上是通过一级平台、二级平台和三级平台来实现"横向"和多个决策层级的信息整合。

①策略性信息。利用城市级数字应用平台，将整个智慧城市的信息相互连接，实现数据的采集和输入、存储和管理、加工分析、优化显示，为政府高层管理和公共事务管理部门的决策提供依据。

②战略情报。按照行业管理的业务范畴，可以划分为四大类业务管理信息平台，供智慧城市各行业的主管部门和领导人在编制行业规划和资源配置等工作时使用。

③商业资讯。商业资讯是为智慧城市各个产业的基层决策人员及管理人员在执行计划、组织管理（产品）或服务等方面的工作。商业资讯：执行企业规划和企业经营的一切有关资料，这些资料具有即时、精确的特征。

（2）按照行政资料进行归类。智慧城市的主要产业功能可划分为政府、城市、服务和企业四大类。根据管理资料进行分级的优势在于：利用产业内部的垂直管理资讯，可以提升各个产业、各个企业在城市管理、社会服务、经济市场等方面的迅速反应及科学的政策制定，从而提升企业在市场上的竞争优势。MIS一般包括各个行业的产业管理信息平台和子平台（在智慧城市中称作"商业级的第二级平台"),以及各个服务系统和职能子系统(在智慧城市中被称作"企业级的三级平台")。

7. 智慧城市信息体系规划

(1)对企业信息进行整理。对企业进行系统的、本质的、概括性的研究,把握企业的职能架构。通过对企业组织架构的剖析和整理,我们将其分为三个层次:功能领域经营流程——经营行为,即商业模式。

(2)资料的处理和模型的建立。资料的处理和模型的建立反映使用者对资料的观点,包括文件、报告、账簿及荧幕形式等。通过对客户意见进行需求分析,可以使企业充分利用自身的知识和体验,积极参与到分析中来。用户视图的解析是对用户视图进行调研和标准化的一种方法,它包含了用户视图的标识、名称、方向等概要和视图的构成。

(3)基本的信息资料管理准则。信息资源的基础性规范,是衡量信息系统质量和使用水平的重要指标。信息资料的基本标准包括:数据要素标准、信息分类编码标准、用户视图标准、概念数据库标准、逻辑数据库标准等。这些规范在数据建模中得到了具体的反映,并在以后的数据库构建和应用程序的开发过程中得到了广泛的运用。

四、智慧城市管理与公共服务体系规划

(一)概述

城市是一个有着复杂多样的职能和商业需求的复合机构,涉及政府、城市管理、社会民生、企业经济等各个领域。为此,城市必须建立起有序、高效的行政和公共服务系统,以达到跨领域、跨部门、跨业务平台等多种职能和业务之间的协调统一。智慧城市能够有效地利用城市的管理和公共服务系统来提升日常的运行效能,并能在紧急情况下对各种突发情况做出反应。智慧城市的建设与发展是一个亟待解决的问题。为适应现代城市管理与服务需求,智慧城市的管理与服务体系要涵盖与城市的功能、任务、职责,以及与工作相关联的所有政府部门、区(县级市),同时按照职责的不同,明确各自的职责,并对城市的运行进行分类、信息化和智能化研究。

在智慧城市的总体规划中,要达到智能化的管理和公共服务的目的,

必须对其进行科学、合理的管理，对其进行全面的覆盖性、有效性、时效性、安全性等方面的研究和论证，才能使其成为智慧城市的重要组成部分。

智慧城市的行政和服务系统的建设可以分为五个方面：第一，调查我国行政与公务活动的状况；第二，将终端服务使用者视为一个维度，将内部和外部的过程分割开来；第三，将应用通道与领域划分为不同的维度，可以将本地门户、计算机门户、手机门户等进行细分，将与过程有关的部分划分成多个不同的过程集合；第四，在此基础上对已有的工艺过程进行分析，并对其进行改进；第五，对行政和公务活动进行规划。

(二) 管理与公共服务流程的梳理和优化设计

从城市治理和公共服务系统的角度来探讨智慧城市的建设，必须立足城市的治理和民生。智慧城市是通过管理制度和服务方式的变革来提高城市的综合服务水平，而智慧城市的治理和公共服务系统则是对现有的行政和公共服务过程进行梳理和优化，以满足智慧城市管理与公共服务复合功能和业务之间跨领域、跨部门、跨业务平台协作的新需求。

1. 管理与公共服务流程的现状调研

在流程的整理与最佳化过程中，了解目前的状况是至关重要的，而不是再创造。在目前的调查中，有必要获得与城市经营智能化运营有关的所有事务和服务项目，并从整个经营和服务的角度对过程进行多个层面的整理，通过过程目标来划分出企业的经营和服务过程。从对国内外管理和公共服务功能的认识出发，对现行管理和公共服务流程进行细致的调查，并对现行流程系统中存在的问题进行深入的研究，从而为流程的优化打下坚实的基础。

(1) 企业经营过程的调查研究。行政程序是指各级政府部门在履行行政职能时所采用的程序。根据工程建设目的和范围，对当前的经营状况进行全面剖析，对工作内容、步骤、方法、格式模板等进行评估，明确需要配合、参与和负责的工作节点和需求，并对当前的问题进行全面剖析，明确重点。本节运用深入的采访与调查的方法对现行的企业经营过程进行了调查，并运用公司的内部讨论，对企业经营过程的状况进行了剖析。

(2) 调查目前的业务流程。业务流程是指在企业的内外业务活动中所采用的各种业务流程，这些业务流程与业务功能之间有一定的联系。根据工程建设的目的、任务的范围，从各个行政单位的行政功能出发，依次划分出相应的业务工作程序。然后，根据当前各种服务过程的状况制定出工作内容、步骤、方法、格式模板等，明确需要配合、参与和负责的工作节点和需求，并对当前的问题进行剖析，明确问题和改善的重点。

本研究以深入的面谈及调查问卷等方法搜集现行的业务过程，以探讨目前的业务过程状况。鉴于政府机关和政务服务中心所承担的业务范围较大，因此，政府还将采取"以点带面"的办法，把重点放在跨行业的重要业务过程上。

2. 对现有管理与公共服务流程的优化

基于对过程的认识，要对现有管理与公共服务进行深入的剖析和诊断，以判断过程中出现的问题。通过对这些问题的全面剖析，归纳出问题的种类，从流程的有效性、效率（时间）和风险管理多个方面入手，寻找流程中的问题。

（1）与流程效力有关的问题主要有：流程缺失、流程执行者不明确、缺乏协作以及多部门的参与。

（2）流程效能方面的问题主要有：流程环节不当、流程冗余、流程环节处理时间不足、分工不当、资源配置不当、集权不当等。

（3）风险管理过程中存在的问题主要有：缺少监控点、缺少控制点、风险管理机制不健全等。

针对上述问题，本节还就如何提高流程效率问题，如改进流程有效性、改进流程效率、改进流程风险管理有关的问题等提出改进建议。

3. 管理与公共服务流程的设计

对企业的经营与公共服务过程的调查与问题的研究，通过各环节的持有者以及各有关单位共同努力，运用过程最优方法来实现对企业经营与公共服务过程的规划。

（1）过程的目的。对于需要进行再优化和再设计的过程，必须从确定过程的最佳化目的入手。在管理过程中，必须保证采用指数系统进行最高效的管理，以提升其管理效果，并运用信息共享的方法实现各行业之间的信息交流。在服务相关过程中，可以按照不同的行业标准，保证服务的高效、及时和灵活。

（2）决定过程作用的规模。按照各个过程的设计与最优的目的，决定各个过程的作用域。该过程涵盖了与之有关的商业项目，与该过程有关的部门和工作，该过程的起点与其他有关过程的联系。为了决定过程作用的规模，必须从所要求的行政和公众服务的职能开始，决定所要做的是什么，然后，分析并列出所要求的各部分工作和工作的数量，最后决定所要达到的目标。

（3）过程说明。确定过程的目的和作用域之后，进行具体的过程设计。"棕榈纸"是一种常见的过程规划交互方式，它不仅简单、直观，而且能够将所有与该过程有关的工作人员聚集在一起，共同确认、调整相应的过程，从而有效地处理各种问题。

在设计过程中，首先要对各过程的主体进行甄别和剖析，确定各过程所必需的功能，并与各过程的关键人物或主管进行交流，搜集有关过程的资料，画出相应的草稿。与相关政府部门进行交流，制作高层次的工作程序，对各个环节（过程、输入、输出、工具、时间等）进行细致的剖析，最后确定过程的精确度，并制定相应的表格、模板、岗位职责说明书等。

五、智慧城市标准体系规划

智慧城市建设的"一级平台"包括智慧城市建设，"二级平台"是各个应用系统之间的连接与数据的采集与交流。所以，开展智慧城市建设的基础性工作是十分有意义的。本节对智慧城市各个服务平台和应用体系的信息交流标准和规范进行了探讨，并对其指标体系、信息体系、管理服务体系等进行了深入的探讨，从指标体系、信息体系、管理服务体系等方面出发编制相关的指南、导则、规范和标准，最后形成了智慧城市标准体系。

《智慧城市建设指南》《智慧城市信息互联互通及数据共享交换标准》《智慧城市信息安全规范》等是智慧城市标准化体系的主要组成部分。

（一）《智慧城市建设指南》

健全各级信息平台，统一发展和使用智慧城市的信息资源，增强智慧城市信息化技术的综合运用，促进现代城市的社会治理和公共民生的服务。《智慧城市建设指南》是我国智慧城市发展战略的重要内容之一。

《智慧城市建设指南》涵盖了建设目标、建设内容、建设指标以及网络融合、信息交互、数据共享、各类数字化和智能化应用系统与装备等方面的内容，推动了信息资源的有效开发与利用。在城市建设中，要建立统一的信息化、网络化、数字化、自动化、智能化技术应用指导方针，建立统一的城市综合管理、公共服务、安全监控综合信息平台，以防止造成网络融合、信息交互、数据共享、功能协同的障碍和"瓶颈"。

一般情况下，编写《智慧城市建设指南》的主要工作有以下方面。

1. 技术构成

以信息化、数字化、网络化、通信技术、信息集成、应用软件、数据库、GIS 和 IC 卡技术为基础，构建城市级、业务级和企业级数字化应用系统。以自动化、智能化、系统集成、网络控制、智能化、数据库技术等为一体建设信息一体化平台。

2. 信息化基础网络

信息化基础网络主要内容为：计算机网络、电话通信网络、有线电视网络、电子政务外网、智慧城市可视影像和监控网络。信息化基础网络必须能够支持各类数据、语音、图像、多媒体等通信服务。智慧楼宇、智慧社区、住宅小区、工业或科技园等在进行工程规划时，应当考虑整个信息系统的整体布局和线路布线的设计。在信息化的网络建设中，应该应用 EPON 技术，使信息(计算机)网络、电话通信网络、有线电视网络"三网融合"。在城市级的基础上，应用层和业务层要通过外部网络实现连接。在智能楼宇、智能小区的规划与施工中，应该实行"双网"的信息化与控制化。

3. 建立城市级、业务级、企业级多级数据存储结构

在数据的存储上应该采取集中式和网络式的分布方式。

(1) 数据仓库的中央存储模式应该是统一的，而商业和企业的数据仓库则可以是网络式的或分布式的。存储数据库具有数据存储、管理、优化、复制、防灾备份、安全传输等功能。在中央数据仓库中，可以通过分散式、集中式的方式进行数据的管理以及对数据进行备份。

(2) 各个层次的资料存储体系必须彼此独立，互不干扰，在逻辑上可以被看作一个整体的资料存储库。

(3) 城市级数据存储中心应当包含：城市综合信息中心数据库、城市居民卡中心数据库、社会保障与城市公共健康信息中心数据库、电子政务服务

信息中心数据库、电子商务及物流服务中心数据库、智慧社区物业管理及服务中心数据库。

（4）将城市管理信息系统的数据库与公安、交通、城管、企业、生态环境、流动人口等"二级平台"联网、分散的服务层次进行数据的交流与分享。

（5）将社保和城镇公共健康信息系统的数据库与保险公司、医院、医药、医保等联网、分散的业务层次进行数据的交流和分享。

（6）将政府事务管理系统的数据库，经由互联互通，与工商、税务、建设、科技、文化、院校、房产、公安、交通、城管等政府职能部门与公众服务相关的业务数据实现交换和共享。

（7）电子商业和后勤服务系统的数据库，利用互联互通的方式，与商业、餐饮、车船票、邮电、影剧院、图书馆、银行、运输、仓储等各种业务的数据库进行数据的交流与分享。

（8）智慧社区的资产经营及服务中心的资料库，通过互联网络，与智慧楼宇、智慧小区、社区安全、社区设施监控、社区增值服务等各层级的数据进行交流与分享。

4. 地理空间信息技术的应用

城市地理信息系统是城市规划、电子政务、安全监控管理、智能交通监控管理、城市基础设施监控管理、市政数字城管、城市突发事件应急处理等城市综合规划与管理的基础数字化应用平台。主要内容有：大尺度的地形学数据，高分辨率的城市正射影像数据。GIS 资料必须按照《城市地理空间框架数据标准》及《城市基础地理信息系统技术规范》中的有关要求，在其内容和结构上进行调整。GIS 应该采取网络技术，并将 B/S 与 C/S 有机地组合起来。在 GIS 中，远程使用者可以使用 GIS 进行调用、显示、操作、查询、下载、打印等操作。

5. 信息集成

智慧城市建筑、住宅小区、工业、科技园等建筑工程在进行工程规划时，应当考虑整个信息化体系的整体规划与设计。在信息集成方面，应该采取网络技术，并将 B/S 与 C/S 有机地组合起来。在信息集成的基础上，远程使用者可以使用浏览器进行显示、控制、查询、下载和打印信息集成的相关信息。该系统采用智能控制网与信息网相结合的方式，把电子电气、安防等信息整合到管理和业务的信息流中，从而达到功能协作、控制联动的目的。

（二）《智慧城市信息互联互通与数据共享交换标准》

在我国的信息化发展战略中，要坚持以信息化为基本准则，充分挖掘和整合信息资源。要充分发挥政府的信息化外部网络的优势，充分整合已有的各种信息资源，使社会各方面的信息资源相互连接、相互交流，消除"信息孤岛"，最大限度地满足政府、城市管理、社会民生、企业经济等各方面信息资源的共享服务。

1. 信息交互标准概述

（1）资讯交流准则。资讯交流准则包含信息交互标准的定义、信息资源共享目录、信息交互接口标准、代码定义、指标定义。在此，信息交互标准叙述了档案内的全部名词和定义以及如何运用档案。代码定义的内容是：确定信息对象编号、数据元素编号和代码集编号。该索引定义模块的目的是定义共享目录、信息对象、数据元和代码集的检索方法，方便检索各个模块的功能。本节的核心部分是"资讯资源分享"和"资讯互动界面"，下面将对此进行阐述。

作为信息交流的重要基础，它应该具有很高的理论和专业水平，能够对数据分享平台的数据库结构进行设计。

（2）信息分享。依据智慧城市各个有关单位之间的信息互动要求，按信息持有单位划分类别，列举各个单位所能供给的信息物件，并列出信息物件分享的方法。

（3）制定信息交互性准则。信息交互性准则是政府之间进行信息交流与分享的指南，也是实施信息互动标准的保证。从数据管理的观点来看，有必要在数据管理、数据质量管理、主数据管理、数据生命周期管理四个层面上进行数据交互管理。

2.《智慧城市信息互联互通及数据共享交换标准》编制内容

（1）制定一套智慧城市建设资料规范体系，使各个数字应用平台与各个信息化应用系统在信息交流的过程中，能够为其制定一套具有指导意义的规范。

（2）建立数据分类及交流规范，包含：数据分类编码规范、数据模型规范、数据字典规范、元数据规范、政务信息资源目录服务、视频多媒体数据规范、数据资源的数据及管理规范，以及对数据的分享查询规范、数据交换配置规范、数据交换存储规范等进行探讨。

（2）信息界面层次的规格，其定义了不同层次的数字应用和不同的信息服务和智能监测的数据接口层之间的接口数据种类和界面功能，以适应城市信息体系中以实体为基础的数据收集与交互。它可以独立于实体层面，可以进行统一的数据交换、共享和管理。

（4）信息分类与代码标准，对智慧城市管辖范围内的实体、行业、业务、企业、事件、状态、人员等进行统一分类。

（5）数据集规整，对智慧城市基础数据集、各个基础数据集的实体构成，以及概念化数据模式进行详细的阐述，可用于构建数据模式和不同信息体系之间的数据交互。

（6）数据词典规格，为基础资料集合中各单位的属性资料进行界定与说明，适合于建立资料词典和多个信息体系之间的信息交流。

（7）元资料规格，对智慧城市中各种基础资料集元的具体内容进行详细的定义，适合于构建各种元资料以及各种信息体系之间的信息交流。此技术规格将作为附件，为不同行业的资料交流及资料分享的内容及格式提供参考依据。

（8）一种用于城市可视化的多媒体数据格式，它对各个智慧城市的图像处理系统中的数据进行了描述，并给出了相应的格式。

（9）在智慧城市的各个层面上，所有的信息服务和智能监测都必须遵守这一标准。凡不符合以上资料分享及交换规格的信息处理平台、信息服务及智慧监测等，均需进行变更，以达到资料分享与交换规范。在各个数字应用平台、信息化服务、智能监测等方面都要达到信息的互联和共享。

（三）智慧城市信息安全规范

信息安全是保证智慧城市信息化平台和应用体系有效运作的基础。在实现互联网、物联网、无线网、电子政务外网之间互联时，应严格遵守我国《信息系统安全等级保护实施指南》中的5类标准。一般来说，《智慧城市信息安全规范》的编写工作主要有："安全规范""互联互通""政务外网""政务内网"等。

在智慧城市政府内网和政府外网的构建中，要根据相关的信息安全级别的相关规定对其进行防护。要实现对个人数据的分级、分层、分区保护，必须建立一套完整的密钥管理体系、网络信任体系和网络管理体系。关于国家机密的信息体系的建立与管理，必须严格遵守我国和地方政府的相关制度。

第三节　智慧城市建设体系规划

智慧城市体系规划包括：功能体系、系统体系、技术体系、信息资源体系、标准体系、基础设施体系和保障体系。智慧城市的系统工程属于信息化体系。智慧城市的建设需要按照系统论的思路，运用信息论、控制论、运筹学等相关的原理，在信息化技术应用的前提下，运用现代工程学的方法对应用技术进行研究与应用。从信息系统工程的角度，对其进行必要的分析和论证，并在此基础上，对其功能、系统、技术、信息资源、标准、基础设施和保证系统进行全面设计，将其纳入整个系统的设计中。系统规划要反映出规划的目标、内容和成果。比如，在系统设计中，通过公用信息展示服务层、信息共享层、数据存储层、基础网络设施层、业务平台、系统应用层以及各平台的主体构成，决定各平台的层级、关联度和整合度，从而为智慧城市构建一个系统平台的应用体系结构。

一、智慧城市功能体系规划

智慧城市功能体系规划以智慧城市"一级平台"为核心，以信息化技术为依托，实现现代、科学的一体化管理、方便高效的市政服务。智慧城市的整体架构包括："公共服务""城市综合管理""民生服务"和"企业管理服务"。在"大城管"应急指挥、智慧安全、智慧交通、低碳节能、基础设施、智慧电子商务及物流、智慧社区、智慧卫生医疗、智慧教育、智慧房产、智慧文化、智慧金融、智慧旅游等各个领域，形成一体化的智慧城市综合管理和公共服务的功能体系。

（一）政府管理与公共服务功能

行政管理和公共服务是指利用现代信息通信技术，利用网络技术整合管理所必需的信息，提升行政效能、决策品质和调控能力，进而改善行政组织架构、运作流程、运作模式，为民众提供优质高效的管理与服务。在政策制定、规划、标准、资金投入、引导智慧城市等领域，都发挥着无可取代的作用。城市信息化是智慧城市的重要组成部分。

政府行政和公务活动计划的重点是：

（1）转变政府职能，提高行政效率，推进政务公开。各级政府部门通过运用信息化手段，实现了信息的公开，实现了信息资源的分享，实现了政府间的协作，从而使行政效能得到提升，公共服务得到极大的改善，从而实现政府的职能转变。

（2）提高公共服务水平。逐步构建以企业和个人为主体、互联网为基础、中央与地方协同、多种技术手段相融合的智能政务系统。要把智慧政务的公共服务向街道、社区、乡村延伸。在不断拓展服务的内涵、拓展和提升服务品质的同时，促进服务型政府的建立。

（3）加强统筹管理。要适应政府职能转变，提高行政效率，规范监管行为，加强相关部门制度的构建。围绕金融、税务、工商、海关、国资监管、质检、食品药品安全等重点业务，进行统一规划、分级管理，有序推进有关业务系统之间、中央与地方之间的信息共享，促进部门间业务协同，提高监管能力。建立企业信用征信体系，规范和维持金融服务的市场。

（二）城市综合管理功能

智慧城市一体化经营的中心职能，主要表现为对城市和社会的一体化监测和治理。为提高社会综合整治的综合实力，必须建立覆盖全面、高效、灵敏的城市和社会监督与管理系统和信息系统。通过国家和社会共同努力，健全"常态""非常态"环境下的应急预警和应急反应体系，加强对各类突发事件的监测、决策、应急处理和组织协调的综合协调，保障国家安全和公共安全。

1. 城市综合管理功能

"大城管"是指以信息化、网络化、数字化、自动化和智能化为基础的,将 GIS 框架数据、单元网格数据、管理部件数据、地理编码数据等数据资源整合起来,通过多部门信息共享协作,实现对城市市政工程设施、市政公共设施、市容环境与环境秩序监督管理的一种综合集成化的信息管理系统。

城市综合行政管理包括:市政、应急、城建、环卫、公共安全、消防、交通、环保、基础设施、卫生、防疫、水、电、气、暖等。城市一体化管理工作的工作程序包括受理、登录、显示、核实、立案、派遣、监督、核查、反馈、结案、回复、公示等,其实现了综合管理监督控制中心、指挥中心、信息采集单位、市政执法单位、城管监督部门,以及城管与政府各职能部门,包括公安局、消防部门、环卫局、城建局、卫生局、市政管理局、电力公司、自来水公司、供热公司、天然气公司等在事件处理流程和办公协调等方面的功能。

智慧城市一体化经营所能产生的作用有:

(1) 接受和注册的事件。

(2) 三维地理信息系统中的事件和数据的可视性展示。

(3) 事故协调(连接)处理(连接)的作用。

(4) 事故处理通信和命令分配的职能。

(5) 案件处理和询问的作用。

(6) 建立统一的基础资料存储系统。

2. 城市应急指挥功能

城市的紧急应变与指挥水平主要表现为:自然灾害、事故、公共卫生、治安等各种紧急事件的防范与处理;加强应急处置、应急调查与应急评价,以提升应急处置与应急组织协调。要统筹协调各方力量,构建和完善应急响应体系。

智慧城市的应急救援管理系统的功能有:

(1) 紧急情况的预警和等级控制。

(2) 紧急情况的展示和通报。

(3) 在紧急情况下召开视频会议。

(4) 在紧急情况下进行决策支持。

(5) 实施紧急计划的行政职能。

(6) 紧急情况下的沟通和调度。

(7) 对灾害性的预报和评价。

(8) 紧急情况下的公告。

3. 城市公共安全功能

城市的治安职能就是要在城市中实现对社会治安的保护。为了解决各种危及公众的突发事件，必须充分利用数码影像及信息网络技术，建立起一套治安管理系统。城市治安管理系统一般包括城市治安信息发布平台、突发事件处理平台、城市视频安防监测平台等。

智慧城市治安管理职能的实现，主要体现在：

(1) 监督公众场所的安保工作。

(2) 加强对商业网络的安全性监测。

(3) 智能小区内的安保监测。

(4) 智能楼宇的安全性监测。

4. 交通监控与管理功能

城市道路的交通监测与治理职能，是对城市公共运输的维护与保障。为了解决城市交通拥堵、车辆能源浪费、交通事故和环境污染等问题，本节提出了一种基于数字视频、智能监控、智能传感技术和信息网络技术相结合的城市交通信息管理系统。智能交通监控管理平台一般包括交通信号灯监控、交通状况监控（电子警察）、交通流量管理、交通状况及交通信息发布与显示、公交车及出租车监控管理、交通突发事件应急与救援处理等应用子系统。

智慧交通监控系统的功能主要体现在：

(1) 智能化的红绿灯监测。

(2) 交通条件监测的作用。

(3) 交通流的信息处理。

(4) 交通情况的公布和展示。

(5) 公交车和出租车的监测和管理职能。

(6) 交通事故的紧急处置和处理职能。

5. 城市节能减排监控与管理功能

运用现代信息化、网络化、数字化、自动化、智能化、可视化等技术，建设智能化、信息化、可视化的综合应用系统。做到对全市的温室气体监测、气候变化监测、建筑节能监测、道路交通碳排放监测、工厂企业"三废"和环境监测等城市节能减排信息的整合、优化和信息共享，实现节能减排的可监、可控、可复查。通过信息技术，实现资源的有效整合，减少能耗和浪费，抑制 CO_2/S 的排放。

智慧城市的能源管理与控制系统的作用主要体现在：

(1) 开展城市节能降耗的集成数据收集和监督。

(2) 基于图像+地理信息系统的城市能源节约与减排的可视化管理。

(3) 加强对大气环境的监控。

(4) 监控城市的车辆尾气。

(5) 对建筑物的能源消耗进行监控。

(6) 对城镇单位的能源消耗和污水排放进行监控。

6. 城市基础设施监控与管理功能

城市基础设施监控与管理功能主要体现在城市公共及基础设施的地理空间信息，城市公共及基础设施运行监控，城市水、电、煤气及供暖设备运行监控，城市公共及基础设施管道数字化，水务及节能环保监控与管理，环境监测与管理，矿山开采、运输、安全监控与管理，城市公共及基础设施数据库管理等方面。

智慧城市的公用与基本结构管理职能有：

(1) 给予3D、GIS的城市公用和基本结构的地理空间数据显示。

(2) 对市政公用和基建管线的一体化进行可视性展示。

(3) 市政公用和基建资料库的职能。

(4) 监测市政公用和基本结构的运作。

(5) 对城市供水、电力、煤炭、燃气和供暖设施的操作进行监测。

(6) 加强对市政用水和环境保护的监督和治理职能。

(7) 矿山开采、运输、安全监控和监督。

(三) 社会民生服务功能

社会生活信息化包括社会服务信息化、社会管理信息化等重要内容。从生活的各个方面来看，信息化包括经济生活、政治生活、文化生活和社交生活。一般社会服务信息化包括商品流通、金融保险、交通、邮政、卫生、教育、房产、物业、信息传播、社会中介等领域。社会治理信息化是指通过运用信息技术、网络技术和各类信息技术，实现基层治理。构建和谐社会的关键是：

（1）加强基础教育、高等教育、职业教育的信息化建设，不断推动现代化的乡村教育、公共服务。建立终身教育制度，发展多层次交互式的网上教学和训练系统，促进全民自学。建设教学与研究的基本网络，加强教学和研究仪器的联网使用，促进教学和研究的资源交流。

（2）要强化医疗服务的信息化。建立和完善覆盖全国的快速、高效的公共健康管理体系，加强疫情监测、应急处置和医疗救助工作。加强医院的信息化建设，完善医院的经营，实施远程医学。统一编制电子医疗档案，促进医疗各部门之间的数据交流与协作，促进医疗卫生系统的变革。

（3）健全劳动保障信息系统。建设多层次、多功能的就业信息系统，强化统计、分析、发布、技能培训、就业指导和政策建议。进一步推进国家社保信息化工作建设，不断提升工作的效率和水平。

（4）推动建设智慧社会。要把各种信息系统与资源结合起来，建立一个统一的社区信息平台，强化居民和外来人员的信息化，提高社区的服务水平。

构建和谐社会的信息系统的功能包括：

1）智慧城市居民身份证。智慧城市居民证在城市现代服务业、社会医疗保障体系、公共交通和电子金融等民生服务方面的运用，促进了城市社会信息化、技术改造和提升，促进了服务业的转变。城市居民卡以IC卡技术为基础，集感应、接触、条形、磁条等功能于一身，可实现一卡多用。城市居民卡是利用智慧城市社会管理系统，实现公交、社保、银联、缴费、小额消费（电子钱包）、出租车、路桥收费、园林、医疗、教育、企业、校园、门禁等方面的功能。

2）为人民谋福利。智慧城市现代服务业的职能是将智慧社区、智慧电子商务及物流、智慧卫生医疗、智慧教育、智慧房产、智慧文化、智慧旅游、智慧金融与网络增值服务、信息服务、咨询中介等新型服务业内的信息资源进行整合，实现与智慧城市政府信息化电子政务外网平台信息的互联互通和数据共享，充分利用政府各业务部门，如公安局、交警部门、工商局、税务局、教育局、卫生局、商业局、旅游局、交通局、出租车公司、旅游局、市政公司、自来水公司、电力公司、供热公司、天然气公司等实现公共服务方面的信息和设施资源建设。

3）智能电子商贸和现代物流业。智能电子商贸与现代物流是利用数字技术进行业务数据交流的一种全新的业务运作模式。智能电子商业运营的特征是建立在城市级的基础上，实现城市级的信息互联和数据的分享，将传统的集中式网络业务与政府、城市、社会、企业信息化等功能相融合，从而建立起以整个智慧城市为应用与服务对象的开放性、全分布、集成化的电子商务服务体系。

现代物流是指在整个网络环境下，以货物流通为基础的智能化应用，通过把虚拟的网络技术和实物的现代化物流有机地融合起来，实现两者的协同发展。现代智慧城市的物流运营特征是在城市级的基础上实现信息的互联和信息的分享，将传统的网络集中式服务与政府、城市、社会、企业信息化等功能相融合，从而支撑起以整个智慧城市为应用与服务对象的开放性、全分布、集成化的信息化、数字化、智能化的现代物流服务体系。

4）智能建筑是一个智能化的单元。智能建筑是以建筑为基础，集信息化、应用、建筑设备管理、安全管理等功能于一身，向用户和管理者提供安全、舒适、高效、便捷、节能、环保、健康的建筑环境。

5）智慧社区和智能化的居住环境。智能社区是智慧城市建设的基础。"社会团体"是国家各级政府机关中的一个最基本的部门，它由街道办事处、居民委员会、居民小区组成。智慧小区是指利用信息化、数字化、智能化等技术，对街道办事处、居民委员会、居民小区、建筑和建筑群、工业或科技园等进行信息化的综合利用。社区的管理和服务职能主要有：社区综合信息集成平台、社区物业管理、社区便民利民服务、社区文化教育、社区治安监控、社区卫生、社区医疗和社会保障、社区福利和救助、社区流动人口管理、社区计划生育管理、社区老龄人口管理、社区就业和教育等服务体系建设。智慧社区能够在一定程度上，对社区内的物业、设施、安全、商务、节能、生态、环保等方面进行监控、管理和服务的信息整合。

(四) 企业管理与服务功能

企业管理和服务是企业利用现代信息化技术，在生产、经营、管理等环节和层面上，利用、配置和优化企业的内部资源，提高企业作业、经营、管理和决策的能力，从而提高企业的市场竞争力和效能。

1. 智慧企业信息化

通过以信息化带动工业化、以工业化推动信息化。在现代化社会的背景下，工业化与信息化之间的联系是：工业化是以工业为主体的，以信息化为"引擎"，二者之间存在着互动、互相促进、互相发展的关系。

2. 信息化带动工业化的核心是企业信息化

企业信息化的实现主要是：利用计算机、网络、通信等技术，为生产、销售和服务提供支撑，实现信息采集、加工和管理的系统化、网络化、集成化以及信息的高效和实时化。通过企业资源规划平台、业务流程再造平台、客户关系管理平台、企业电子商务平台等提高企业在制造、管理和服务等方面的综合竞争力。企业的信息化程度，直接关系到国家以信息化推动工业化进程的成功与否，进而影响整个国家的综合实力。企业是国家的重要组成部分，是实现工业化和信息化的载体，它的信息化程度不仅是国家信息化的基石，而且是以信息化推动工业化，实现新型工业化的关键。

二、智慧城市系统体系规划

(一) 系统总体架构设计

构建一个集成的城市应用系统，包括数据存储、关系数据库、业务逻辑运行、安全认证、智能卡管理等。服务子系统（B/S）的首要任务是在一个应用服务器上配置一个程序代码，在一个关联的资料库中建立资料库的一个执行个体。如果有少量的服务子系统（C/S），那么就可以在关系数据库的设置结束后进行服务器端的部署。为满足高安全需求的服务系统，可以建立独立的中间级应用服务体系。

（1）整个体系结构要能兼顾刚柔并济的特点。刚度就是不容易改变的框架，使其整体的稳定性最大化。灵活性是指在需要的时候，按照业务子系统的需求，对体系结构进行本质的修改，例如，可以对业务子系统的数据交换方式进行调节，建立专门的门户网站以及特殊的安全验证方式。

（2）整个体系结构的设计必须符合规范化的需求。选择的基本架构模式、软件和硬件设施均要符合国家、国际、行业的要求。

（3）系统整体架构的设计要符合统一的门户站点的需求。该平台采用了统一的操作接口和登陆模式，向智慧城市的使用者显示。智慧城市门户的设计可以根据使用者的需求进行个性化的设计。在C/S模型中，还必须对主接口的样式和主要用法进行规范。

（4）在整个系统架构的设计上，必须达到一个统一的安全性标准。该平台建立了一个统一的安全认证服务器，负责对智慧城市中的管理者和普通的使用者进行安全授权的管理。在用户登录时，首先要经过一个统一的身份认证，然后由智慧城市的信息平台和应用系统以及办公服务系统按照使用者的权限等级进行身份验证。

（二）系统体系规划

1. 智慧城市系统体系基础层

智慧城市体系基础层包括城市信息基础设施平台、城市空间信息共享平台、城市级数据仓库、信息互联互通和数据共享城市级应用平台，城市基础空间信息共享框架标准、地理编码标准和信息安全体系等要素。

智慧城市基础层的建设主要包括：建立一个基于城市层面的数据仓库、城市层面的信息互连和数据分享平台，并制定相应的标准和规范。

2. 智慧城市系统体系应用层

智慧城市系统的应用层次是以第二个商业级的应用为中心的。根据城市管理与公共服务的功能目标，智慧城市在应用层次体现了政府信息化、城市管理信息化、社会信息化、企业信息化等业务层次的应用整合和职能协作。

智慧城市系统的应用层面的构建，要从最基础的治理和最现实的问题着手，把为民、利民和便民的民生工程放在建设的首位。

一般城市市民卡、智慧城管、安全、交通、社区、卫生医疗、教育、房产、文化等都是智慧城市先行开展的一个系统工程。

在实施智慧城市系统应用层面的商业系统平台时，要按照"长期规划，统筹规划，循序渐进，先易后难，统一领导，重点突破，以点带面，分步实施，务求实效"的规划指导方针进行。

3. 智慧城市系统体系服务层次

智慧城市系统服务层次是城市综合行政和服务的展示层次，它主要由"一级平台"信息和信息集成门户网站、城市信息服务呼叫中心以及各类在线、移动和离线的各类信息终端组成。

智慧城市网络服务层次的构建主要包括：整合智慧城市门户，"一站式"的门户服务，其中，政府门户是智慧城市综合行政、政务服务的重要展示平台，是"十二五"时期我国现代服务业发展的重要方向。在信息终端、信息家电和不断更新的各种手机终端等领域，都是以空间信息和相关的信息为基础。在智慧城市的基础设施、信息互联和信息分享等"一级平台"的支持下，智慧城市将为政府部门和广大市民的生活提供更为先进、快捷的公共设施。

三、智慧城市技术体系规划

智慧城市技术系统的设计要遵循先进性与经济性的理念，技术的运用要选择成熟、实用、主流的技术，采用当今世界的互联网、云计算、物联网、系统与信息集成、地理空间信息与可视技术等技术，组成智慧城市的技术系统。

(一) 云计算技术应用

1. 云计算概念

云计算包含并行计算、分布式计算、栅格计算，也就是它们的实践。云计算是由虚拟化、效用计算、基础设施即服务、平台即服务、软件即服务多种理念融合而成。

云计算是一种分布计算技术，它的基础原理是，通过一个网络，将大量的计算过程分解为若干个小型的子级，然后通过多个不同的子系统进行搜索、计算和分析,最终将计算的结果反馈给使用者。通过这种技术,Web服务商可以在几秒钟内处理数百万乃至上千亿的数据,从而实现与"超级电脑"一样高效的互联网业务服务。

2. 云计算基本原理

互联网、智能终端以及服务器集群是云计算的三大基础。云计算主要由前端的智能终端("瘦客户端")和后端的服务器集群组成,集合了网格计算、虚拟化技术、嵌入式技术、高速网络技术、无线通信技术、RFID 技术、传感器技术和 MEMS 技术。云计算将为智能化技术的新时代带来新的机遇。云计算的基础就是以"云"为基础,它的全部应用和业务都是从服务器集群中获取的,而这些应用、数据、存储和计算都是通过服务器集群来实现的。"云"体系结构的中心是一个应用程序,将来的所有程序必须能在世界各地的各类智能终端和装置中加以实时的呈现。这就需要"云"成为一个操作系统,而在 OS 这个"云"的基础上,所有的有线网和无线网都可以连接在一起,让更多的企业能够开发出更多新的产品。

当前,云计算可以按照其提供的服务类型划分成四大类别:一是由微软、MSN 等企业所开发的"云",它们可以在互联网上自由地运行,称为公共"云";二是私人的"云",它是由政府和商业机构建立起来的,以便与政府部门和消费者进行交流;三是介于私人和公共之间的"云";四是"租用云",一般是由电信公司或者"云"公司提供的。

3. 云计算技术应用特点

(1)超级大的空间。"云"业务的规模是巨大的,谷歌的云计算业务已超过 100 万个,亚马逊、IBM、微软、雅虎等"云"都有数以百万的服务器。通常情况下,一个国家或者公司的私人"云"就是几十个甚至几百个的服务器。"云"为使用者提供了从未有过的运算速度。

(2)虚拟。云计算技术可以让使用者通过多种不同的终端,在任何地点访问应用程序。要求的资源是从"云"中获取的,并非固定的、有形的。该程序在"云"中的某个地方执行,但是事实上,使用者并不需要理解或者担忧该程序使用的特定位置。

(3)具有较高的稳定性。"云"采用了多个副本容错、计算节点同构化交换等技术,保证了高可靠性,采用云计算技术的同时,也无须担心病毒入侵、软件升级、数据存储等问题。

（4）普适性。云计算并不是某一具体的应用服务，它依托于"云"，可以构建出多种应用，而一台"云"能支持多种应用，可以在智慧城市层面上，实现信息的互联与分享。

（5）高可扩展性。"云"在大小上能够实现灵活的扩展，从而适应日益增加的应用需求和使用者的需求。

（6）按需服务。"云"是一种可以根据需要充分利用的巨大资源库，可以像自来水、电力、天然气一样计费和使用。

（7）非常便宜。因为"云"具有独特的容错性，所以可以使用非常便宜的节点组成"云"，而"云"的集约化管理使得许多公司和使用者不必承担越来越多的管理费用，"云"的普遍性使得资源的利用效率比常规的方式得到了极大的提升，使得"云"在成本上的优越性也得到了极大的提高，往往花费几百美元，几天就能实现。

4.智慧城市云计算技术应用

从云计算的概念、原理和特点来看，当前，在中国，云计算的应用和推广将会成为一个很有前途的领域。这是由于其在政府信息系统中的应用需要和优点。

（1）云是最可靠和最安全的资料储存方式。智慧城市的建设以"一级平台"为基础，根据"数字东胜"的实践，构建"一级平台"及数据资源库是智慧、电子政府的重要支撑。云计算能够实现信息互联、数据共享、数据安全等核心要求。政府的信息文件安全是最重要的，它存储在云端的政府数据中心，就像是进入一个安全的宝库，它拥有最先进的保护技术，其中包含防毒、防盗、防丢失、防灾、远程备份等技术。

因为云计算能够在"云"上进行分层的权限管理，也就是说，没有经过许可的人不能接入互联网，也不能为其提供业务，防止了政府信息和数据的泄露，增强了政府数据的安全性。而且还能防止滥用国家的力量去搞一些私事。在使用过程中，可以将使用者的运行日志完全录入政务中心的资料库，以便"云"主管人员可以在任何时候查阅。

（2）云计算的使用者对装置的需求最小，而且最容易应用。现在，全国各地的政府都在实行计算机管理，也就是说，所有的公务员都配备了电脑终端，而操作系统、应用软件、软件维护、硬件维护、计算机升级等费用，都是国家一笔大的开支。而一旦有了云计算，用户就可以直接利用"瘦客户机"（也就是所谓的智能终端）。不管您身在何处，只要随身携带一台音视频、多功能、小巧轻便的智能终端，就可以使用互联网或智慧政务外网进行在线工作。所有的政府部门的电脑，都不需要安装操作系统、办公软件、工具软件、防毒软件等，所有的办公电脑都是与"云"的后台服务器和数据存储相连的，所有的操作系统、办公软件、工具软件、防毒软都可以共享，后台的服务器则会根据需求，将计算资源分配给前端客户，从而实现最大限度的软件共享功能。用户可以在"云"中直接对文件进行编辑，同时也可以使用"政务服务"网页进行编辑。政务档案均存储在政务资料库中，供每位公职人员使用，使用起来十分便捷。

（3）云计算能够实现信息的互联与共享。在智慧城市中，信息的连接与分享是其关键所在。云计算的特征在于利用计算机的后台和数据中心为前端客户提供各种应用和业务。所以，云是最好的解决"信息孤岛"的方式。所有这些都采用了严密的保密机制，只允许用户访问这些资料。

（4）云计算可以提供无限多的应用可能。智慧城市级数据资源库可以为各种不同的应用程序提供近乎无穷无尽的存储空间。只需要将其接入政府的外网中，就可以将自己的工作网页和"一级平台"上的一切资料都接入自己的手机上。没有了云，光靠PC或者移动电话，是不可能有这么方便的访问方式的。虽然个人计算机或者其他的电子产品无法无限地存储和运算，但是在"云"计算中，由数百台、数千台甚至更多的大型机群就可以轻松实现。个体和单一的装置的容量都很小，但是云的潜能是无穷无尽的。如果将"云"中的数据分享和最关键的应用程序加以充分利用，将会极大地影响到政府部门的工作效能。

（二）物联网技术应用

物联网是继计算机和互联网之后的第三波信息革命。物联网是把实体行业与虚拟行业联系在一起，可以广泛地运用到社会的各个方面，与国家安全、经济安全紧密联系在一起，也是国家实力的一个重要组成部分，欧美日韩等国家都把物联网列入国家战略规划之中。在2009年后半年度，我国也把物联网列为重点扶持和发展的重点领域。

随着工业和信息化进程的加快,企业的智能经营与服务得到了迅速的发展,而在此基础上,以物联网为代表的新型行业也应运而生。随着互联网技术的不断发展,将推动传统的生产与居住模式向现代化方向的转型,从而大大提高生产力,改善人民的生存水平,扩大信息化的应用领域,必将是国家培育战略新兴工业的一个重大突破和一个重要的契机。

1. 物联网应用发展趋势

目前,全球的物联网的发展状况是:美、日、韩、中、欧洲等国和地区,都在对物联网领域进行深度的研究和开发,并在此基础上推出了基于互联网的"U-Japan""U-Korea""感知中国"等"智慧地球"的国家或区域性的战略计划。基于已有的微电子技术、计算机网络和信息系统处理技术、识别技术等已形成完整的工业链条,很多构想都已经过了大量的探索和实践。

与以往的信息革命相比,中国在互联网方面的发展速度和美国差不多是同步的。温家宝总理在参观无锡嘉兴无线传感器网络研究项目研究中心时就表示,要尽早规划和突破关键技术,在中国建设"感知中国"的研究基地。

随着RFID技术的不断发展,其应用范围逐渐扩大,包括传感器网络、M2M、CPS、泛在计算等多种技术。从发展的不同时期来分析,可以将其发展分成三个不同的时期。

(1)2005—2010年的探求培养期。物联网的核心技术革新是由代表性的应用要求所决定的,并形成相对独立的、个性化的物联网应用解决办法。

(2)2011—2015年的规模增长期。随着物联网技术的不断发展,其通用技术将全面发展,在典型产业和领域中将会有更大的发展空间。

(3)2016—2020年的成熟适用期。随着物联网技术的不断完善,物联网在各行各业中的广泛运用将会使整个物联网产业更加一体化。

2. 物联网技术应用特点

作为一个庞大而复杂的综合信息体系,它的技术运用范围很广,其中传感技术、网络化技术和应用技术是其中的核心技术。

(1)传感技术。其中,感知交互技术与资讯处理技术是目前最重要的技术。传感技术是指对数据进行收集,并在此过程中,对数据进行处理。作为感测目标与测控设备之间的界面,是测量、采集和监测数据的重要传感设备。假如电脑是人脑的一个扩充，感应装置则是人体五感的一个延伸。传感技术是包括半导体、测量、计算机、控制、信息处理、微电子学、光学、声学、精密机械、仿生学、材料科学等诸多学科的交叉领域，是现代信息技术和信息社会的重要基础，是现代科学技术发展的一个重要标志和方向，它与通信技术、计算机技术共同构成信息产业的三大支柱。

传感是指能够感知到被测物体，并将其转化为有效的输出信号。从更广泛的意义上说，传感器是一种获得和转化的设备，在一些行业中也称为敏感元件、检测器、转换器等。一般情况下，传感器包括感应和变换。在这些测试中，灵敏部件是能够被检测到的部件，而变换部件则是能够把检测到的信号转化为适合于发送或者被测量的信号。一般的感应器类型很多，可以根据各种标准进行归类。根据从外部输入的信息到电子的作用，可以将其分为物理、化学和生物三大类；根据输入的物性，可分为温度、湿度、压力、位移、速度、加速度、角速度、力、浓度、气体成分传感器等；根据工作机理的不同，可分为电容器、电阻式、电感式、压电式、热电式、光电式等。

(2) 网络化技术。在实际的情况下，数据的传递是实现物联网的一个关键环节。物联网是指互联网、通信网络、传感网、控制网、泛在网等网络的集成以及信息的互联和数据的共享和交流。

1) 物联网与互联网。首先应该清楚，物联网并非互联网。物联网是一个物化的网络，其传递的信号具有实时性、在线性、连续性、动态性等特点，与互联网上的分时信息有着很大的区别。同时，它还能对每个被测物体进行寻址、通信和控制三种特性。从一定程度上来说，互联网是一个虚拟的世界，但是物联网是一个现实的世界，如果能够将互联网和物联网连接起来，那么这个世界就会变得更加真实。物联网就是互联网的一个延伸和拓展。

2) 通信网络与物联网。通信网络是实现实时通信和数据传送的关键技术。通过无线网络和互联网的无缝连接，可以让互联网的各种功能变得更加广泛。

3) 传感网与物联网。无线传感器网络是网络的核心，其传输的信息特性与物联网具有很大的相似性，具有实时、在线、连续、动态等特点。物联网是一个重要的概念，它注重互联网的连接与整合。

4）控制网与物联网。控制网络的作用是监控传感器，控制执行器，管理网络操作系统以及网络信息的完整访问。该系统不仅具备实时、在线、连续、动态地传递探测单元所采集的信息与资料功能，还具备交互功能。在工业自动化及军工行业中，一般采用控制网。通过与控制网的连接和集成，可以把物联网技术扩展到工业自动化、军用等方面，从而使其在实际中的运用更加全面。

5）物联网与泛在网。泛在网本质上就是一个大的通信理念，并非一种崭新的网络技术，而是基于已有技术的运用与革新，即与新网络相结合，使其成为"无处不在、无所不包、无所不能"的网络系统。从网络技术的角度来说，泛在网是指物联网、互联网、通信网络、传感网、控制网等网络的高度集成，可以实现多网、多行业、多应用、多技术的整合与协作。泛在网将实现人与人、人与物、物与物的通信，涵盖传感器网络、物联网和已经发展中的电信网、无线网、移动互联网等。

（3）智慧城市建设中的物联网技术。智慧城市的本质特点是：感知更加全面，互联更加全面、更加智能。IBM将智慧城市的建造分为三个阶段：第一，各类具有创造性的感官技术已经被植入不同的物件和设备中，使物理的空间得到了很大的数字化；第二，在互联网发达的今天，人们的数据以及各种东西将会以不同的形式连接到互联网上；第三，利用现代科技和超级电脑对大量数据进行整理、处理和分析，把海量数据转换为有用的数据，从而做出合理的决定。其具体实施方案是在多种智能监控中植入并安装感应器，构成物联网，使物联网与互联网之间相互连接。在智慧城市中，智慧政府、城管、安全、交通、电力、卫生医疗、教育、物流、建筑、社区、家庭等领域都有其具体的应用。

3. 系统与信息集成技术应用

智慧城市技术的关键在于其信息化建设。在城市层面的数字应用平台中，所反映的信息集成主要是：集成技术环境、集成数据环境、集成服务环境。作为一个大规模的城市应用平台，作为一个庞大的信息系统，其结构的构建和整合是一个需要经过慎重思考的首要问题。信息系统整合的核心在于整合被整合的各大体系之间的数据，整合"信息孤岛"的小型运营环境，并将其整合到一个大的、相互连接、数据共享、应用功能协同的运营平台上。

智慧城市信息化技术的应用是整个智慧城市技术应用的总体思路，包括一、二、三层网络集成平台、数据平台、软件平台、应用平台、硬件平台等，都要在智慧城市信息系统集成技术应用总路线的规范和指引下进行系统的配置、开发、定制、选型、部署、运行、管理。智慧城市信息体系的整体规划与设计应遵循开放性、结构化、先进性与主流化的基本理念。

智慧城市及信息整合技术的运用主要有以下方面。

（1）采用综合技术进行网络化建设。从技术上看，网络整合既包括各种网络设施与管理软件，又包括异构、异质的网络。在网络整合中，首先要解决的问题就是如何建立一个完整的网络结构。

（2）采用数据整合技术。数据整合是指把与数据库相关的数据、资料按一定的方式进行逻辑化，形成一个属于不同类型的分布数据库，实现了对数据的有效整合。数据集成可以划分为基础数据集成、多级视图集成、数据源模式集成、多粒度数据集成四个层面。

（3）应用软件整合技术。软件整合是指在特定技术架构之下将软件组件进行整合和联结。尤其是在互联网技术的飞速发展下，目前的应用软件正由单一的 PC 向多元化的网络方向发展，成千上万台 PC 和工作站成为智慧城市共同使用的海量的计算机信息资源。开放式系统可以让使用者通过不同厂商生产的不同硬件平台和操作系统平台，在不同的信息来源（异构的、网络的、物理性能差异很大、不同厂商、不同的语言）上建立一个以信息分享为目的的分布式系统。在这种情况下，为了适应异质网络的需求，需要不断地完善和扩充 OOP 技术。

（4）应用整合技术。应用整合是指在特定技术架构下，各个应用程序的整合。由于互联网的发展和分布系统的普及，许多异构网络以及各个计算机制造商纷纷发布了软件和硬件，使得分布系统中的各个层面（硬件平台）、操作系统（操作系统）、协议（网络协议）、计算机应用甚至是各种网络架构中出现互操作性的状况。所以要在不同的环境中进行数据交换，并将其整合到各个应用层面。这正是本节中关于城市层面的技术革新的中心。

从信息系统整合技术的观点出发，将应用程序集中于顶层，以实现多个应用的交互。以语言为例，语法、语义、语用三者与系统整合技术相结合；应用整合技术主要表现为应用之间的互用性、分布式应用的可移植性、应用程序的分配透明性等。

智慧城市的信息化建设是一个由多要素、多层次、多功能组成的超大规模的综合管理系统。该体系能否正常运转，有赖于其内部各个层面的"二级平台"和企业级的"三级平台"，以及信息互联、数据交换和共享、应用和功能性的协作。智慧城市信息化建设的多层组织特性，使各部门之间的联系更加紧密，它的信息量的锥形和专业化、动态特性，使它与"二级平台"、企业级的"三级平台"，以及各企业的网络联接具有分布式的特点，也就是说，有效的信息和信息的收集和利用不再局限于一个单一的中央体系，而是要分散到具体的单位、部门、企业中去。所以，在智慧城市中，可以将分布式系统作为一种重要的技术手段。

4. 地理空间信息与可视化技术应用

在智慧城市中，地理空间的信息和可视化技术是其关键技术之一。在智慧城市中，各种商业应用的展示都依赖于地理空间的信息和可视技术。利用二维或3D的景观电子地图，可以实现GIS中信息资料的定位、属性、景观的显示、查询、分析等功能，同时利用虚拟现实技术，将以往的数据、资料可视化为动态、时空变化、多维多时相的互动的虚拟环境，从而增强了对GIS中的复杂变化和分析的洞察力。GIS技术的应用主要有以下方面。

（1）支持GIS的底层软件技术。GIS是基于GIS技术在城市中的应用和发展，它是基于GIS技术的一个重要组成部分。GIS的基础软件平台支持技术的关键在于，将不同规模的城市地形图数据（例如，1∶500、1∶1000、1∶2000）、城市数字正射影像数据、数字高程模式数据等形成城市各类信息应用体系的基本架构和图级，并在这些基础上进行数据显示、查询、统计。GIS的基本软件平台，支持下列智慧城市的建设：

1）实现"一级平台"间的信息互联和数据的交流。

2）政府内部和外部网络的服务。

3）综合监测和管理（如数字城管、节能环保、市容环境等）。

4）城市突发事件的组织。

5）对城市治安进行监测和治理。

6）监测和管理智慧城市的交通。

7）监测和管理市政公用和基本结构。

8) 城市社区生活服务（含电子和现代物流）。

9) 数码公司。

10) 智能楼宇和智能小区。

（2）利用 GIS 技术实现数据的共享。GIS 技术与网络技术的有机融合，使 GIS 在智慧城市中的应用范围和地域范围内得到了广泛的运用，同时也产生了大量不同类型、分布、异构的数据库和 GIS 网络。提出了一种利用网络服务实现数据交互的方法。

（3）基于数据检索和数据的城市立体地貌重构技术。城市地貌以数字化高度模式和数码正射图像为基础，以立体城市模式的形态特征为研究对象。基于对城市立体可视化技术的深入探讨，中国人民解放军信息工程学院已建成一个功能强大、性能稳定的立体地形重构与数据检索与解析平台。它的应用主要包括：地形地物的三维空间几何建模数据生成技术、地表构造数据生成技术、地形地物特征数据生成技术等。

（4）虚拟现实技术和信息可视化。

信息可视化技术是将逻辑与物理要素具象化、显性化的信息资料表现出来的技术。目前，信息可视化技术的发展与运用已超越了传统的城市图形与可视化表达方式，发展到动态、时空变化、多维的虚拟世界中去，增强了对复杂时空资料的洞察能力、多维多时相关资料的展示，同时将大大提升城市的时空信息传递速度。

虚拟现实技术是可视技术中最为高效的一种技术。它将计算机图形学、仿真技术、多媒体技术、人工智能、计算机网络、并行处理、多传感等技术相结合，通过计算机技术，仿真人的视觉、听觉、触觉等感官的作用，可以让人完全置身于计算机创造的世界之中，通过语言、手势等自然的手段与之互动，创造出一个具有人类意识的多维度信息世界。用户可以在虚拟现实中体会"身临其境"的真实感，也可以突破时间和空间的局限，体会真正的生活。利用虚拟技术对智慧城市进行物理和逻辑的描绘，取代了传统的抽象地图对其进行解释、分析和展示的技术。

空间信息可视与虚拟技术的发展与运用，为智慧城市的实体要素，以立体、动态、互动的方式，在空间数据的存储、管理、处理及空间解析等方面，为城市实体要素的立体呈现和人机互动奠定了基础。使用者可以通过

GIS 与虚拟实境的整合架构及整合平台的建立,为智慧城市的各项信息系统提供支持,并对规划、建设及管理方案进行仿真。

四、智慧城市基础设施体系规划

智慧城市的规划主要有:外网规划、物联网规划、互联网接入规划、无线接入规划等。城市智能网系统应该能够满足城市级数据、语音、图像和多媒体等多种服务的传送,并使之与无线互联网之间建立连接。

智慧城市的网络化系统应该是三层的,即核心层、分布层和接入层。核心层位于城市级的底层,分布层位于业务级的第二级,接入层位于各个企业的第三个应用平台。

在物联网的支撑下,智慧城市应该能够与互联网和物联网进行连接,并进行信息的共享和交流。在我国的网络建设中,要充分利用 EPON 技术,使信息(计算机)、电话(电话)、有线电视(CATV)网络"三网融合"。只要有一个支持 Internet 通信协定的手机,就能与 Wi-Fi 进行连接。在智慧楼宇与数字化社群中,应该以"双网"的方式来进行规划与构建。

(一)电子政务外网规划

智能政府电子政务外联网的规划,要符合国家信息办关于外联网的分级布局的需求,同时要考虑各区、街道、乡镇、社区的物理空间和功能之间的联系。政府外部网络应该采取分层的方式进行。

按照分层的设计原理,政府对外网络分为以下三个层面。

1. 互联网接入区

政府对外网络"互联网接入区"的外部网络安全访问系统,采用了一种与互联网进行逻辑上的隔离,并利用外部网络的安全访问平台来提供网络业务。

2. 公共网络区

利用 VPN 逻辑分隔,将电子政务外网"公用网"与外部网"互联网接入区"互联互通,在外网"公用网络区"配置统一身份认证和用户管理,提供政府各业务单位横向业务之间信息交互、数据共享和业务协同的平台。

3. 专用网络区

政府外部网的"私域网"采用 VPN 逻辑分隔，与外部网的"公用网域"互联互通，在外网"专用网"配置电子政务后台数据仓库系统，提供政府直属部委、行政部门、业务单位纵向之间的信息交互、数据共享和业务协作。

政府的外部网络包括三层网络访问体系，即核心网络层、骨干网络层和外部网络层。

（1）核心网络层。将核心网交换器配置在电子政府外部网的核心网络级，并将二级集中式交换中心节点与电子政府外网骨干相连。

（2）骨干网络层。在电子政府外网的主干网级中央节点配置一个汇聚网交换器，并与三级接入网进行对接。

（3）外部网络层。在电子政务外网接入网中配置了一个接入网交换器。

根据各级行政机关的隶属和目前的运行方式，外网骨干的服务流向主要以市、县、区、街道办、乡镇等垂直方向流为主，并包括各个专项部门内部的垂直业务流量。按照企业发展趋势，采用星式组网模式，以县级、街道办、乡镇节点为核心，通过三级外网接入和二级骨干网络接入智慧城市政府信息化数据资源中心，形成一个三级的星形网络体系，即由政府部门的信息源、政务外网络骨干网络以及由外部网络接入网络，连接街道办、乡镇和社区。

（二）城市物联网规划

城市物联网规划包括三大特性：一是全方位的感知，它通过各种不同的传感器对目标的温度、湿度、压力、流量、位移等进行检测与采集；二是对所收集到的大量数据进行分析、传输，利用云计算、数据库、自动化、智能化等技术对其进行智能化的处理与反馈，并利用不同的网络结构与布线，实现对对象的实时、精确的传输；三是应用，它的应用范围非常广，涉及政府、城市管理、社会服务、企业经营多个领域。基于其自身特点，对其进行整体结构设计，是目前我国城市互联网发展的关键。

1. 感知层

感知层包含了诸如传感器之类的资料收集装置和将资料存入网关前的感测器网络。在感知层面上，无线射频识别技术、传感器技术、控制反馈技术、检测技术是目前最重要的技术。作为感应层的中心，感应器是对物理环境的"感觉器官"，能够感受到物体的热、力、光、电、声、位移等各种信号，从而实现整个系统的处理、传输、分析和反馈功能。在现代科技的飞速发展下，传统的传感元件正在逐渐向微型化、智能化、信息化和网络化的方向发展。

2. 网络层

物联网的网络化层次将以目前的通信和互联网为依托。物联网是利用多种接入装置与通信网络、互联网、传感网、控制网等进行连接和信息的交流。物联网的网络化本质上是对互联网的一种特殊的运用与扩展。在物联网的网络级中，网络层是数据的存储、查询、分析、挖掘、控制，以及基于数据的智能控制、远程遥测和信息技术的集成。云计算平台是数据存储和分析的平台，它将成为物联网的关键技术，也是许多应用和服务的基础。

3. 应用层

在物联网中，通过对信息的分析和处理，可以为客户提供包括智慧政府、智慧平安、智慧交通、智慧电子商务与物流、智慧医疗卫生、智慧教育、智慧房产、智慧文化、智慧社区、智慧建筑、智慧家庭等一系列的具体应用。物联网的发展以应用级为主要对象，其应用系统的发展与智能化的控制技术将为广大的用户带来更加丰富的应用系统。各个行业和智能家居的应用将促进互联网技术的快速发展，同时为整个物联网产业提供了巨大的利润。

(三) 城市无线网络接入规划

一般情况下，城市的无线网络建设是由通信部门来策划和执行的，而政府、企业、社会各单位、部门和个人则是以无线网络的接入为重点。城市的无线网络访问应该按照 VPN 协议进行，其目的在于解决移动通信的用户访问互联网、物联网以及政府的外部网络，并对其进行统一的身份认证和权限管理。在电子政府外网开通 VPN 服务所需要的设施非常有限，只要在政府网站外部网络的一楼"Internet 访问区域"安装一个 SSLVPN 网络。移动使用者可直接或间接地与 VPN 网关伺服器（经由 NAS）进行通道连线，并在公用网络区域内设定电子政府外网入口。无须在手机用户端设置任何客户端程序，只需使用一个标准 IE 接口即可启动 VPN 连接，并在政府外网的"Internet 接入区"内设置的 VPN 网关上进行统一的 VPN 连接。同时，中央 VPN 网关也能很好地实现 MPLSVPN 与 IPVPN 的有机融合，使得手机使用者能够在两种不同的状态下，以各自的身份，在政府网站的第二级"公用网络"和第三级"私有网络"上登陆。

对于社会公司和手机用户来说，VPN 访问相对容易。不论在什么地方，只要能够登录互联网（不论使用何种访问方法，也不论使用何种频段），手机使用者都可以访问 VPN。VPN 是在一个网关装置上建立的虚拟私人连线来传送资料。在使用 VPN 的情况下，只要手机使用者能够上网，不需安装其他的软件，就可以直接进入政府的外部网络。利用 VPN 网关将大量手机客户的 VPN 访问要求汇集在一起，从而形成一种由逻辑点数向多点数的星形网络架构，使每一位手机使用者都能与中央 VPN 网关进行独立的逻辑连接。

五、智慧城市保障体系规划

（一）建立财政与政策保障体系

（1）要加强资金的集约和建设。整合建设和运营智慧市政建设基金，加强对本市建设项目的审批和经费的监管，健全集约型财政投资体制，杜绝重复建设。

（2）加强法律和政策的支持。要建立和完善智慧城市管理和运营的政策法规，建立智慧城市管理的责任监控系统，构建以政府绩效监管为保障的城市管理评价与考核机制，把城市管理评价考核结果纳入电子监管范畴，完善智慧城市管理有效的协调和监管机制，为智慧城市管理运行提供强有力的制度保证。

（二）强化长效建设管理机制

加大对信息技术的支持力度。加强电子政务外网，电子政务数据中心，电子政务信息资源交换平台，无线城市建设，切实支撑城市的管理与维护。加强公安机关建设，建立长效机制，确保安全管理和管理信息共享。

第四节 智慧城市云计算技术应用

一、云计算技术在两化融合领域的应用

(一) 应用现状

云计算技术在工业设计、工业模拟、在线软件、企业数据中心等方面，已经有了一些初步的研究成果。

1. 云计算技术在研发设计领域的应用

(1) 工业产品的开发。工业设计中对图形数据进行了大量的处理，尤其是三维图形的绘制，对运算的要求非常高。云计算是一种庞大的运算资源，它能够为工业应用程序的运算力提供支撑。以前的工业设计主要依靠绘图工作站，而图形工作站的效能是制约其设计效能的重要因素。采用云技术可以极大地减少产品的三维造型时间。同时，云计算也促进了诸如CAD这样的工业设计企业实现服务性转变。比如，Autodesk就发布了一款以云计算为基础的在线CAD系统，即Auto CADWS。使用者可以透过网页浏览，编辑、分享Auto CAD的图形及DWG格式档案，并通过谷歌的整合功能，协助使用者在真实的情境下呈现出真实的影像。

(2) 工业模拟。云技术可以在实际生产中得到广泛的运用，如加工工艺分析、装配工艺分析、模具设计优化、机械零件设计和性能分析、汽车等复杂机械装备的性能和装配工艺设计、汽车碰撞仿真失效分析、工程电磁兼容性分析、虚拟装配、虚拟焊接等。

北京市计算机研究中心已经建设完成了以100兆次/秒的数据处理能力为基础的云计算服务。目前，在北京长城华冠汽车有限公司汽车碰撞仿真、中国京冶科技集团的钢架虚拟装配仿真、北京生命科学院的生化计算等十多个课题的开发中，针对京冶公司CAE的"钢架虚拟组装"，采用CAE技术对不同类型的工程物料进行了性能仿真，采用了虚拟组装技术来检验产品的装配设计和运行是否准确，从而尽早地找到问题，修正和实现装配的可视化。此工程将为京冶集团降低设计和制造环节的生产费用、检验方案的可行性等方面提供保障。

2. 云计算技术在在线软件领域的应用

在云计算平台上配置各种工业软件和管理软件，采用 SaaS 的方式为中小型企业提供软件应用，可以大大减少其进入企业的信息壁垒。通过云计算服务，中小型企业无须购置各种价格高昂的应用程序，仅需要缴纳一定的费用即可实现 ERP、CAD 等在线应用。以苏州靖峰能源技术有限公司为例，一年仅缴纳 7000 多元的 SaaS 服务，而使用常规的自主建造模式，则要一次支付 15 万元。

3. 云计算技术在企业数据中心领域的应用

目前，世界范围内的波音和通用等多家大型企业正在大力发展新一代的云服务中心。经过数十年的发展，国内各大工业公司在经历了数十年的发展历程后，已经形成了大量的软、硬件设施，并逐步建成了以企业为核心的企业信息系统。在我国的某些大公司，由于云技术的不断发展，其业务正逐步向专有云转变。以中国制药集团公司为例，利用云技术对其进行了系统的改造。

(二) 应用对策

要推动产业发展，推动产业的转型和升级，相关部门必须从以下几方面着手：

（1）推动研究与开发、设计等方面的云计算技术的发展。为了更好地提升 R&D 设计的效能，减少 R&D 设计的费用。支持软件供应商和第三方服务机构建立面向中小型企业的云计算服务，提升其研究和开发能力。支持科技园、新型工业化基地、工业园区、产业集群等领域建立规模化运营的研究与开发的云计算平台。

（2）推动企业级管理中云技术的发展。鼓励第三方 SaaS 平台运营商向云计算服务商转变，扶持一大批高质量的企业建立云计算服务平台，为中小型企业应用在线管理软件提供业务，降低中小企业信息化门槛，提高中小企业管理水平。

（3）推动各大公司建立新一代以云为基础的资料中心。鼓励中央企业和大型民营企业进行数据中心的更新，支持企业数据中心的扩大和深入使用，减少企业数据中心的能源消耗，降低企业数据中心运行维护成本，促进企业数据中心智能化、低碳化。

（4）为将云计算技术用于工业生产提供良好的环境，为进一步强化云计算平台上的企业信息安全，我国发布了《中华人民共和国数据安全法》，加强云服务的安全性和使用的可靠性，确保用户使用的安心。加强云计算标准化工作，加强对云计算市场的规范化管理。支持云服务提供商进行业务模式的革新，并推动其与产业之间的连接。在云技术不断发展和日趋完善的今天，云技术已成为智能公司的核心技术，它将在一定程度上影响整个公司的信息化进程，从而产生新的业务模式。构建一个基于云计算的产业云计算平台，可以进一步为中小型企业提供更多的信息。因此，随着云计算技术的普及，必将促进我国产业的全面发展和产业结构调整。

二、云计算对电子政务的影响分析

云技术将对政府机房建设、政府网站建设、政府信息共享和业务协同、政府信息安全和电子政务管理系统等方面的应用带来深刻的冲击。

（一）对机房建设模式的影响

由于以往的电子政务建设方式，各省市直机关普遍自建机房，造成了许多软、硬件设施的使用效率低下，且各个单位的运营维护费用居高不下。建立统一的大型计算机，统一采购服务器、交换机等硬件，统一进行运营和维修，既能极大地提升硬件的使用率，又能减少硬件的维护费用，还能方便地进行管理。将虚拟化技术和云计算技术引进大型计算机机房，将其建成一个大型的云计算应用平台。另外，以往各单位均需配置一定数量的计算机，而在使用云平台上，建立一个大的、统一的计算机中心，可以降低员工人数。当前各部门都已经步入数据大集中化的时代，云技术在建设大型机房、数据中心等方面具有一定的应用价值。

（二）对政府网站建设模式的影响

在传统的电子政务系统中，省级政府部门通常都会自己建立门户。该模型存在以下问题：一是政府网站建设、管理和维护成本高；二是对政府网站进行信息交流不利；三是政府网站样式各异，难以树立政府的统一形象；

四是需要配备一定数量的网站管理人员。若以云技术建设政务网站，将其置于政务云中心，统一建设、统一管理、统一运营，将大大降低政府网站建设的费用，使政府部门的网址与门户网站同步更新，统一政府网站形象，减少政府网站工作人员。

(三) 对政府信息共享与业务协同的影响

随着国家"金字工程"等重要的电子政府项目的实施，垂直行政机关在纵向上的电子政府发展程度相对较高，而国务院和各省市级政府的横向电子政务相对落后。所以，在未来的一段时间内，政府的信息分享与服务合作成为重要的，也是一个棘手的问题。随着云计算技术的迅速发展，各部门间的信息资源也得到了有效的集成。比如，构建一个以云技术为基础的大型OA平台，它可以进行网上办公、信息发布、审批、电子监察、信息归档，每个部门都可以根据自己的需求，制订自己的工作计划，并在各个部门进行业务流程的衔接，从而实现政府部门间的信息共享和业务协作。

(四) 对政府信息安全的影响

应用云技术构建电子政务系统，将推动由单一机构向多层次的政府部门进行统一的信息化管理。整合网络安全硬件和防火墙、防病毒等信息安全软件，以增强政府信息系统的安全性。然而，云计算在一定程度上给我们的信息安全提出了新的挑战。尤其是核心技术，如CPU、操作系统、数据库等方面的技术相对滞后，在传统的电子政府中，一个地方发生了问题，并不会波及其他部门。而在云计算中，则涉及整个社会。要保证新一波的政府建设，必须尽快攻克关键技术。

(五) 对电子政务管理体制的影响

在传统的电子政府体制下，由于政府机构分散、管理分散、运维分散，存在着重复建设、信息孤岛、高投入、低效率等问题。在此基础上，通过统一的软件，实现统一管理和运行，既能降低政府资金的投资，又能有效地实现信息化的综合利用。在电子政府建设过程中，由于采用了云技术，使得原有分散式的政府治理体系不能满足新的需求，需要进行集中式的管理。

三、政府云

云计算是一种新型的网络计算技术,它在政府中的应用越来越广泛。云计算技术是智慧政府建设中的重要技术,它将对新一波的电子政务发展带来深远的冲击。随着云计算技术的发展,将推动由"E+ Government"向"云"(C+ Government)的过渡。

(一)国外政府云发展现状

1. 美国

美国政府将云计算、虚拟化和开放资源作为节省政府开支的三大方法。美国联邦在2009年利用云技术节省了66亿美金的电子政务。以美国联邦总务管理局为例,将其电邮体系移植到云服务平台上,可以节约17个多余的数据系统,节约了1500万美金。美国国防航空公司的私人情报中心在云基础上对信息系统进行了改进,使信息的检索速度由原来的20分钟减少至2分钟,并可节约400万美金。

美国白宫行政与预算局于2010年12月制定了一项关于"云技术优先行动"的联邦机构,它呼吁联邦政府部门理解云计算的重要性,对其安全进行评价,并加速其将其转移到云服务中。

截至2011年10月,共有27个政府机关和单位完成并递交了关于云计算项目和预算的申请。美国打算取消800家政府部门的信息中心,以便将政府资料集中起来,并建立一套以云为基础的资料中心。

美国联邦CIO理事会于2011年2月公布了联邦政府云计算策略。美国联邦在2011年度花费200亿美金在云上,大约是联邦IT支出的四分之一。

2. 英国

英国在2009年10月发表了一份《数字英国报告》,打算创建一个名为G+Cloud的"政府云计算"。G+Cloud就像是一座庞大的信息技术宝库,英国的各个政府部门都能得到他们想要的信息技术。

3. 新加坡

由于公共云无法在新加坡的资讯安全与资讯科技管理上达到需求,所以新加坡当局在2011年底通过一项公共竞标,为新加坡的政府部门提供了一种专有云，让新加坡的政府部门都能从云端获益。

(二) 中国政府云发展现状

云计算技术是近年来发展起来的，受到了发改委、工业和信息化部等部委的高度关注，并进行了一些试点和示范，相关的技术规范也在逐步完善之中。

2010年10月，工信部、工业和信息化部发布了《关于做好云计算服务创新发展试点示范工作的通知》(发改高技〔2010〕2480)，在北京、上海、深圳、杭州、无锡等城市率先进行了"云计算创新发展"的试点和示范工作。该试验的主要内容包括：针对政府、大型中小企业、个体等不同使用者的需求，探索如何推动诸如SaaS、PaaS和IaaS等业务的创新与发展。可以选取一些骨干企业作为试验企业，建立云计算服务中心(平台)，在全国范围内提供相应服务；以IT服务骨干企业牵头、产学研用联合的形式，加强虚拟化技术、分布式存储技术、海量数据管理技术等核心技术研发和产业化建设；组建全国性云计算产业联盟，形成云计算创新发展的合力；加强云计算技术标准、服务标准和有关安全管理规范的研究制定。

2012年，国家质量监督检验检疫和标准化管理委员会联合印发了《信息安全技术政府部门云计算服务提供商安全基本要求》的标准，目的在于对其进行安全监管，并对其技术需求进行技术规范，以保证能够将其安全地向云平台过渡。从基础条件、基础设施和运营管理三个层面，对云计算供应商进行安全管理；从安全技术、身份识别、访问控制、审计、事件处理与应急预案管理、可用性要求、移植性和互用性七个层面，对云计算供应商的安全保护提出技术要求。

2010年起，北京、上海、青岛、佛山等各大城市城市制订了有关云计算的规划和方案，而政府云也已经开始着手实施。

上海市政府发布《上海推进云计算产业发展行动方案》，建议在电子政务、市民服务、工业、现代服务业和中小企业服务等方面，积极开展上海及国内知名的云计算龙头企业的试点。引导市、区政府利用云计算的技术，在系统、制度等方面进行改革，将政府的资源与资料中心的资源进行有效的集成，以减少政府的行政费用，为市民和社会提供公正、透明、高效的政府服务。上海市于2011年推出"2011—2013年智慧城市"行动方案，在青浦、闸北等地进行"政府云计算"的尝试，并逐渐建立市中区"云计算"平台。

北京市政府、中关村科技开发区管委会联合印发了《北京"祥云工程"》，并建议在电子政务、重点行业应用、互联网服务、电子商务等领域开展一系列多个层面、多个功能的云计算项目，推进电子政务向云时代的转变，统筹谋划和加快"政务云"的建成，促进全市范围内的云应用。

福建省发展改革委和福建省数字办公室于2011年度联合印发了《数字福建云计算工程实施方案》。推进各部门运用云技术，促进信息技术的集成和服务，并在此基础上进行数字化政府资源的构建。

福建省政府对外网络的云服务系统在2012年3月正式上线。这是国内首家正式运行的省级政府云服务平台，一期总投资3900万元。

浙江省水利部门在阿里云网上安装了台风路径即时预警平台。1650000人可以轻松地通过这个网络观看风暴的轨迹，但浙江省政府自己的网络服务器却会出现故障。杭州市政府引进阿里巴巴、华数、浙江大学网新等机构共同参与构建智慧政务云平台，目前已经安装了政府信用体系等31个信息系统，63个部门和区县接入平台，31家市级本级单位300项行政审批事项全部上网运行，实现了杭州市级各级政府各部门"一点接入、普遍联通"的政务信息共享模式。

广州市政府已完成全市电子政务云计算系统的建设。共有89个部门参与广州市政府政务信息交流服务，涉及1386个专题，收集了将近40亿条的政府部门资料，每日交流343万条，降低了1500万张重复的书面材料。

威海市政府的电子政府云，将200余家现有的信息资源集成起来，形成了"六统一"(技术平台、计算、内部网、互联网端口、安全保护、运营和维修)。

(三) 政府云发展对策

随着云计算技术的迅猛发展，政府官员必须面对这些新技术所产生的新变化，并通过以下措施推动其在政府中的运用。

1. 正确认识云计算

当前，云计算的概念多种多样，而且还出现了一些问题，如概念性的问题。有些供应商将 Internet Data Center,服务器集群等打包为云服务或解决办法。有些地区的政府没有清楚要求,就盲目地建立云计算中心、基地。由于政府的特性,政府的云属于私人的,而在公众云上进行政府的投入,则违反了市场规则。建设云服务不是盖房子,也不是购买一个新的服务器,必须满足用户的需求。政府云计算不仅仅是技术层面的问题,还包括相关的政策、规章和管理体系。

2. 抓住历史机遇

目前,国内各部门的电脑和其他硬件装备都要进行更新。要实行集中采购模式,建立一个基于云计算的政府服务平台。从规模和专业化角度来看,省级、自治区、市一级建立了云计算服务平台,而区县一级则不需建立,而是要在各自的地级市或设区市自行开发。

在十八届全国人大之后,按照以往的经验,新一届的政府体制将会再次进行。提出了在制定"三定规划"的过程中,要设立一个统一的政府管理机构,统一规划、建设、管理和运行。

3. 选好切入点

在政府各部门,推动垂直体系的大规模数据整合,扩充电脑室及资料处理中心,将电脑室及资料处理中心提升为云端服务,推动各种服务应用软件 SaaS,以备不时之需。针对本地省市政府,要大力推动大型计算机中心、统一应用软件 SaaS,统一采购、统一运行。要加速构建以云为基础的大型 OA 系统、政府网站群建设,推动政府信息共享和业务协作。

4. 坚持"以用促业"

云计算的实施成效决定了云计算能否得到良好的发展。如果云计算真的能带来实际的效益,云计算行业将会得到极大的发展。尽管政府的云服务平台需要有云计算行业的支持,但如果一味地把云计算作为一个行业来发展,而不去考虑它的实际使用,那就是一个错误。云计算与新时代的电子政务发展趋势相适应,在未来的发展中,将云计算技术作为一项重要的技术推广,将推动整个行业的云计算技术应用,是促进我国云计算产业健康发展的有效途径。

第五节　智慧城市物联网技术应用

一、概述

物联网是互联网和通信网的扩展，它可以将感知识别、传输互联、运算处理多种能力整合起来，是新一代信息化技术的一个重要组成部分。物联网在实现信息化、商业合作等方面实现了人与物、物与物的相互联系，拓展了资源配置、加强管理、缓解资源能源制约等方面的作用。

实施智慧城市的物联网应用计划，以全面布局的技术开发为主导，重点突出以实施示范为主。要强化政府和企业之间的协作，尽快出台关于推进信息化建设的指导方针，并确定其发展方向和路径。

在智慧城市中，物联网的发展趋势是：

(1) 大力发展现代产业体系，走新型工业化之路，必须大力发展现代产业体系。物联网是新一轮信息技术的发展趋势，其潜力大、带动力强、综合效益好，自身具有很大的发展潜力，同时也可以促进信息化与产业化的深入结合，推动传统工业的转型和发展。加速发展互联网将为构建具有良好结构、先进技术、清洁安全、高附加值、高吸纳就业的现代化工业系统，形成强大的支持和保证。

(2) 大力发展网络，是我国人民生活水平不断提升、全面建成小康社会的必然要求。物联网在教育、卫生、政府管理、社区服务等领域的广泛运用，必然会使我国的社会管理体制和服务模式发生变革，使我国的公共服务水平得到显著提高，并在一定程度上实现对我国居民的经济、文化需求的转变。近几年，互联网技术在社会公益事业中的应用不断扩大，为人们的生存和发展提供了一条行之有效的路径。

(3) 大力发展网络技术，是建设创新型国家、增强竞争优势的重要途径。物联网技术覆盖面广、关联度高、辐射力大，在技术创新中发挥着巨大的推动效应。加速研究和运用，对提高自主创新能力、提高科技对国民经济的贡献具有十分重要的作用，已经逐渐形成了世界范围内国家在未来发展中占据主导地位的一个关键环节。当前，世界范围内的物联网还处于初级发展的状态，世界范围内的国家都是站在同一个起点上的。如何把握这一千载难逢的发展契机，加速发展互联网，是提高我国的全球竞争能力的必由之路。

二、智慧城市物联网应用规划思路与重点

当前，随着我国智慧城市的发展，已在技术、产业、应用等方面逐步成熟，一些行业已形成一定的产业规模，技术研究与标准化工作也已初见成效，拥有一大批核心技术，在交通、物流、金融、工业控制、环境保护、医疗卫生、公共安全、国防军事等领域已有初步应用。然而，由于物联网技术具有高度集成性、应用范围广、产业链长、产业分散性强等特点，其关键技术仍处于起步阶段，从其关键结构到各个层面的技术与产品界面都尚未达到标准化，大规模应用所需的条件和市场还需要一个长期的过程。根据当前的发展状况及现有的技术条件，必须进一步强化整合与协作，努力创造一个有利的发展条件，推动物联网技术在关键技术上的深入运用，力争取得突破性进展。

(1) 建立健全企业的自主研发系统，提高企业的核心能力。技术上的创新是未来发展的重要因素。要扶持重点实验室、工程中心、技术中心等，加强重点研究机构和重大科技资源的整合与共用，并在重点技术方面实施重点技术创新。在涉及国家安全的关键技术问题上，要加强技术的原创性和自主性。同时，吸取国际上的优秀技术并进行再创新。要充分利用自主创新的优势，加大科研经费，提高知识产权的所有权。加速一系列关键技术的突破，形成了从研发到生产再到应用的全产业链。

(2) 积极推动标准化系统的建立，把握发展的主动。要加快建立跨行业的物联网标准化协同体系，强化物联网体系结构、参考模型等一般规范、物联网信息安全、网络管理等基本通用标准，以及智能传感器、传感器网络等关键技术标准的研制。在网络架构、标识和网络服务的安全性等方面进行积极的探索，为各产业间的物联网技术的发展打下坚实的基础。鼓励和扶持各大公司积极参加国际标准化工作。

(3) 强化行业间的协作和在关键技术方面的运用。物联网技术涉及多个行业、多领域、多学科、多条链条。以发展骨干工业为中心，支持支柱工业，以主动推动相关行业为主导，从而推动产业链的建立与发展。在当前的环境下，要在具有示范效应、产业带动性、关联性强的基础建设、公共服务等方面，积极探索和示范推广。在产业和交通方面，要重点发展智能电网、

智能交通、智能物流、智能产业，加速不同产业的深入和整合。

（4）充分利用自身的市场力量，大力发展互联网行业。要扶持企业发展专业服务、增值服务等新兴形式，鼓励和扶持产业链上游、下游地区积极探索，培育新的经营方式，促进市场运行。加强政府的指导，加强规划、标准和产业政策的制订和执行，大力扶持企业技术革新，加强对知识产权的保障和推广，努力创造一个更加公正的市场环境。支持构建互联网行业的公用服务平台，促进和完善网络中介机构的构建。大力发展高新技术企业，大力发展中小企业，打造具有全球竞争优势的工业互联网企业。

三、智慧城市物联网应用重点领域

在"十二五"国家发展规划中，提出了要大力推进"重大基础设施技术研究与示范"的建设方针。"十二五"国家的物联网发展计划，围绕智能电网、智能交通、智能物流、智能家居、环境与安全检测、工业自动化控制、医疗健康、精细农牧业、金融与服务业、国防军事领域开展。

基于智慧城市的发展，应将其与智慧城市建设的关键技术领域结合，以物联网医疗健康与智慧城市市民证相结合，以物联网智能电网与智慧城市基础设施管理相结合，以物联网智能家居与智慧城市、智慧社区相结合，以物联网环境及安全检测与智慧城市节能减排相结合，以物联网医疗健康与智慧城市智慧医疗卫生相结合，并且加强在智慧城市智能交通、智慧城市电子商务及物流、智慧城市公共安全等领域内的应用。

四、智慧城市物联网应用保障措施

目前，加速发展互联网，要从长期的角度出发，进行科学的规划，采取多种措施。

（1）强化协调配合，强化组织的领导。建立政府部门、行业和地方之间的协作机制，指导和推动物联网产业的发展。协同推进重点产业领域的物联网应用和示范工程建设与推广，着力破解标准、关键共性技术、产业支持、基础设施建设、安全保障等问题。加强对工业发展的监测和预警。

（2）强化统筹谋划，推动先进技术的推广。要进一步推进物联网发展的战略，制订全国发展计划，并对物联网技术的研发、产业发展和应用进行综合协调。要强化政府之间的协作，尽快出台相关政策，加快推进互联网的发展，为我国的互联网发展指明方向和路径。重点推进示范推广，加速全国传感器网络技术创新示范区的创建，指导各地因地制宜地进行试验，实现资源的分享和优势互补，形成分工合理、特色鲜明、相互支持的工业发展格局。

（3）健全相关的法律、法规，建立健全社会发展生态。实施国家鼓励发展高科技、战略新兴工业的各项税费，设立国家重点发展的专项基金，并在此基础上，构建一套长期、平稳的金融体系。加强对互联网的投融资，鼓励银行业、创业公司和民间资本对其进行投入。推动金融机构加大对中小企业的扶持，支持公司在国内外的资本市场直接融资。加强与物联网有关的法规建设，加强与之相适应的协调与连接，为其进一步发展提供法制保证。

（4）加强对信息和网络的保护。在发展物联网过程中，信息的安全性是非常关键的，我们要做好充分的准备。要研究制订有关信息技术规范，强化信息技术管理，健全信息技术标准，识别机制和认证授权机制、信用体等，保证信息采集、传输、处理等方面的信息安全、稳定。强化物联网重点工程的安全性评价与风险评价，建立健全预警与治理体系。

（5）强化专业技术人员，建立专业技术支持系统。发展物联网，需要的是人才。要开展"互联网工程"，以国家重大专项、重大工程和重点项目为基础，大力引进和用好国外先进技术。要建立合理的人才配置制度和奖励办法，促进人才流动，以市场为主导，为人才创造一个突出的发展空间。要在具备一定条件、一定规模的高校中增设"物联网"类专业，加大与教育培训机构的交流与协作，并大力推进分级分类培养人才计划的实施，以适应行业持续发展的需求。

第六节　智慧城市无线通信技术应用

在智慧城市中，无线通信技术是智慧城市建设的关键技术支持，是指导移动通信系统发展的基础。无线通信技术一般采用常规的公共移动通信技术，如GSM、CDMA、GPRS、CDMA1X等2.5G、3G、4G、5G无线数据服务，以及WLAN、WiMAX、UMB等。这些技术的产生与发展推动了整个无线通信技术的发展。

一、无线通信技术应用发展趋势

(一) 移动数据通信

目前，移动数据通信得到了迅猛的发展，成为未来的发展趋势。最近几年发展起来的移动数据通信有两大类：线路交叉式的手机数据服务。例如，TACS、AMPS、GSM等，以及GSM的HSCSD，摩托罗拉的DataTAC、爱立信的Mobitex、GSM GPRS等，都是基于分组交换的手机数据服务。

现在，GSM网中的无线数据服务所占据的比重还很小，但它已经发生了翻天覆地的变化。新一代的高速资料处理技术，如HSCSD、GPRS等日益受到重视，无线通信技术将会是营运规划中一个日益突出的环节，也是一个巨大的商机。

(二) 个人多媒体通信

在任何时间、任何地点进行语音通信的需求，使得早期的手机通信获得了巨大的发展。手机业务的巨大潜力和用户的巨大潜力已经被充分验证，并且在世界范围内手机的发展也非常迅速。下一步是将移动通信技术发展到无线，甚至是个人的移动多媒体领域，这一进步将在今后的发展中起到很大的作用。个人的移动多媒体通信可以为用户在不同的位置上，带来难以想象的、完善的个人商业和无线资讯，从而对人类的工作与生活造成巨大的冲击。在个人的多媒体社会，语音和电邮是通过手机的多媒体邮箱传递的，手机短信变成了一张电子明信片，里面包含了图片和录像，语音通话和即时影像技术的融合使许多视觉手机成为可能。

(三) 移动通信网络宽带化

在电信行业的发展历程中，手机通信也许是技术与市场发展最为迅速的一个方面。随着用户对数据和多媒体业务需求的不断增长，业务、技术和市场之间存在着交互作用，随着业务朝数据化和分组化方向发展，移动互联网必将朝着宽频化方向迈进。

20世纪70年代后期，由于利用了电话和手机的技术，第一代的模拟手机应运而生。北美蜂窝系统（AMPS）、北欧手机（NMT）及TACS（Transmission System）都是窄频段仿真的三大主流。

第一代Web技术最大的成功在于取消了把手机与互联网相连的用户线路，使用者可以通过无线方式进行无线通话。

第二代通信技术采用了更大的网络传输能力，提高了语音品质和保密性能，同时也为客户带来了一个无缝的全球漫游服务。目前全球市场上的第二代数字无线电技术，包括GSM、D-AMPS、PDC（日本Digital System）及IS95 CDMA（IS95CDMA），这些都是以窄带形式出现的。

IMT2000是第三代移动通信设备，是一个具有高品质的宽带网络服务，是世界范围内无缝连接的真正宽带网络。2000年之后，尽管窄带手机仍有大量的需求，但由于互联网等高速的资料通信及多媒体通信的需要，宽频多媒体服务正逐渐成长，在将来的资讯高速公路上，由于无线网络的普及，将会成为整体的移动市场的一个组成部分。

（四）移动通信网络智能化

随着对移动通信的需求日益增加，移动通信技术也日益普及，使得手机网络得以快速发展。从简单的数据传输和数据的交流，逐渐转向智能化的存储和处理，因此，移动智能网应运而生。移动智能网是将智能网的功能实体导入手机网中，实现对手机电话进行智能化的管理，是一种方便快捷、经济有效地为用户提供各种新的通信服务的开放智能化平台，从而增强了用户对网络的控制力，使用户可以方便快捷地获取所需要的各种数据。为了实现这一目的，移动智能网将交易和服务分开，形成了一个中央的服务控制点和一个资料库，并进一步构建了一个集中式的商业管理体系和一个商业产生的生态环境。在智慧网上，企业能够充分发挥自己的优势，加速新的商业活动建设，它能为用户的需求进行商业设计，从而提高企业的收益。随着移动通信技术发展到5G时代，通信技术越来越成熟。智能网络和它的智能服务已成为未来个体通信的基础。

(五) 更高频段的应用

从最初的模拟手机到现在的5G，再到未来的6G，网络所采用的无线电频率是从低级向高级发展的。1981年，世界首个可用于全球漫游的仿真设备 NMT 的工作频率为 450 MHz，1986年 NMT 过渡到 900 MHz。我国现有的 TACS 仿真技术也采用 900 MHz 的频率。GSM 的启动频率是 900 MHz，IS95 CDMA 是 800 MHz。1997年，1800 MHz 的通信系统开始问世，GSM900/1800 的双频网得到快速推广。IMT2000 是在 2000 年开始商业应用的，它的频率是 2 兆赫。

(六) 更有效利用频率

广播电台是一个很有价值的信息来源。在移动通信高速发展的今天，频段资源的限制及手机使用者数量的迅速增长。要想有效地使用不同的频谱资源，发展新的频带，是克服这一问题的根本途径。在模拟制的早期蜂窝式移动通信中，它是以多信道共用、频率复用、信道窄带技术来达到频率高效使用的目的。随着企业的不断发展，仿真技术已经远远无法适应市场发展的需要。与仿真手机相比，数字手机拥有更大的传输能力。由于采用相同的频分多路技术，需要更少的负载，所以可以缩短频段，增加系统的应用功能。此外，可以使用时域多址或 CDMA 技术，其系统的容量是频分多址的 4~20 倍。CSM 是目前世界上最典型，也是最完善的一种数字移动通信技术，它的发展过程就是一段关于频谱利用率的历史。CDMA 是一种具有先进技术和大规模传输能力的新型通信技术。WCDMA 宽频 CDMA 是目前 5G 移动通信的主要技术，它可以更有效地使用无线频段。通过采用分层小区结构、自适应天线阵列以及双向相平解调技术，极大地改善了网络的承载能力，从而更好地适应了今后移动通信的需求。

(七) 网络融合

第三代通信系统的首要目的是整合所有的网络，其中包括卫星，成为一个可以取代许多网络的单一系统，同时也可以提供宽频服务，并且可以做到在世界各地进行无缝覆盖。从二代系统到三代的发展过程中，采用了平稳的转变策略，GSM、D-AMPS、IS136等二代系统逐渐演化为三大体系的中枢，由此构成一个核心网，各大核心网的成员以NNI接口连接在一起，最终达到了一个世界范围内覆盖的目的。在核心网络的边缘，是一个巨大的网络家庭，其中包括WCDMA在内的大部分WCDMA技术。第三代通信系统充分展示了通信网络在未来发展中的综合特性。

随着技术的发展，市场需求的变化，市场竞争的激烈，市场管制的放宽，电信网、电视网等将加速整合，而宽带IP技术则是"三网融合"的一个重要支撑点和连接点。在今后的通信网络中，伴随着宽带化、智能化、个人化，将逐渐发展成为一个整体的宽带通信网络，并逐渐演变为一个以核心骨干和接入层为基础、业务与网络分开的结构。

二、无线通信技术在无线城市中的应用

"无线城市"就是通过一项或多项无线宽频通信技术，建设一个涵盖整个市区或其重要地区的宽频通信网络，以扩大和拓展资讯网络，为市民、企业、政府及整个社区提供便捷的资讯科技及网络应用服务。

近几年，由于移动通信与互联网技术的飞速发展，全球范围内都对其进行了大量的研究。这些国家包括美国、加拿大、英国、法国、德国、澳大利亚、新西兰、意大利、韩国、日本等一些发达的经济体，如马其顿、新加坡，以及正在建造的无线网络国家。在肯尼亚和孟加拉这样的较不发达的国家，也有在中央和海港建立无线电通信的城市。

在国内，香港已经成无线城市的典范，北京、上海、天津、广州、杭州、深圳、珠海、厦门也都进行了全域无线城市的规划，并且已经开始实践。另外，很多城市都规划了无线城市的发展，它们的重点是渤海经济圈、长三角、珠三角、经济发达的中心城市、沿海旅游城市和新兴城市。

总之，在世界各地，虽然不同类型的无线城市建筑与发展方式不同，但都有共同的经验与启示。

（一）美国费城：全球第一个无线城市

发展策略：费城的无线城市计划是在整个美国建立一个覆盖整个市区的无线通信系统，并将其建成最大的一个。以无线网络为基础，推动经济发

展，实现更大范围的宽带接入。

网络覆盖：网络技术以 Wi-Fi+ Mesh 为主。室外覆盖率为95%，而在内部，90% 的大楼一层和二层接近于墙壁的楼层。

软件开发：在开发面向政府部门和商业客户的软件系统时，为 Wi-Fi 网络的发展，提供诸如网络电话、视频、P-Walker 等新的、个人化的业务和内容。

盈利方式：由国家发起推进方案，与一家网络施工提供商签订协议，负责网站的建造与运行。

参考：在无线城市发展中，政府在其中起着举足轻重的作用。

（二）新加坡：免费的第五大公共事业

发展策略：建设一个全国性的无线网络，促进新加坡的资讯传播，促进城市发展。将无线技术与整个城市的发展计划相结合，无线网络已经成为继水、电、气、路之后的第五大公共基础设施。

覆盖范围：主要是利用 Wi-Fi+ Mesh 技术，利用无线热点配置构建的无线网络来实施。当前，该地区的热点数量超过 7500 个，每平方公里 10 个。涵盖的范围包括住宅、办公室、学校、中心商业区、商业区、市中心，以及人口密集的公众区，如建住宅开发局城镇中心。

盈利方式：电信公司斥资 1 亿新加坡元进行布设，新加坡信息与通信开发局亦打算拨款 3000 万新加坡元，两年内，为市民提供免费的无线宽带上网服务（最少两年），而在这段时间内，国家会给予电信公司一些补助。同时，为高端商务用户的上网速度、QOS、用户安全等提出了更高的收费标准。

参考：新加坡实行统一的城市计划，可以有效地防止无线通信系统的重复建设，促进无线城市的协调发展。政府在发展无线城市方面给予了很大的帮助，因为它自身就是一个主要使用者，而且它的运作状态非常好，拥有十分之一的注册使用者。

（三）中国香港：运营商主导热点数量

发展策略：香港电信管理局与电信公司共同推进无线城市计划，并于

2007年8月1日开始全面推广全香港范围内的Wi-Fi无线网络，并于2009年6月末在350个公共区域内推广使用。本工程的目的在于提高公众对信息的认识，促进城市的信息化建设，使其逐渐发展为城市的基本建设。

涵盖范围：现有公共图书馆、体育场馆、康乐中心、就业中心、社区会堂、大型公园、政府大厦等人口密集的公共区域。

盈利方式：运营商出资建造，政府出资2.1亿元用于提供非公共服务的业务，而运营方则负责盈利。在这些项目中，公共图书馆、就业大厅等公共设施都是免费的，而商业建筑、酒店、餐厅等商业设施则是运营商自己建造和收取费用的。这既是一种盈利方式，也能满足使用者在网速、安全等方面的需求。

参考：香港特区政府出资收购，为其前期的建设打下了坚实的基础，而在付费方面，运营商可以确保其持续、稳健地发展，目前运作状况不错，已经进入了世界领先水平的无线城市行列。以电信盈科为主要运营方，确保工程顺利进行，并有效地避免了使用频段的矛盾。电信盈科公司的电话网络免费接入，极大地提高了电信公司的品牌知名度，提高了工程的推广效率。

（四）中国珠海：政府为民众提供免费无线宽带接入服务

发展策略：珠海是广东省第一个由政府免费提供Wi-Fi的珠海市政府Wi-Fi接入工程。政府为广大民众提供免费、快捷的无线上网服务，用户通过智能手机、移动终端和便携式电脑登录珠海政府的官方网站，即可获得政府公开信息、民生服务信息、政府注册申报、水电、煤气缴费、国内外新闻等，同时还可以通过百度和新浪等10余家国内商务站点进行访问。

珠海政府通过珠海电讯公司以政府购买的形式，在口岸广场、公园、交通客运站、旅游景点等40余处重点区域建设网络信息系统。珠海市现有的无线宽带覆盖面积达68%，除免费Wi-Fi外，普通居民还可以通过电信、移动和联通三大电信公司的5G商用无线宽带业务进行推广。

盈利方式：运营商出资建造，政府采购，而运营商则利用Wi-Fi网络的宽带上网，实现公益事业的盈利。在这些项目中，政府提供的免费公共设施包括城市的公共区域，而商业建筑、酒店、餐厅、社区等都是运营商提供的，这些都是通过商业运作来实现的。

参考：珠海的无线网络运行状况非常好，珠海已经成为世界上最发达的无线网络中心之一。以电信为主要的运营商，为未来实现宽带固网和无线宽频网的融合提供了可靠的保证，同时能减少对通信网的资源消耗。对提升珠海的政府形象、提升政府的新闻舆论引导具有很大的作用。

第三章 智慧城市建设项目实施

第一节 智慧城市建设项目实施指导方针

基于智慧城市的基本准则，综合考量其现实需求，从系统角度思考其执行准则。智慧城市的建设准则包括：

一、"从顶层自上而下"编制项目实施方案

由于城市级的、大量的商业应用系统和综合信息集成的大型信息化系统，需要按照"顶层"制订具体的实施计划和系统的规划，包括信息互联互通、数据交换和数据共享、城市级各种业务的集成、城市综合管理和公共服务信息的交互、城市级综合数据的共享以及应用功能的协作等。

在全面调查和研究了我国目前的发展状况和发展需要后，制订了《智慧城市项目实施方案》。在实施过程中，要将实施的难点、特殊性、风险、对策与策略等问题与实施的可能性进行全面的综合考虑。包括智慧城市的实施期限（包含近、中、远期），实施智慧城市"一级平台"规划，各智慧城市运营平台实施规划，实施保障措施，智慧城市近、中远期实施的具体实施方案及预算等。

要始终贯彻"一步一步"的理念，逐步推进智能市政工程的建设。要充分利用现有的信息和信息系统，加强信息互联、数据交换和数据分享，加快建设和提高智慧城市建设成果。

二、建设城市级信息互联互通平台是关键

城市层面的信息互联平台的构建，主要是将城市的综合管理、公共服务、城市监控基础等资源进行集成，运用可视化、网格化的管理方式，对各个领域的用户进行统一管理，并为不同的产业、部门用户提供服务，在一定

的安全性下，通过交易系统获取信息资源，为用户服务。

城市级数字应用系统是城市级应用系统集成（"二级平台"）、城市综合管理与服务信息交互、城市综合信息和信息集成、城市综合信息和应用系统集成等方面的重要内容。要彻底解决各个行业应用的"信息孤岛"问题，必须在全市范围内建设一个第一层次的数字应用平台。

城市级智能应用系统的构建具有重大的战略意义。"一级平台"的建立既要适应政府部门的工作需要，又要对各个行业的信息化发展产生巨大的推动。通过构建一个市级数字应用系统，可以极大地提升政府的信息技术及提升政府的整体行政和公共服务能力。"一级平台"的建设主要围绕智慧城市的信息资源进行集成和可视化的管理。"一级平台"技术的选用，必须具有全面性、先进性和前瞻性。从多角度出发，结合中国的信息化发展现状，合理地选取适合我国国情的技术应用系统。"一级平台"总体技术方案的实现思想应该遵循 J2EE 和 NTE 的兼容性，遵循我国的智能政务系统，使用网络分布式 Web 服务、XML 数据交换、SOA 业务整合技术和 GIS 可视化技术。

三、编制智慧城市建设规范和实施细则是根本

要在信息化、数字化平台中进行信息交互、信息交流和分享，适时编制和编写相关的标准和技术规范。在智慧城市中，建立统一的标准系统，是实现信息分享的重要环节。在实施智慧城市的过程中，各有关部门和各有关单位必须严格遵守《智慧城市》的有关规定。在目前我国的信息技术标准还不健全的条件下，应尽快制定和健全相关的地方性规范，以适应我国信息化建设的需求，这也是对现行国家标准的一种补充。其中，智慧城市的建设规范如下：《智慧城市建设指南》《智慧城市信息互联互通与数据共享规范》《智慧城市智能建筑实施要求与管理规定》《智慧城市智能建筑系统工程实施细则》《智慧城市智慧社区实施要求与管理规定》《智慧城市智慧社区系统工程实施细则》《智慧城市智能建筑系统工程实施要求与标准》《智慧城市智能建筑系统工程实施要求与标准》《智慧城市信息互联互通与数据共享规范》《智慧城市智能建筑实施要求与管理规定》《智慧城市智慧社区实施要求与管理规定》《智慧城市智慧社区系统工程实施细则》等。在智慧城市的发展和实施中，最基本的工作就是实现智慧技术的应用。

四、优先启动社会民生服务项目

智慧城市的整体布局要把"为民、利民、便民"的数字系统工程作为重中之重，智慧城市的主要内容包括社会民生服务、社会保障、城市市民卡、智慧社区、医疗卫生、教育文化、智慧城管、应急指挥、智能交通、公共安全、智慧政府公共服务等信息平台及应用系统的建设。从城市的现实出发，从最基本的市政和公共服务的最薄弱的地方着手，从人民急需的问题着手。以实事求是的态度进行实地调研、实地考察，与具有较好的工程实例及技术力量的系统整合企业进行技术沟通，为政府部门开展智慧城市建设、科学决策提供有力的参考。

第二节 智慧城市建设项目实施保障措施

一、政策保障

有关智慧城市的政策、规章由国家层面和地方性层面组成。一是政府规章的制定与发布；二是国家有关部门和部门政策的编制和公布。在技术层面上，涵盖了信息、网络、通信、电视广播等领域的信息技术、法规和信息技术法规。各级政府机关所制订的政策、规章，也包含在建筑方面具有最大的指导作用的信息工业和技术方面的政策。例如，2004年7月，国家建设和改革工作领导小组发布了《智慧城市示范项目技术指南（试行）》，为智慧城市规划设计和发展提供了较为科学的指导。

地方规章是指地方和地方的有关信息、网络、通信的地方规章、安全规章、技术和工业政策。在智慧城市的建设过程中，将逐渐推出一批标准化的信息标准，强化规划、管理、监督和指导等功能，以前瞻性、战略性、专业性的要求来推动智能城市的建设，确保智慧城市的建设质量，从而发挥最大的效益。

二、标准保障

在智慧城市中，如何进行信息化建设，需要有规范的制度保证。在实施智慧城市的过程中，各有关部门和各有关单位必须严格遵守智慧城市的有关规定。目前，我国的信息技术标准还不够健全，必须通过制定和健全相关的地方性规范来适应我国信息化建设的需求，这也是对现行国家标准的一种补充。智慧城市建设参考的标准有《智慧城市建设指南》《智慧城市信息互联互通与数据共享规范》《智慧城市智能建筑实施要求与管理规定》《智慧城市智能建筑系统工程实施细则》《智慧城市智慧社区实施要求与管理规定》《智慧城市智慧社区系统工程实施细则》《智慧城市智能建筑系统工程实施要求与标准》《智慧城市智能建筑系统工程实施要求与标准》《智慧城市信息互联互通与数据共享规范》《智慧城市智能建筑实施要求与管理规定》《智慧城市智慧社区实施要求与管理规定》《智慧城市智慧社区系统工程实施细则》等。构建智能技术的技术应用标准和技术规范是实现智慧技术建设的关键保证系统。

三、组织保障

（一）建立智慧城市建设领导小组

建立智慧城市的工作领导机构，站在"大格局"的角度，全面谋划、科学决策、协同治理、稳步发展。领导小组要由市级领导带队，各有关部门负责人参与，统一领导、协调、指导智慧城市的信息化工作这是实现智慧城市建设成功的关键。

（二）加强各部门协调配合

要强化各单位的协调配合，按照项目的主要目标，进行整体协调，逐步组织。智慧城市的构建是一个跨部门、跨门类、开放复杂的系统。涉及全市各个行业，涉及组织机构、管理体制和工作方式等一系列深层问题，也涉及管理和规划体制的重大改革，需要大量的人力、物力和财力。要使这个庞大的项目得到科学的计划和稳定的执行，就需要在国家的统筹协调下，通过一套行之有效的组织手段，包括各种企业、事业单位及公众的共同努力，使之能够成功地实施。

(三) 建立科学考核制度

建立工程项目的评价与监控制度，对工程施工的进展情况进行实时的追踪监测与协调。

四、资金保障

为确保其健康、迅速地发展，必须进行大规模的投资。目前和今后一段时间内，我国的投资占主导地位仅依靠政府的投资还不足以支撑其发展。要想有效地化解资金不足，就必须进行多种投融资。

(一) 建设资金实行统一管理

在规划期内，省级发展改革委、财政局将对政府信息化专项资金进行一定的投入，并根据实际情况，确定并发布一系列重大的信息工程。关于信息化的专项经费，由市政府办公厅提出具体的部署和监督政策。县级财政要把政府和公共事业单位的信息化经费列入市级财政预算内。

(二) 构建多元化投融资机制

要想实现信息化，光依靠政府的财政支持是不行的，必须通过银行贷款、企业融资、信息化网络、数据中心设施的租用、IT系统的联合运营等多种形式来解决信息化建设的融资问题。其具体做法如下：

(1) 向发展银行提出贷款，增加对信息系统的投入。

(2) 主动申请国家发改委、信息产业部、科技部等相关单位的科研项目，并获得资金上的帮助。

(3) 拓展信息技术融资的途径。引进市场化的体制，优化投资条件，支持和引导具有管理、技术和资金等方面的公司（如电信、移动通信、大型软件开发商、大型软件和装备生产厂商）、社会组织参与到城市建设中，并以适当的收费形式获取投资经营和委托服务收入。利用政府引导、社会参与、市场运作的方式，发展和促进信息化技术的发展和推广，从而实现社会的经济效益和社会效益。

(三) 完善信息化投资管理体制

要完善投资决策、投资与监管相分离的投资经营制度,将日常的投资项目纳入预算,并强化对信息投资的监管与稽核。加强项目审批、建设实施、验收、运行管理、审计、风险管理等全过程管理,确保工程建设的质量与效率。实施项目管理,对信息化建设实施绩效评价与评价体系,有效地提升资金的利用效率。

五、技术保障

智慧城市的构建需要进行高速计算、高速传输、海量存储、异质数据的处理,实现信息化、网络化、数字化、自动化、智能化等现代信息化科技的集成与应用。有了这样的高科技,才能成为一个智慧化的城市。

要把成熟、先进、可靠、适度的先进的现代化信息技术应用到智慧城市体系中。将云计算技术、系统和信息集成技术、地理空间信息技术和可视技术引入智慧城市的构建之中。

在智慧城市中,重视数据、分析数据、利用数据是非常必要的。数据采集技术、数据传输技术、数据存储技术、数据处理技术和数据应用技术是智慧城市建设的基础。智慧城市建设中所使用的技术资料数量庞大,涵盖了城市规划、建设、管理、服务等多个层次、多个方面。如果没有足够的技术资料做支撑,智慧城市将会成为一个不现实的梦想。

六、人才保障

加强对信息技术人员的培训,健全信息技术管理体系,实施各类人才激励措施,营造一个有利于企业发展的良好氛围。大力开展多渠道、多层次、多形式的电脑技术培训,增强各级公职人员的信息素养和职责意识,为推动智慧城市的发展提供强大的人力资源支持。

智慧城市的推行,除了领导重视、部门协作、社会认同外,还需要建立一个长远的人才保护机制。首先,要把全国的有关信息技术的专家、学者都充分利用起来,做到"不求全部,只求所需",充分发挥专家、学者在智慧城市建设中的作用。其次,加强本地信息技术应用人员的培训,加强专业技术人员的培训，举办各类培训班，提高各级领导干部、群众和社会各界对信息技术的认识和运用。最后，系统地引入专门的信息技术人员，使之成为智慧城市建设的核心技术人员。要以人才的培育和选拔为重点，着力打造用好人才、吸引人才、培育人才的良好环境。

第三节　智慧城市建设项目实施组织与管理

一、项目实施组织

智慧城市建设的组织机构主要包括三个方面，即领导者和管理机构、实施机构、运营维护机构。

智慧城市建设是一个具有长远意义的系统工程，要加速其建设，必须加强其组织与协作。第一，市政府确定了"一把手"，组建了智慧城市工作领导机构，以分管市长担任组长，市委、市政府相关负责人担任副组长，市直相关部门、建设单位负责人为成员。第二，建立一个由政府部门组成的智慧城市领导小组，对其进行日常管理。第三，要健全智慧城市的工程项目管理体系，强化协同机制。全市各部门、单位、企业要在市智慧城市工作领导机构和市智慧城市建设领导机构的统筹和组织下，制定健全的工作机构，分工协作，形成上下齐力、部门联动的良好格局，确保智慧城市建设的顺利进行及全市信息化建设的同步推进。

二、系统工程管理

智慧城市系统工程的管理，主要是由项目管理公司、系统工程承包公司、技术咨询公司等部门共同承担。其首要责任是：

(一) 项目管理

智慧城市系统工程的实施以工程质量控制为目的，管理工作包括协调系统工程承包商、工程监理和技术专家。工程项目的管理内容包括：对系统组织方案审查、设计审查、设计变更与洽商、配合监理进行系统验收、系统验收规范、系统竣工验收、系统培训与维护管理等。在系统执行阶段，对计划进度、成本、质量进行监控和管理，在工程进行的各个阶段，由技术人员或技术顾问参加，为深化设计审核、设备和产品性能确认、软件开发、系统验收等方面提供专业的技术协助。

(二) 项目实施

在智慧城市项目管理中心的组织和指导下，根据甲方与乙方签订的协议，完成系统深化设计、系统软件二次开发、系统设备及软件产品安装调试、系统初步验收、系统试运行、系统竣工验收、系统技术、操作与维护培训、系统运行维护保养、系统性能提升与功能拓展等工作。监理单位按照国家相关的法律法规，对本项目进行施工监督。

三、项目建设分工与责任

智慧城市建设由四个主体组成，即建设方（相关政府部门）、项目承包方、工程监理方、技术咨询顾问方，其成员之间的联系及责任是：

(一) 建设方

负责工程建设中的投资，负责工程施工中的领导、指挥、审核、确认、监督和协调。

(二) 项目承包方

负责整个开发、实施和最终的执行。按照招标文件的规定，编制工程施工方案及施工进度，并在施工单位的指导下，对工程的整体进度进行全面的监控，保证工程按时、按量、按质地完工。通过技术主管和施工人员的全面掌握和掌控，避免出现工程危险。

(三) 工程监理方

承建单位委派的工程项目监督管理。监理工作的基本职能概括为"三监督、四控制、三管理、一协调"。"三监理"是在项目准备、实施和验收三个方面进行的；"四控制"是指质量控制、投资控制、进度控制、变更控制；"三管理"指的是合同管理、安全管理和信息管理；"一协调"是指在工程项目实施过程中，由工程项目经理与施工单位之间的工作进行协调。

(四) 技术咨询顾问方

由施工单位委派技术顾问，负责审查工程的技术计划和图纸，确认设备和产品性能，开发软件，配合监理进行技术和产品变更的确认，为系统验收提出专业的意见和建议。技术咨询方应从施工单位的角度出发，为施工单位争取最大的权益。在智慧城市建设的实施中，技术人员的建议是一个非常有价值的参考和指导。

四、项目管理制度

(一) 项目会议制度

1. 监理例会

工程监理人会定期举行工程监督会议，探讨工程的进展情况。监理例会包括项目负责人、承建方项目负责人、监理方、各专项任务单位项目负责人及相关用户单位的负责人。在会议中，由工程经理汇报工程情况，并向会议递交一份项目进度报表。会上审议工程进展、交流问题、协作，并根据工程的具体进展，确定工程的变更及后续工作的组织。开会时要制作一份正式的记录，然后由出席的代表签字。

2. 项目专家论证会

组织施工方、承包商和工程监督人员参加。会议的目的在于对工程技术计划和设计图纸的审查，技术和产品的变更，系统验收规范的确定。一般情况下，项目专家论证会是不固定召开的。

3. 工程例会

工程经理或总包有责任组织各个系统工程分包商、软件和设备的供应商，举行一次例行的工作会议，一般是一周一次，由工程主管组织，总承包商、分包商、设备供应商、工程监理等在工地的领导和施工单位为代表，如果需要，还可以提供技术顾问。

4. 专题讨论会

施工单位与承包人可以在项目中遇到问题或涉及多方协作的问题时，

召开研讨会，就特定问题进行讨论、协商并达成共识。研讨会不定时召开。

(二) 工程会签制度

在下列情形中，工程项目参加方必须在工程文档上签字，以便确定其内容。

（1）本项目的会议记录，由参与单位的代表签字。

（2）施工单位出具的项目周报，需经建设方、承包商、技术顾问专家签字。

（3）工程项目负责人在工程执行中出现问题时，通过电话、传真或电子信函与建设方、监理方、技术专家进行交流或报告，并由传阅方负责签署。

(三) 项目重大事项告知

项目重大事件是项目规模的重大变化，或者在项目执行期间出现重大问题，如项目重大延期、合同终止、设计颠覆性变化、重大事故等。工程项目的重要事件一旦出现，将立即以文件的形式通知项目相关方。如有需要，将项目的决定采用专门的会议，由建设方组织，项目承包商、工程监理、技术咨询专家等参加。

第四节　智慧城市建设项目运行管理

一、系统运行机构

智慧城市信息管理中心将承担智慧城市建设项目的运营和维修工作。

(一) 智慧政府中心运行职能

（1）承担全市电脑网络的管理工作，组织、指导和管理电脑的安全和认证工作。

（2）承担本辖区内互联网接入服务、互联网信息服务和网络服务业务的实施。

（3）承担建设、运行和维护智能政府专网和城域网的建设、运行和维护工作。

(二) 城市信息化管理中心运行职能

(1) 为实现城市管理和应急指挥系统信息化建设奠定技术基础。

(2) 对城市管理中出现的问题进行实时的信息收集、分类、处理和报送，及时了解城市管理的现状、存在的问题及处理的状况。

(3) 实时、全方位地监测和管理。

(4) 负责日常的城市信息传输系统和处理系统的维护和管理，并对其进行电子化的记录和信息的处理。

(5) 负责维持与管理各种不同的商业信息。

二、人员配置

智慧城市信息系统综合办公室，数字化与智慧化工程计划审批室，信息化应用推进室，配备4~5名人员。下设智慧政务中心、城市信息化管理中心和市民卡中心，配备7~8名人员。智慧城市的技术维护工作将通过业务外包的方式来实现。

第四章 绿色智慧城市的设计

第一节 城市系统要素及其框架

城市是在人类社会经济活动中形成并获得发展的。随着科技的发展，人类对城市的影响和主导作用不断增强，一个突出表现就是城市的规划和设计。尽管由于地理环境、历史等自然和社会因素的影响，每个城市的设计都有所不同，但有一些构成城市的基本因素是所有城市的设计和发展必须关注的，他们共同构成城市存在和发展的基础。

自然环境。适宜的地理、气候、土地、有机环境等是人类生存的基础，也是城市形成和发展的先决条件。基础设施的建设、各种组织和人类的社会经济活动都必须尊重自然的规律。超过了自然环境的承载力，城市就会走向衰退。楼兰古城等城市文明的消失就是因为对森林、水草等自然资源的过度开发，而使城市变成荒漠。自然环境不仅是指自然存在的地理空间和场所，还包括与自然环境相关的市场、经济和社会问题。现在，越来越多的法规强调自然环境问题，并且还有更多的法规正在酝酿，它们将改变自然环境的价值，并对各种自然资产的价值、相关产业的发展、企业的生产经营与成本结构、投资决策、人们的生活产生深远的影响。例如，现在国外一些发达国家开设了"碳交易"市场，开始征收碳税，对企业的污染行为征收税收。

市民。城市人口是城市区别于乡村的重要标志，市民的规模及其空间分布是城市发展水平和城市生活质量的主要指标。21世纪是城市的世纪，城市代表着人类的未来。从城市化的趋势和城市的可持续发展来看，城市是人类可持续发展的中心。

城市的自然基础设施。人口的集聚、生活必须有生存的基础设施，包括适宜的水源、能源、交通设施，是承载市民生活功能，完成物质交换和代谢的基础。随着社会的进步，电力供应和信息通信等逐渐成为市民生活的必要条件。城市的自然基础设施是影响城市发展和规划的重要因素，也是创造和谐优美人居环境必不可少的内容。

城市的社会基础设施。人类的生存和发展必须进行社会经济活动。市民的社会经济活动必须有相应的卫生设施、金融服务、教育与科研机构以及从事市场经营活动的技术支持与标准等社会基础设施，以便保证活动的顺利开展，继承、传播和积累人类文明成果。

政府。城市的存在和正常运作，需要由专门的组织承担协调、规范人们行为和保证人类社会活动秩序的职责。为此，需要政府及其他职能机构、中介组织等承担公共管理、安全保障服务，有时候这种服务还需要国际组织的参与和国家的合作。例如，2004年，俄罗斯总统普京签署法案，使俄罗斯成为世界上第126个正式认可《京都议定书》的国家，同意在《联合国气候变化框架协议》（UNFCCC）的基础上控制温室气体的排放。俄罗斯的加入使《京都议定书》于2005年初正式生效，主要发达工业国家2008—2012年的控制温室气体排放量要在1990年的基础上平均减少5.29%。2007年3月，"美国气候行动投资和商业咨询"团体呼吁美国证券交易委员会（SEC）把气候变化和企业的财务报告与财务责任联系起来，规定企业要在财务报告中以一定方式披露气候变化的原则，规范和简化日益复杂的法规环境来降低投资者的风险。2007年，8国集团和几个发展中大国的代表在德国海利根达姆举行峰会，与会代表达成共识，所有国家都需要建立控制温室气体减排的指标。第13届UNFCCC年会的中心议题是讨论《京都议定书》期满之后如何制订行动计划来延缓迫在眉睫的温室效应，其中一项努力是建立"欧盟排放交易体系"（EU ETS），以及根据这一体系制订的《国家分配计划》（NAP）。美国虽然没有签署《京都议定书》，但开展了与温室气体排放的相关工作。2007年12月，740多位美国市长代表6000万美国国民签署了《美国市长气候保护协议》，敦促国会两党议员通过温室气体的减排方案，包括：明确时间表和排放限额、在行业之间建立灵活的温室气体排放的生产交易机制等。美国47个州制定了诸如排放清单、可再生能源配额、强制限额交易机制（设定整体排放的限制额度，允许排放成本较低的一方可以把排放信用额度出售给很难减少碳排放的另一方）等与气候相关的各种政策。美国联邦最高法院2007年授权国家环保局（EPA）制定二氧化碳排放的相关政策。

企业、社区和其他组织。城市不同人群的集聚和社会生产、生活总是集中于一定的空间范围，彼此之间互相支持、制约，成为一个相对稳定的经济单元和社会单元——企业和社区。同时，城市的存在要与外部环境进行物质、资源和能量的交换，也必须与所在环境及周围的动植物发生联系，需要对未来的发展做出规划，制定和调整产业发展的政策，这就需要其他组织的支持。例如，绿色经济的兴起改变了企业的经营状况。在应对气候变化方面，企业要创立内部应对机制、建立部门间的协作、培训员工以提高员工的工作能力。第三方要就温室气体排放的测算、碳价形成及其交易进行研究、处理。社区要参与绿色环保政策的制定，分析所在区域的温室气体排放来源、类型和数量，参与监督碳市场交易状况等活动。更为重要的是，企业、社区和其他组织是城市中的重要经济单元和社会单元，影响着城市的规划、设计、开发与建设。就目前来看，城市的建设，无论从基础设施还是运营管理，市场化的灵活运作机制正发挥着重要作用，大大提高了城市建设的效率。一些著名的跨国企业，直接影响并推动着一国或一个地区的城市概念设计和硬件建设。如IBM，已明确将"智慧城市"业务单元作为今后公司发展的核心业务；西门子一直致力于绿色城市建设，在欧洲和亚洲推行了绿色城市指数评价，产生积极的社会影响。一些非政府组织在环境保护、生态多样性等方面起到非常关键的作用，在全社会倡导绿色智慧的城市理念中，这些组织也将发挥积极而又意义深远的作用。高校和科研机构为城市发展提供了知识保障体系，在城市治理结构优化、市场秩序、技术进步等方面提供强有力的决策支持，是城市进步的重要驱动力之一。

良好的自然环境状况是城市赖以形成和发展的必要前提；市民生产和生活处于城市的核心地位，"以人为本"的城市物质基础设施和社会基础设施为城市的存在和发展提供了保障；政府的公共服务、管理以及面向未来发展的规划、产业政策，是城市适应环境、健康发展的主导力量；企业、社区和其他组织是城市功能实现和完善的载体。在建设绿色智慧城市的过程中，物质基础设施的建设、社会基础设施的发展、政府的管理与服务、企业与社区和其他组织的社会经济活动、市民的生活和工作都必须建立在绿色思维和理念的基础上，绿色是城市建设尊重自然规律的体现和基本原则。另外，现代技术尤其是智能技术的发展，为人类利用自然和开展社会经济活动提供了新的方式和便捷工具，通过智能技术的网络连接，人类活动可以在更好地适应自然的基础上，创造更为智慧、舒适的生活。

第二节　绿色智慧城市的行动主体

绿色智慧城市关注的不仅仅是城市发展的绿色经济问题，如城市工业面对气候变化的企业资产价值变化及其商机、开发清洁能源和节能技术等带来的收益，更关注气候或技术变化所引起的城市持续发展问题，如城市发展的环境容量、气候变化和绿色经济政策带来的风险与机遇及其对城市竞争力的影响。所以，绿色智慧城市的行动主体包括所有社会组织与个人，概括来讲，是由政府、企业和市民组成。通过这些行动主体实质性地参与，并体现出较高的协同性与创新性，是保证城市真正成为理想家园的基础，而不是任何城市规划师个人的理想或政府部门的意志。

一、市民的积极响应

市民是绿色智慧城市的生产者、建设者、消费者和保护者。没有谁能够比市民更了解他们的城市，市民参与绿色智慧城市建设的整个过程会带来丰富的信息、全面的专业知识和建设性的方案。这是任何专家或数据库都无法比拟的。市民参与城市建设决策越多，越可能避免一些潜在的冲突。同时，市民的参与也使他们更有兴趣、更有愿望和需求去重视和尊重自己的城市，节约城市发展的资源。无论是城市规划方案的制订、建设项目的实施，还是城市经营的监督、监控，都应尽可能地鼓励市民的广泛参与并通过具体的措施予以保证。

国外成功的城镇建设都刻意地鼓励市民参与。例如，哈利法克斯城创立了一种"社区驱动"的自助性开发程序，社区规划、设计、建设、管理和维护的全过程都由社区居民参与，管理组是通过邀请个人和重要组织代表而组建的社区开发的管理机构，居民、签约的投资者或支持者在个人或组织目标允许的情况下，可通过各种方式参与社区建设。每一个居民都可参加城市建筑师计划队伍，在股权登记和居民会议反馈的基础上，一系列建筑师计划评议会和设计讨论会传递计划、开发、设计及管理方面的信息。这些信息涉及区域基础设施、历史、生态、社区艺术、设计以及材料获取、场地建设组织和程序等内容。每个居民都可参与最后的详细设计,同时在设计、建设过程中学到城市规划的有关理论和实践应用知识。而建筑师、城市生态学家等则只是发挥咨询、教育的作用,社区在城市公共教育场所通过图书馆、展览、咨询、报告等渠道了解生态城市规划、设计和建设进展。这种广泛、深入的市民参与是城市建设项目得以成功的重要保障。

德国 Erlangen 城在建设中,努力与市民一起进行规划,有意与一些行动小组,特别是与环境有关的小组合作。既让他们在一些具体项目中成为合作伙伴,又让他们保持自由,可以抨击当局的某些决策。日本大阪市每年9月发动市民开展公共垃圾收集活动,并向100万户家庭发放介绍垃圾处理知识和再生利用的宣传小册子。加拿大蒙特利尔市更是利用广告衫、日历卡、笔记本、公交车等多种多样的载体,号召市民参与废弃物回收再利用活动。在巴西的库里蒂巴市,儿童在学校会受到与环境有关的教育,一般市民则免费在环境大学接受与环境有关的教育。可以说,广泛的市民参与是国外一些城市在建设和发展方面取得成功的一个重要环节。

市民素质的提高是市民参与绿色智慧城市运营的能力基础。城市通过宣传、咨询、交流和推广等途径,建立城市科学、持续发展的理念;通过教育、培训和对研发的重视,提高市民的科技能力;通过开展绿色 GDP 活动,建立绿色账户、设立生态市场交易、建立生态协会网站、进行"无车日"行动与循环经济体验、吸引学生参与城市环保行动等,在全社会范围内普及绿色城市的知识,倡导人与自然和谐发展的绿色文明观;通过重大或敏感项目审批前公示制度、城市发展规划的公开讨论、奖励植树造林活动、鼓励对环境污染的举报等提高公众的环境意识,培育市民参与绿色城市建设行为的社会机制,优化物质资源、能量资源和信息资源的配置和调控,促进绿色智慧城市的建设和发展。

同时,还可以通过环境警示教育增强公众的忧患意识、危机感、责任感,使环境保护、可持续发展思想深入人心。"绿色消费""绿色生活""绿色家园"的观念教育可以从幼儿阶段开始,并运用多种方式在全社会范围内普及,倡导人与自然和谐发展的价值观及绿色消费模式,提高公众对城市绿色智能发展的关心度和判断力,支持和引导市民的社会公益行动、参与意识和参与热情。充分发挥舆论在绿色智慧城市建设中的导向、监督和推动作用,增强实施可持续发展战略的自觉性。

赋予市民参与的权利,拓宽市民参与的渠道。以法律、法规的形式明确市民在参与绿色智慧城市建设和发展中的地位、渠道、方式、方法、程序等,形成一套完整、严密、可操作的适应城市绿色智能发展的法律综合体系,做到信息公开,使城市绿色智能发展法律化、制度化,有意识地调整和规范市民的行为。政府应强化市民参与的相关法律,保障市民参与权利得到真正实现。我国2003年9月正式实行的《中华人民共和国环评法》,使公众参与环保的法律基础得到加强,但还要进一步完善市民的环境知情权、环境立法参与权、环境行政执法监督权及环境保护参与权,给市民参与环境事务更加广阔的空间,增强市民节约资源、保护环境的自觉性和参与城市建设的积极性。

重视家庭对城市绿色建设的贡献。家庭的绿色消费观和绿色消费行为将引起消费结构发生重大变革。消费结构的改变必将导致产业结构、技术结构和产品结构的调整和升级,形成绿色消费需求与经济增长之间的良性循环,从而减少资源浪费和生活垃圾的排放量。家庭还可以通过自助绿化,即在私人宅地、住宅阳台、窗台、墙体和家门旁自己动手栽种或养护门前、社区或城市绿地,增加城市的绿地面积和景观,减少城市的绿化开支,增加对家庭废水和雨水的利用,促进土质改善和儿童教育。国外一些城市将居民区和公路旁一些废弃的荒地划成市民自建花园区,供市民租用来建设家庭小花园。自建花园的荒地划分成多个方块地,由木栅栏隔开。每块地就是一个可以租用的家庭小花园,面积几十到上百平方米。这样的花园地很受市民欢迎。在家庭小花园中,市民们还设置雨水收集缸和堆肥栏。一些土质很差的城市荒地被市民租来建小花园后,几年时间内就能呈现出多彩而美妙的园林景致了。而且,市民对种苗、有机肥、劳动工具和园艺技术的需求开辟了城市园艺产品市场。由于各个家庭对不同植物的喜好,城市的自助绿化能形成良好的物种多样性,有利于减少植物的病虫害。

二、政府的主导作用

绿色智慧城市的发展和城市的公共服务需要发挥政府的职能。政府可以通过政策引导和规划、法律规范和宏观的组织协调活动对绿色智慧城市的发展发挥引导作用。

可以通过城市规划确定城市发展的方向、基本原则、总体目标及阶段目标等，如确定城市绿地覆盖率、人均绿地面积等城市的环境发展目标，发挥调控和管理城市环境的职能。政策是调整城市经济、社会发展和环境保护的重要手段。通过制定、完善与绿色智慧城市有关的政策，如投融资政策、税收减免政策、财政补贴政策等，可以鼓励城市绿色消费市场和资源回收利用产业的健康发展，限制或停止以不可再生资源为原料的一次性产品的生产与消费等对城市环境有不良影响的产业或行为。通过建立健全各种法律制度调节城市多种利益主体的关系和行为，可以最大限度地保护环境。其中，城市规划、科技发展是政府发挥主导作用的集中体现。

城市规划是一定时期城市发展的蓝图，它确定了城市的发展方向、规模、布局，特别是确定了城市的环境承载力和各项功能，是统筹安排城市居民的居住、工作、学习等活动的基础。因此，城市规划成为城市经营和管理的重要参考和决策依据。政府是城市规划实施的直接组织者，在涉及城市规模、功能布局、重大建设项目、重点工程等方面的建设时，政府通过城市规划等手段理顺城市发展的全局与局部、近期与远期、发展与保护等之间的关系，承担组织者和协调者的角色。例如，政府可以通过市场准入条件淘汰落后产能；通过调节固定资产投资项目额度与节能减排评估标准，规范和引导循环经济发展，鼓励和支持企业推行清洁生产，生产资源综合利用产品，最大限度地减少污染物的排放。

世界发达国家在城市发展中一直非常重视通过制定方向明确和目标具体的发展规划发挥政府的职能作用，引导城市建设全面有序地向前发展。美国伯克利1992年的生态城市计划，克利夫兰和波特兰大都市区生态规划，印度班加罗尔、巴西库里蒂巴和桑拖斯市、澳大利亚的阿德莱德市1994年的生态城市建设计划，日本九州市1997年的生态城市建设构想以及新加坡1967—1971年的全岛建设设想规划等，都在城市建设中发挥了重要的作用，取得了明显的效果。同时，政府的相关法规政策，如日本在资源环境方面的立法，德国 1994 年通过的《循环经济及废弃物法》，美国 1976 年的《资源保护和废弃物回收法》以及一些城市实施的直接税收减免和投资税收抵免等税收优惠政策都促进了城市环境保护和资源节约。

政府还可以通过支持科学技术的发展来提高资源利用效率。科技创新对绿色智慧城市建设具有基础性和先导性作用。政府加强对绿色智慧城市建设中的共性技术、关键技术和专门技术等研究的支持，建设综合利用技术的开发专项资金以支持重大关键项目和城市基础技术体系的研究和开发，推广绿色产业、开发绿色产品，构建太阳能、风能和地热等现代基础设施，推进"产学研"合作创新体制的建立，加强技术创新系统中各行为主体间、相关领域间专家的合作与协同，加快了科研成果的创新和转化应用，为绿色智慧城市建设提供了技术支撑。

三、企业和其他机构的协同发展

绿色智慧城市的建设，不仅仅是提供公共服务产品，还有符合市场竞争规则的私人产品。企业作为市场经济的主体，要改变过去"城市环境恶化的主要制造者"的传统形象，成为城市新形象的主要缔造者，在更加广泛的领域内参与城市建设。环保要求不再是对企业的额外负担，还是企业提供更优质的产品或服务，提高企业竞争优势的重要手段。企业开发新能源，开发和推广有利于节约、替代、循环利用资源和治理污染的先进适用技术，实施节能减排技术和清洁生产，提高资源的利用效率，减少污染物的排放量或者使废弃物资源化达到"零排放"，是城市绿色智慧城市建设实践成功的根本保证。企业在绿色智慧城市建设中的作用集中体现在实践相关产业发展方面，由于这些产业涉及多学科的基础研发、市场需求、相关产业协调发展等方面的因素，仅仅依靠企业自身发展无法实现。需要高校、科研机构、公益组织等相关机构的支持与配合，共同促进产业的发展与繁荣。

高校、科研机构等非营利机构在环保、智能技术利用等方面拥有大量的专业人才、丰富的专业知识、先进的理念和高超的组织能力。政府支持非营利机构、各种绿色环保与智能团体的发展，可以为绿色智慧城市的建设提供咨询、监督和服务。例如，澳大利亚 Halifax 市近年的建设自始至终都是由著名的非营利机构——澳大利亚生态城市委员会组织实施的。该机构的成员来自政界、建筑、森林、采矿、能源组织、自然保护组织以及南澳大利亚燃气公司等企业和遗产保护委员会等机构，将他们凝聚到城市建设的具体行动中。南非城市米德兰德（Midrand）专门创设了一个独立的非政府机构——米德兰德生态城市联合会（Midrand Ecocity Trust），以保障生态城市规划和建设项目顺利开展。公共图书馆、社区资源中心以及为因无家可归、贫穷、残障或其他因素而处于"危险境地"的人们提供服务的社会服务机构及其他相关组织，连接了计算机终端，可以向求助人群提供住房、咨询、就业、培训、教育、卫生等方面的信息服务。通过智能技术的应用可以协助处于"危险境地"的市民找到工作，成为有知识的劳动者，或者通过电子邮件与他们的家庭重新取得联系，找到培训机会以及其他能够帮助改善生活的途径。

第三节　绿色智慧城市的行动准备

一、建立愿景

城市愿景，是基于城市区域、文化与资源特征，能够代表先进生产力的发展方向和全体市民的潜在需求，构建的未来城市在空间和功能上的结构。城市作为复杂的社会单元，城市发展规划的实施周期很长，有时需要几十年的时间才能彻底改变或者塑造一个城市的面貌。所以，城市愿景可以明确发展方向，使得城市各个系统和各个组织能够围绕该愿景作持续地努力。绿色智慧城市是城市发展的愿景概念，各个城市应该根据自己的实际情况制定更加明确的愿景设计。总的来说，绿色智慧城市要具有功能齐全的城市环境基础设施、快捷便利的服务、高品质与环境优美的社区、居民强烈的绿色价值观和绿色消费观，可以满足居民在营养状况、住房、交通、供水、卫生、能源方面的消费以及舒适方便、安全等方面的需求。进行愿景设计，应该根据经济、社会、自然和谐、可持续发展的要求，建立包括经济增长、资源消耗、环境质量和社会福利等目标的综合评价指标体系，以及以"绿色GDP"为主要内容的国民经济核算体系。发展资源节约型、清洁生产型、环保友好型技术和新兴产业,确定城市绿色智能的发展方向、规模和布局,做好环境预测和评价,并对市民的居住、工作、学习、交通、休息及各种社会活动进行规划。协调各参与主体在城市发展中的功能关系,为城市建设和发展提供依据。

二、制订规划

绿色智慧城市不是简单将城市变得天蓝地绿、山清水秀,而是要进行一种具有开拓性、适应性和可持续性的城市生存、发展机制的社会变革,还要体现人与自然的和谐,人与人的和睦。它要求对城市的空间环境和产业结构,包括城市的各类建筑、公用设施、产业调整和新兴产业的发展等做出整体综合的构思与设计。

城市规划在空间上必须着眼于更大的区域背景。要打破城市行政区界限,综合考虑区域的发展条件、优势和潜力进行整体规划,确定城乡发展的方向、规模和结构。统筹安排各项建设用地,使物质、能量和信息得到合理配置和调控,既能促进城市经济发展、社会进步,又能实现资源的节约、合理和循环利用,增强城市和区域的可持续发展能力。同时,城市规划必须在城市的空间布局、功能定位、产业方向等方面尊重自然环境的基本特征,考虑区域的环境承载能力和代际公平,使子孙后代拥有与当代人相同的生存权和发展权,具有生存和发展所必需的资源与空间。欧洲一些城市通过相对较高密度和紧凑的城市空间结构布局,使得城市拥有较高利用率的公共交通系统、高效率的地区供暖设施以及易到达的绿地系统。此外,城市规划要实行绿地规划。在城市的裸露地带恢复植被,在城市的主干道、国道、铁路、高速公路、河流、湖泊等规划设计绿化带和观光带,营造城区良好的生态环境,在社区建立具有一定面积比例的广场、绿地、水域等。

城市规划要有助于优化产业结构,调整好工业布局。城市规划要通过制定相应的环境质量标准,限制和逐步淘汰污染重的产业以及落后的生产工艺、设备和产品,积极培育电子信息、生物医药、装备、新材料等资本技术密集型、清洁环保的高新技术产业,大力发展以金融、商贸、科教、文化、旅游等为主的无公害、少污染产业。优化产业结构,建立低消耗、高效益的企业,降低污染物排放量。严禁在城市的风向、水源地、旅游风景和环境脆弱地带兴建工业项目,工业园区的布局应该使污染物的排放能够被集中控制和治理。力图实现产业生态价值链，即下游企业可以利用上游企业的废物做原料进行生产，更好地消减污染物的总量，实现经济的持续、健康发展。城市规划要重视城市基础设施的绿化和智能化。要规划建设的城市雨水利用、污水回用、废水处理、再生资源分拣整理和节能减排工程，推进垃圾无害化、资源化工程建设。发展智能技术和信息基础设施，提高电力、供水、供热、交通、通信、医疗卫生、金融服务以及城管、口岸通关等政府公共服务领域的网格化连接。通过网络基础平台，完成信息采集、分析整理、储存、监控和互动，让百姓享受到有线网络、无线宽带网、移动通信网及无线宽带城市行业专用网，促进城市的高效运作，优化社会服务功能，为居民创造一个整洁、宁静、高雅、舒适、便利的工作和生活环境。

城市规划要推行绿色、环保相关标准和法律。例如，通过汽车尾气污染标准加速淘汰高污染物排放车辆。通过在城市建筑行业强制推行节能环保标准，对生产企业推行节能减排等，确保城市二氧化硫和碳排放的总量不断下降。我国已颁布《固体废物污染环境防治法》《城市市容和环境卫生管理条例》，城市规划可以结合这些法律，加强城市产业生态化、垃圾无害化管理，防治城市环境污染。

三、配套政策

绿色智慧城市的目标是全局性和长期性的，实现这一目标不可能是完全自发的，不能单纯依靠市场机制。除了需要政府行为、政府调控和制定规划外，还需要政策调控和法制约束，强化公民、企业和政府的环保意识。许多国家对城市建设的立法工作都极为重视，并通过立法为城市建立了一套绿色法律保障体系，包括自然资源产权制度、绿色市场制度、绿色产业制度、绿色技术制度、绿色生产制度、绿色消费制度、绿色贸易制度、绿色包装制度、废物回收利用制度、绿色财政制度、绿色金融制度、绿色投资制度、绿色税收制度、绿色统计制度、绿色审计制度、绿色会计制度、绿色教育制度、绿色信息与宣传制度、绿色行政制度、绿色采购制度、公众参与制度等。

除了国家颁布实施的政策和法制之外，发展绿色智慧城市还依赖于一系列技术与标准体系。例如，我国已经制定了《绿色生态住宅小区建设要点与技术导则》，对我国住宅的生态化、健康化建设起到了非常重要的作用。技术标准的推广体系、监督体系和经济技术评价体系对建设单位及设计单位也具有巨大的约束力，建设部门委托的施工图审查单位有权要求设计单位修改不符合性能要求的建筑设计图纸。

此外，城市越来越重视结合其自身特点与环境资源建立和完善保护环境资源的政策和法制体系，以保证城市按照规定的方向发展。例如，根据城市建设项目的实施，配套制定相关鼓励支持政策；制定特定资源节约和再利用的鼓励政策，使企业朝资源节约和综合开发利用方向发展；制定环境保护政策，引导企业和消费者增强环境保护意识和观念等。

政策的引导主要通过财税、投资、信贷、价格等手段，鼓励在城市建设中采用可持续性技术、生态适用技术，对传统产业进行改组改造，培育适合本地区城市发展的特色产业和生态旅游、生物制药等环境友好型产业、高技术产业，从而改善城市的产业结构，加大城市建设的绿色含量。同时，通过一些防止和遏制破坏性经营的刚性约束政策，旨在快速恢复城市生态植被的资源环境补偿性政策，以及旨在为发展循环经济提供智力支持的科技投入政策等，使城市从事开发利用自然资源、污染和破坏环境的生产者、消费者承担相应的经济责任。

建立生态商品的交易规则和报告制度。以城市废气排放为例，要制订城市排污总量以及总量逐渐减少的计划，建立相应的奖励和惩罚机制、生态商品交易平台，使减少排污的企业获得收益，调动企业减少排污的积极性。同时，城市可以通过实施单位生产总值能耗和主要污染物排放总量的报告制度、媒体公告制度，定期向社会公布节能减排主要指标的完成情况，接受全社会的监督。

四、明确目标

目标要切实可行。绿色智慧城市建设，要针对城市发展中面临的突出问题，如交通拥挤、地面硬化、垃圾污染等问题，集中力量促使一两个问题在短期内得到较好的解决，并在解决问题的过程中积累经验、培养人才、教育公众、凝聚人心，然后逐渐扩展到对其他问题的解决。比如，巴西的库里蒂巴的建设重点集中于城市交通和垃圾资源化；美国的一些城市开始时主要是鼓励用节能、节水技术建造一些建筑物场地，后来逐步扩大到水的循环使用、雨水的保持、太阳能供热、城市工业使用再生能源等。

德国弗莱堡一开始将城市建设重点放在硬化地面的透水改造、屋顶绿化、河道自然景观的恢复上，通过对公路以外的城市的所有硬化地面进行彻底拆除，代之以包括透水砖地、卵石地、孔型砖地、碎石地、有机质屑地等多种形式的透水地面。其后，帮助居民通过庭院自助绿化、墙面立体绿化、阳台绿化、屋顶绿化等技术手段让天然植被重新回归城市，有效地帮助城市减少了热岛效应，并使城市的卫生状况、环境质量和居住舒适度达到了较高的水平。在河道整治上，则运用模拟自然河床、保持河与岸的自然过渡结构，维持岸边自然植被，使河流环境得以维护，取得了河道水质清澈、河岸景观自然美丽，而且河流维护费用减少的效果。

日本九州市提出"地区废弃物零排放"的设想，并于1997年专门成立了废弃物回收处理和再利用技术研究中心，通过加大政策鼓励和支持，加快其产业化进程。1997年，日本通商产业省投入大量的资金，建设包括家用电器、废玻璃、废塑料和汽车压碾屑等在内的回收再利用综合环境产业区，使九州市资源环境产业得到迅速发展，绿色城市的建设步伐加快。丹麦城市建设的阶段性环境目标是：使试验区内水的消费量减少10%，电消费量减少10%，回收家庭垃圾、减少城区垃圾生产，通过建立60个堆肥容器回收10%的有机垃圾制作堆肥，回收40%的建筑材料。

目标清晰明确。明确的目标，利于市民的理解和积极参与，也便于政府职能部门主动组织规划建设，保障城市建设取得实质性的成果。美国加州伯克利的实践就是建立在一系列具体的行动项目之上，如建设慢行车道、恢复废弃河道、沿街种植果树、建造利用太阳能的绿色居所、通过能源利用条例等，以改善能源利用结构、优化配置公交线路、推迟并尽力阻止快车道的建设等。

五、构筑产业技术联盟与产学研合作平台

以"绿色智慧城市"的市场需求为导向，发挥产学研合作平台的积极作用，联合或推动国内外企业、科研院所、中介服务机构等创新资源的聚集，积极尝试产业联盟或联合体的模式。在我国的城市节能减排优势领域中建立

技术标准联盟，巩固产业竞争优势；在城市的智能化管理及相关战略性产业领域建立起研发合作联盟，探索联合创新；在城市建设运营的重要技术突破领域建立产业链合作联盟，发挥协同优势；在绿色智慧城市项目的实施领域建立市场合作产业联盟，推动广泛的业务合作。

以联合共建的方式，推动联盟开展联合攻关，共同承担国家和城市在绿色智慧城市相关领域的重大研究和产业化课题。积极开展与跨国公司或国际著名机构的联合研发项目，联合承接城市的节能减排等工程项目。用3~5年的时间形成涵盖能源、交通、生活方式、城市环保等领域的特色化产业联盟。联合打造具有工程化、集成整合能力的整体解决方案提供商。

大力开展特色服务。建立集信息服务、投融资服务、人才培育、技术评估及成果对接、市场预测、专业培训等综合的技术转移及产业化服务体系。通过自主开发与合作建设相结合，建立高新技术产业数据库和文献资料库，及时掌握前沿信息。引入专业研究机构，跟踪全球制造业的新动态、新趋势，为国际化发展提供前瞻性指导。与国内外知名咨询及生产力促进机构建立战略合作伙伴关系，为技术转移开展筛选、评估、认证、对接和管理等一条龙服务。

推动"绿色智慧城市联合实验室工程"。与政府机构开展协同创新、成果对接、技术转移、人才培养和科技交流，促进重大原始创新的产生，促进多学科的交叉融合创新以及在基础研究成果上的应用创新。瞄准重大城市开发建设项目，联合开展研发创新。实现科技基础设施共享、科技成果展示、企业需求提交、专家和实验室协同服务、成果对接等功能，建设绿色智慧城市研究院。

推动"绿色智慧城市协同创新计划"。联合建立以产业链为基础的创新网络组织形式，形成绿色智慧城市的企业标准联盟、技术联盟和产业联盟，形成合力，共同参与城市的开发建设。

实施"创新型企业试点"计划。鼓励企业围绕"绿色智慧城市"战略开展自主研发和技术创新，在企业内部建立各种形式的技术创新中心和技术开发机构，与跨国公司共建技术研发联合体，激发企业的创新积极性，鼓励其开展各种形式的技术革新和发明创造。

绿色智慧城市建设需要大量的资金支持，要从政府、产业、企业及非营利组织等多个主体出发，拓展投融资渠道，为城市建设提供资金保障。争取国家专项资金的支持。我国近年来非常支持高科技和环保产业的发展，这是绿色智慧城市建设的良好契机。在这方面可以积极争取相关部委的资金支持，如国家发改委的国家高技术产业化发展项目、国家电子发展基金和国家科技计划等。利用这部分资金，加大基础研发的力度，尽快实现关键领域的技术突破。

利用多样化融资方式。包括股权融资、发行城市重大工程债券、产业基金融资，积极引入融资租赁、BOT、TOT、ABS等新型融资模式。充分发挥市场作用，吸引民间资本投资。广泛吸引国外投资，积极争取国外贷款，包括世界银行贷款、各国政府贷款和境外金融机构贷款，吸引外商直接投资。多样化的融资方式，不仅在城市建设中得到广泛应用，在一些国家重大基础设施建设中也取得了成功经验。例如，世界上最长的杭州湾跨海大桥，是以地方民营企业为主体，投资超百亿的国家特大型交通基础设施项目。大桥投资本金38.5亿元，其中民营资本占50%以上，共有17家省内民营企业凭着日益增强的经济实力进行投资入股。可以说，大桥项目的投资体制和建设模式，对拓宽民营资本的投资领域，建立民营资本与国有资本有机结合的投资模式，取得政府和企业"双赢"的经营机制做出了积极、有益的探索。

六、加强国际交流与合作

国外发达国家的城市建设起步早、发展相对成熟，有很多值得我们借鉴的经验。在绿色智慧城市的探索与实践方面，国外一些城市积累了宝贵的经验，可以帮助我们少走弯路，加快我国绿色智慧城市建设的进程。

以建立和完善资本市场为突破口，吸引国内外资金。充分利用气候变化的框架下的资金机制，推进清洁发展机制（CDM）项目的实施，探索在水电、风电、垃圾填埋气、煤层气、低温余热发电等领域开展CDM项目建设。积极争取世行、亚行等国内外银行贷款以及国债和国家相关资金。

以"绿色智慧城市"为品牌，建立国内外合作交流平台。建立与世界知名科技园区、大学、国际组织和机构的交流与合作，与具有共同基础的国际科技园建立长期的战略合作伙伴关系，通过举办国际科技博览会、高层论坛、组建跨区域、跨国界的技术创新联盟等方式，促进人才、知识、信息、技术、资本等资源在全球流动和优化组合。以国家级工程中心建设为载体，吸引国内外高端人才。以优良的创新创业环境，吸引国内外优秀人才加盟，实施重大高新技术成果产业化项目，共建国家级研发平台、国家级高新技术产业特色基地、优势科技创新团队。

以四大业务领域为着力点，吸引国内外先进技术。积极跟踪世界前沿技术的发展态势，结合国家新兴能源技术和产业发展的布局，重点引进相关重大关键技术，加强对引进技术的消化和吸收，提高自主创新能力。

第四节 绿色智慧城市的行动方案

绿色智慧城市的行动方案，首先，要确定行动的愿景、规划和主体，制定相关政策与标准，实现绿色知识分享与教育。其次，要采取行动减少碳足迹。对此，城市必须建立绿色智能的物理环境，发展绿化产业、产品与服务，实行绿色经营。通过掌握碳足迹，确定公司所面临的碳足迹现状，预测政策和市场的潜在变化对公司产品和服务定位的影响，发展低碳经济。最后，由于居民的生活模式是构建企业解决方案和商业模式的决定因素，而基础设施和协作网络是专业化企业获取竞争优势的基础，因此，绿色消费模式和智能基础设施不仅成为城市发展的重要推动力量，而且也是绿色智慧城市发展水平的标志。

一、城市的低碳经营

高质量的城市化进程不仅是城市数量和城市人口数量与比例的增长，更重要的是城市功能与市民生活质量的提高，在城市的运营、发展和建设中，追求绿色经营和城市的可持续发展。绿色智慧城市是实现这一目标的可行途径。气候变化已经越来越强烈地影响到人类生活。温室气体的主要成分是碳，过量的碳排放导致全球气候变暖、冰川融化、海平面升高，自然灾害频发。从碳的排放量角度思考，城市的绿色智能经营主要是发展低碳经济、减碳经济。

低碳（low carbon），意即较低或更低的温室气体（二氧化碳为主）排放现在城市的碳来源主要是能源采掘与加工工业、交通、建筑和人们的日常生活。减少碳排放，可以通过发展太阳能、风能、核能等清洁能源和新能源，减少传统石化能源的消耗；通过调整产业结构，发展生物医药、生态农业、旅游业、软件、金融业、文化创意产业等"低碳"绿色产业；通过废弃物的无害化、循环处理，提高资源的利用率和降低对环境的污染。实现城市的"绿色再造"和"绿色转型"，促进低碳、减碳经济发展。

（一）推进企业生产经营活动的生态化

在城市规划和城市环境保护中引入绿色价值观念，通过税费和环境产权改革促进公众、企业认识到环境的使用价值和自然的生态价值。采用清洁生产技术、"绿色生产"技术，节约、合理地利用自然资源，开发绿色产品，开展绿色营销，推动企业进行ISO14000国际环境管理体系认证和国际国内权威机构的绿色第三方认证，实现能源、原材料在生产加工过程中的不断回收利用，采用节约型经济发展模式。同时，基于城市生态系统的承载能力，对企业的经济活动过程和工艺进行优化，使物质、能量、资源能够多级利用、高效产出，减少生产过程中的有害物质的排放。

（二）倡导和构建低碳消费模式

寻找可持续的城市生活方式，实行低碳消费已成为全球共识。倡导适度消费的生活方式，使用布袋子、菜篮子、饭盒子，拒绝"白色污染"。提倡采取一系列增加低碳出行量的措施，如公交周、无车日、大力推广免费自行车等。发展电动汽车和氢气汽车，使用电力或清洁燃料，限制燃油汽车通行。实行各种节水技术节约用水，建设雨水、污水分流与储蓄雨水的设施。推行包括住宅、办公楼、公共建筑、基础设施的建筑绿色化、高性能化，增加建筑环境的健康性和舒适性，降低能源和资源消耗。例如，建筑垃圾的高回收处理，室内设计采用自然通风，充分利用太阳能，建筑材料的节能环保等。道路建设中注重提高质量等级和通行效率，降低破损率，减少运行和维护成本以及沙石与沥青的使用量；采用不含锌的路面材料、下水道口采取隔油措施等，促进水循环使用，并通过增加湿地等强化自然净化能力，实现城市生活的低碳化。

(三)实施低碳或减碳行动

推进城市生态恢复工程。应将道路交通、排水等城市基础设施、生产设施项目建设等严格限制在生态与物种保护、环境兼容性之内,并把建设项目的补偿措施与建设空间的使用结合起来。如果没有实施相应的补偿措施就不容许使用建设空间,对生态敏感区土壤的消耗使用要拟定特殊保护草案。顺应自然、气候、水土环境,让本地原有的野生植物群落生长起来,使本土物种得以生存和延续,达到既保护当地的物种资源,又给城市带来美丽的自然景观,同时大量减少人工绿化所需的费用和灌溉用水。伦敦是在20世纪80年代中期开始注意到城市天然植被的价值的。当时,伦敦政府组织了多学科小组对城市的公园绿地、树林地、闲置地、荒野地、废弃铁路和建筑地、河岸与池塘湿地开展生态资源调查,结果发现:由单一草坪和树木形成的大面积公园绿地中,生物种类极少,鸟类不超过10种,蝴蝶1只也观察不到。相反,在生长着野花野草的公园角落里,鸟类多达25种,蝴蝶20种。由此,学者们把由单一草坪和树木组成的绿地命名为绿色荒漠(Green Desert)。这些绿地看上去虽是绿色,却与生态恶劣的沙漠没有本质区别。这次对城市绿地生态资源的调查促使伦敦市政府彻底改变了传统的绿化思路,开始高度重视对城市天然植被的保护。伦敦在城市公园中隔离出天然植被生长区,为城市社区建设以天然植被为主的自然公园。让城市路边的绿地和树林地生长野花野草,让城市废弃的铁路地带、旧厂房地带中的天然植被茂盛生长,并使其与城市的公园绿地、树林地和荒野地连通,以形成城市中野生动物和植物种子的传播通道。伦敦还鼓励政府部门、研究人员、公共机构、志愿者组织、社区团体、民间基金和热心企业参与到天然植被的保护活动中。这些植被地带所提供的休闲环境使人们能在城市中获得融入自然的机会,从而在城市压力中获得解脱,增加愉快的心情。由于天然植被可以因环境因素而自行调节植物群落中的物种搭配,并且在吸收污染物、适应降雨、改善土质、调节气温、为动物提供食物和栖息地等方面的能力大大超过了人工栽种的绿地,发展天然植被的结果给伦敦城市环境的改善带来了质的飞跃。

实行城市绿化管理制度。越来越多的城市开始关注城市绿化和环境问题,如推行绿化城市与整洁市容、策划城市的"蓝天碧水"等行动。但增加绿化量，提高城市绿地率、覆盖率和人均绿地面积的同时，还要尊重自然界自身的规律，科学安排绿化布局，培养市民与自然和谐相处的理念。一方面，应充分利用城市原有的地脉、森林、草坪、湿地、水体生态区，培育和种植区域适应性强、体现本地特色的绿化植物种类，扩大绿地和透水面积，减少地表径流，改善水文循环与水生植物布局。恢复城市的生态功能，增强城市中自然生态系统的抗干扰和自我修复能力，扩大生物多样性的保存能力和环境承载容量，借此提高城市对废弃物的降解。另一方面，实施生态控制线保护与优化方案，完善生态补偿机制，通过调整和优化城市用地结构，提高城市的土地利用率。通过城市森林绿地规划，推进城市公园、游园、广场等公共绿地建设。加快采石场、取土场和裸露山体缺口的整治和复绿工作，加强水土流失治理。推进道路、河渠、立交桥、建筑物屋顶、墙面的绿化，如用带孔隙的地砖铺地，孔隙内种植绿草，在立交桥下、建筑物顶和外墙上大量种植藤本植物，在同一绿地采用地被植物、灌木、乔木立体化的种植布局等，增加城市的氧气产生量，减轻城市热辐射。由于乔木的叶面积系数（即植物叶片总面积与占地面积的比值）要比花草大许多，单位面积的叶绿体的密度高，实现光合作用的效率高，吸收二氧化碳的量大于呼吸作用释放二氧化碳的量。而且乔木的生长期长达几十年甚至上百年，可以一直发挥固碳作用，不会像一些一年生草本植物那样枯死后被细菌分解而产生很多二氧化碳。所以，乔木固定二氧化碳的能力更强。在城市绿化过程中，可以多种植乔木，保护山林植被，加强水源涵养。

废物回收与资源化。城市化发展加快，废弃物的增长也更为迅速。如果只是简单地丢弃废旧物，既污染环境又浪费资源。对废弃物进行分类回收，并进行循环利用，可以实现废弃物的资源化。目前，世界钢产量的45%、铜的62%、铝的22%、铅的40%、锌的30%、纸制品的35%来自再生资源的回收利用。据测算，每翻新1吨轮胎可节约橡胶4千克、炭黑2千克、尼龙帘布1.7千克、石油18千克、钢材1千克。对垃圾和污水处理、废气污染综合治理、废弃物品回收处理和再利用等，也是减少资源浪费和环境污染的重要内容。建立绿色技术支撑体系。城市建设中的能源替代、环境治理、雨水利用、水安全保障等关键问题都需要实用的科学技术支撑。绿色智慧城市的建设倡导科技的生态价值取向，在发展建筑、化工、交通、制造等行业的科学技术时，既要看到其经济价值，又要看到其生态效果，通过整合环保、节能、减排等方面的科技资源，竭力发展有益于保护和合理应用生态资源的科学技术，如防治病虫害技术，污水处理技术，垃圾无害化处理技术，医疗技术，稀有资源替代技术，多功能技术，高效节能技术，新材料新能源、资源循环利用技术，清洁生产技术等，大力降低城市经济活动和日常生活对原材料和能源的消耗，实现少投入、高产出、低污染的目标。通过设立绿色智慧城市发展的研究基地和专项资金，对城市发展的共性技术、关键技术和专门技术等进行联合攻关，并结合信息技术开展应用研究与推广。澳大利亚的怀阿拉市建立了能源替代研究中心，主要研究传统能源的保护和能源替代、可持续水资源的使用和污水的再利用等；美国、德国等国家都十分重视绿色技术的研制和推广，还非常注意相关专业人才的培养。

　　加强区域的绿化合作与协调。城市是区域的核心，区域是城市的基础，城市及其所在区域间不断进行着物质、能量、信息的交换。城市越发达，这种交换越频繁，相互作用越强。城市出现的日益严峻的环境和资源问题也必须在区域的层面上依靠众多参与者的共同承诺和协调才能得到较为满意的解决。美国克里夫兰市的城市议程强调区域观思想，德国的埃尔兰根的城市规划在该市的风景规划、环境规划、交通规划上都体现了与区域的协调，在跨区域的交通和环境治理、江河流域上下游绿化环保工程的实施等方面都注意在区域范围内解决，并与短期的区域发展政策、局部环境政策与长期的区域发展政策相协调。城市间、城市与区域乃至国家间必须加强合作，建立技术与资源共享的伙伴关系，形成互惠共生的网络系统，确保城市在其管辖范围内或在其控制下的经营活动、社会生活不致损害其他城市的利益。通过合理调整城市的发展空间结构，将城市和周边区域建设作为一个整体进行统筹规划，推进城市及其所在区域间的分工协作、协调发展，引导企业在空间上进行合理分布、人口向城镇集中，实现土地、劳动力、资金等生产要素的优化配置。美国海滨城市伯克利，在城市建设设计中采取了典型的城乡结合的空间结构，在住宅区内的每一栋房屋都有一块面积很大的农田，并在农田上种植了"绿色食品"，深受广大居住者的喜爱。

(四) 培育人与自然和谐相处的价值观

过去，在衡量经济发展的水平和经济增长的速度时，世界上几乎所有国家和地区都使用人均国民生产总值这一指标，并按一定的方法折算成美元，以便进行比较。世界银行也是如此。2000年7月4日，在柏林召开的"21世纪城市未来国际会议"上发表的《21世纪世界城市发展报告》中指出：21世纪的城市发展面临着严峻挑战。2000—2025年，世界城市人口将从1995年的24亿猛增到50亿，占世界总人口的比例由47%升至61%。1985年9月17日，世界银行发布一个公告，宣布世界银行计算各国财富的方法有了根本改变，任何一个国家拥有的财富都可以用该国所拥有的人力资本、物质资本和自然资本的总量来衡量。世界银行发布新的财富指标，就是由这三部分组成的综合性指标。用"绿色资本"和"绿色价格"概念修正了过去片面强调经济的"价值观"，已被更多的国家和地区组织接受。结合"世界地球日""世界环境日""世界土地日""世界水日"等活动，积极开展环境科普活动，提供各种环保知识图册，充分发掘利用当地的自然、文化潜力，是构建人与自然和谐发展价值观的重要方式。

二、基础设施智能化

水、交通、医疗、信息与通信、能源与电力、金融等城市基础设施的智能化，不仅可以带来更高的生活质量、更具竞争力的商务环境和更大的投资吸引力，还能增强工作的透明度和效率，提高城市对紧急事件做出快速响应的速度。这里主要讨论城市水务智能管理、智能交通和智慧医疗。

三、水务智能管理

供水、排水、污水处理、地下水管理等城市水务涉及水资源、水安全、水环境。城市水务管理中常常出现水源紧张、水质恶化、排水故障等问题。例如，随着城市的增长，许多城市面临缺水问题，同时城市水资源又未被有效地利用，污水量不断增多，降雨期间大量雨水流失并常常造成积水、阻碍交通，甚至引起洪水灾害问题；从水厂处理出来的饮用水是符合标准的，但经过一些管道后发生了水质变化，到居民家里已经不能直接饮用。

水务智能管理就是建立一个以数据平台、网络平台和应用平台为基础的城市水务智能系统，使城市的供水、排水、污水处理、地下水管理的单位和部门能够实现有效联系和整合，并通过信息资源共享、更新，实现水资源的优质、动态管理。例如，通过在饮用水管道经过的一些地点设立信息采集点，对水质、水量进行实时监控和数据分析，一旦发现水管裂缝、地质变化、水质异常等问题，马上进行诊断并迅速采取措施保证水源供应和水质的清洁。通过污水在线监控、合理增加污水处理厂，更全面地集中收集城市的各类污水，提高城市的污水处理效率。通过完善城市生活区和工矿企业的给排水管网，实现饮用水与非饮用水的高质量分管供给，满足人们对各种水质与水量的需求。通过实施水质取样、检测、流量分布统计等信息的收集、处理和共享，合理利用水资源，降低用水量，保护水环境，还可以结合城市降水量和地面水量的历史记录以及未来城市发展的用水预测，对城市未来的供水、排水和水处理进行预测，为城市发展规划和基础设施建设等决策提供依据。

城市智能水务管理的另一个应用是提高水的使用效率。例如，可以通过开发净水新技术，使水变得清洁或者提高水资源的重复利用率。通过开发利用海水淡化技术，使水资源得到新的来源补充。通过推广节水技术和装置，采用中水回用系统，节约城市水资源。这里的"中水"系统是指生活污水经处理生产，并重新用于绿化、冲洗车辆、浇洒道路、厕所冲洗、喷水池、建筑施工和消防等功能的二次供水系统。它把城市各企事业单位和居民区的生活污水作为水源进行就地回收、处理，达到规定水质标准后在一定范围内重复使用，以代替自来水用于非饮用方面，从而达到为城市低水质用水提供可靠水源、缓解城市供水紧张状况、减轻城市污水设施处理的压力等目的。

四、智能交通系统

交通拥堵和交通污染是城市普遍存在的问题。交通拥堵导致经济活动中运输环节的费用增加、不可预知及增加的交通时间与财产损失等，造成的浪费占GDP的1.5%~4%。交通拥堵还产生污染和能源的损失等问题。这种损失以每年8%的速度增长。解决交通拥堵的传统方式是增加交通基础设施容量，如新增高速公路和车道等，或者在交警、市政、交通局等各部门分别建立一套交通信息采集和管理办法，以便及时对交通拥堵进行处理，减少损失和污染。然而，由于传统车辆只有运输功能，没有交通数据采集、通信、处理功能，难以进行交通监管。各部门的信息采集、发布、管理是独立的，缺乏系统之间的信息联系，因而难以解决交通资源的浪费和管理的低效率等问题。智能交通需要大量信息化的成套设备以及数据采集、城市交通动态建模、并行仿真、数据处理、区域路况预测、服务点播与展示等活动的支持。发展智能交通可以带动交通设备和数字服务业的发展。而且，越少的交通拥堵意味着越少的污染，降低了碳排放量与能源消耗以及各种污染物排放。交通拥堵和服务排队时间的降低意味着缩短了产品运输时间、市民交通时间，从而可以使市民更好地工作和生活，提高生活质量。

　　集汽车、电子、通信、计算机于一体的智能交通系统是解决交通拥堵问题的有效方案。通过对传统车辆进行智能改造，增强电子信息处理功能，应用嵌入式车载装备系统成套产品。以通信网络为平台，根据车辆移动 IP 地址、交通实体的交通状态实时监控、交通数据高带宽传输、车辆调度管理、车辆安全和远程诊断等关键要求，利用无线宽带、传感器网络、嵌入式计算处理技术，设计用于交通数据采集、传输、发布、存储和共享以及交通运营管理监控、高端交通服务处理平台等服务的交通信息资源数据中心，从而为交通管理部门、企业和相关应用实体提供接口。例如，通过在港口、停车场、道路、地面的探头以及汽车 GPS 系统或手机的定位，可以实时采集动态交通数据，在后台监控中心的电子地图上进行标注，在信息网格平台上进行多源交通信息的高速采集和整合，通过协同开展城区交通并行仿真和交通分析预测，判断车辆行驶的速度、道路的拥挤程度和顺畅程度、车位的使用状况。

　　借助智能交通网络，管理者可以在监管中心观察到行人、车辆、货物和商品的位置移动状况，对被管车辆实施监管、调度，及时提供城市动态最优出行方案，并为交通管理部门提供辅助决策管理的技术支持。市民可以在 Internet、手机、触摸屏等上展示和追踪交通路线、停车服务等交通信息，并通过信息网格技术获取交通控制、电子计费、停车引导、车辆防盗、公交换乘等交通服务。此外，智能交通还可以将交通系统与警察系统、医院系统等连接起来，以便对交通事故做出快速反应。对地铁线路上的列车进行智能化控制系统改造后，列车可以依据客流自动调节发车的间隔时间，自动诊断运营故障并修复、排除自身故障，实现无人驾驶。城际货运可以通过交通信息资源数据中心，实现物流配送系统时间、路线等信息的互联互通，并通过应用软件把物流配送的信息进行自动匹配，降低因为车辆空载率较高导致的交通堵塞、资源浪费、成本提升等发生的频率。市民借助交通基础设施的通用用户账户，使用一张交通卡即可支付公交、火车、出租车、停车场等各种相关交通费用，获得便利、快捷的通行服务，增强安全检测体验。安装了不停车收费系统的车载电子标签的车辆，通过不停车收费系统专用车道收费口时无须停车，装在收费口出口的天线就能自动地识别车辆、确认收费。

瑞典的斯德哥尔摩，交通拥挤曾非常严重，道路交通管理部门决定采取措施将交通拥挤降低10%~15%。为此，城市构建了一套系统，自动向在周一至周五（节假日除外）6:30~18:30进出市中心的注册车辆收税。利用激光、照相机和系统技术等设计、实施了一个随需应变的解决方案，可以进行车流检测、标识车辆、收取费用。这一系统和解决方案已经取得了显著效果：交通拥堵降低了25%，交通排队所需的时间下降了50%，出租车收入增幅超过了10%，城市污染下降了10%~15%。

第五章　智慧城市管理"1322"架构体系

第一节　一个城市管理大数据中心

基于江北区数据共享交换平台及市政行业数据资源现状，实现跨部门、跨系统的数据交换、共享，通过批量采集、实时采集、交互式采集等方式逐步完善数据资源采集、处理、存储、分析、共享、利用等各个方面的工作，并将清洗、转换处理后的数据加载到城市治理大数据平台中，构建统一数据共享基础信息中心库，为多维数据的融合分析提供数据支持，通过各类数据的融合计算，提供城市治理领域的公共数据资源服务，对加工后的结果进行封装，服务城市治理领域的各类用户。为管理人员在具体的商业环境中进行数据分析、控制和指挥决策建立良好的信息化管理体系。

其建设的重点是：构建城市信息系统，对产业信息进行全面的分类；在城市经营方面，可以对各种类型的数据进行收集和归档，形成包括车辆、人员、视频以及人、地、物、事、组织等全方位的专题数据库；建设工业企业资料库，对工业企业的重要经营资料进行统一的储存和处理；根据国家有关部门间的信息资源交流和代码标准，建设全市公共领域的数据库，并在此基础上构建数据交流平台。

第二节　三个平台

一、综合监督管理平台

在智能城市的建设中，既要实现企业的内部信息资源整合，又要实现与其他智能工程的数据共享和整合。智慧城市的经营是将各种不同的数据结合起来，建立起与其他智能城市的平台开放、共享、联动的关系，实现横向和纵向的多维连接。在数据和流程之间，通过对外部的应用进行开放，实现数据和流程的衔接顺畅，从而实现协同和互动。该平台由基础平台体系结构、扩展系统、移动监控指挥系统、车辆管理系统、视频监控系统、应急指挥调度平台、网络化分级管理平台等组成。

（一）基础平台架构（数字城管）

基础平台体系结构包括：数据采集子系统、服务接收子系统、协作作业子系统、全面评估子系统、监测和控制子系统、基本资料来源的管理子系统、地理编码子系统、资料转接子系统、申请维修子系统等。

1. 数据采集子系统

该系统的功能是完成在其管辖区域内进行的监测工作，将城市的相关问题报告给中央，并接收到相应的工作指示和反馈。它的作用是对城市的综合性行政问题进行信息采集、核实、核查、反馈和自行处置，同时具备地图定位、更新、通知、系统设置等辅助作用。

2. 服务接收子系统

服务接收子系统负责处理来自不同渠道的市政事务，其中包含市民投诉，以及市民利用"通信网"反映的问题。对于群众反映的问题，使用者可以利用本软件迅速找到问题所在位置，对问题进行判定及查证，并依据查证的情况做出是否立案的决策。监察人提出的问题，可以由监察部门直接进行调查。问题解决后，话务员可以把问题通过网络传给城市管理部门，让他们对问题进行核实。

该体系将任务分配、任务处理反馈、任务核查、结案、档案等各方面联系在一起，实现了监督中心、指挥中心、各专业管理单位与政府部门的资源共享、协同工作和协同监督。

3. 协作作业子系统

协作工作系统是一个由企业经理负责监控、管理各种业务过程中的每一起事件、对案件的处置和流动的全过程进行监控，并在案例中填入自己的观点和批准资料。

4. 全面评估子系统

在此基础上，建立的基于受理子系统、协同工作子系统、GIS集成评价体系的集成评价体系。

5. 监测和控制子系统

监测和控制系统可以对现场的情况进行即时监测，使指挥中心和各部门的工作人员对全市的情况有一个清晰的认识。可通过大荧幕实时了解每个地区的各部门(事件)信息、业务信息、综合评价信息。

6. 基本资料来源的管理子系统

该系统的功能是建立和部署基本的资源管理平台，并对其进行主题化的部署。

7. 地理编码子系统

数字化城市的地理编码技术是实现数字化城市建设的关键技术，为了实现对地理空间内的数据进行空间定位，从而使其能够被电脑所辨识。

8. 资料转接子系统

该系统的信息包括问题信息、业务处理信息、综合评价信息等，其功能是与上级信息进行交流。通过构建统一的政府信息交流标准和数据交流体系，以达到一体化和分享政府信息的目的。

9. 申请维修子系统

该系统为城市管理系统的配置、维护和管理提供了一种新的功能，能够实现城市管理系统的组织机构、工作流程、表格等管理功能，并为城市管理系统的扩充和管理提供有力的支撑。

(二) 扩展系统

扩展系统是在基础系统上对业务应用进行扩展，包括档案自动化分送子系统、自动预警子系统、多维分析子系统、移动处置子系统、部件在线更新子系统、目标定位循迹系统等。

1. 档案自动化分送子系统

档案自动化分送子系统是在原有档案管理系统的基础上，为进一步提升档案处理工作的工作效率和减轻工作人员的工作负担，在原有的档案管理系统中添加档案的自动分配，经操作人员预先登记的案件，可以将案件资料送至专门的单位处理。

2. 自动预警子系统

该系统具有对突发事件的自动报警能力，使监控中心可以及时掌握全市城区的治安状况，并针对各类突发事件进行应急处置，从而实现对突发事件的智能控制。

3. 多维分析子系统

多维分析子系统可以动态地分析和反映城市经营的总体状况，为各种问题的解决方案进行基于地区的、动态的分析，并将问题的位置信息展示给使用者，从而使使用者可以根据这些问题向关键地区发出警告，并迅速做出决定。

4. 移动处置子系统

利用本软件，使用者可以在手机上完成任务，了解任务的详细信息、处理过程及完成文件的批阅。

5. 部件在线更新子系统

部件在线更新子系统是对新增的、消失的、变更的部件的地理位置、兴趣点、门牌楼的 POI 等进行数据收集，并根据国家的 GIS 编码标准进行编码和存储。

6. 目标定位循迹系统

目标定位循迹系统能对人员、车辆的工作状态进行精确的跟踪，形成统一的监督、管理和调度，能消除人员监督存在不及时、监督管理被动后置等弊端。

(三) 移动监督指挥系统

移动监督指挥系统以移动监控指挥车为基础，结合 5G 或线下的移动通信技术，在移动监控指挥车上部署各类软、硬件设备，实现移动监控、通信指挥、移动监督、应急保障等功能，协同立体作业方式更好地发挥高效、精准的特点，加快城管业务流程的运行，保障和提升智慧城市管理的服务水平。

1. 机动巡逻系统

通过手机、单兵设备等进行日常监管工作；运用汽车机动能力，对重要路段进行快速监控，尤其是对高架桥、车行道和隧道等交通设备进行巡视，并将车载摄像头的前端拍摄和后台处理的处理方法相融合,将城市的日常问题进行智能化收集和上报。

2. 流动监测系统

通过手机监控,实现对上报的问题的远程处理。在手机系统中,工作人员可以进行受理、立案、派遣、核查、结案等各方面的工作,而上级可以指挥、监督案件,形成一个微型的行动指挥中心。

3. 紧急通信系统

通过移动互联网和电台综合组网,形成一个集运营中心、移动监控指挥车和单兵视频监控的多维指挥系统,保证整个紧急指挥流程和后台指挥调度命令的交互。

(四)车辆管理系统

1. 交通工具的基本管理系统

交通工具的基本管理系统主要由行车线路管理、排班管理、路单管理、"路救"登记、维修跟踪、车辆综合查询、临时调度、交班日志管理和警报管理等组成。

本系统利用 GPS 和前端装置准确地获取数据,实时对运行线路进行相应优化,满足实际的车辆调配需求;做到点车线一体,排班、出车、路单联动;具有即时监测,与控制中心的数据交互,保证系统的正常工作,设置限速、超车、线路等报警,设置时间、范围等,可以满足实际操作中的多种设置,并具有很强的人机交互能力;在办理"路救"登记、维修跟踪时要与界面进行设计,便于与其他系统的连接。

2. 操作汽车的管理系统

运行车辆的运行状态监测,对运行路线、里程、油耗、超速、超时停车、维护保养记录等进行实时监测,及时发现违章情况,保证市政工作的安全。

3. 公共汽车的行政管理系统

该系统对运行路线、里程、油耗、超速、超时停车、维护保养记录等进行全面的监测和预警,保证运行的安全。日常的调度经理可以在电脑上通过客户端和手机浏览来实现对汽车的实时监测。基于汽车管理一体化管理体系,新增车辆申请审批、用车管理、基本信息管理等功能。

(五) 视频管理系统

视频管理系统包含警局视频资源、自建视频资源、移动通信、车载记录仪等智能设备的频源，同时，把巡查车、地理信息采集与移动监测指挥系统的车载移动视频作为移动视频源，对固定设备辐射不到的区域和对城市管理易发、多发问题场所实行手机监测，并与监测指挥中心进行视频资源共享，方便24 h不间断监测。

视频监控系统是智慧城管平台的一个关键组成部分，因此，各地要按照有关标准及规定，根据动态的监控管理需求，重点建设包括固定视频监控、车载无线视频监控等各类前端设备，并整合公安、交通、环保等部门的视频监控资源，以便建设整体的视频监控系统。

1. 录像监视设备的配置规格

（1）城管执法的重点领域：占道经营、店外经营、人行道违章停车、建筑工地夜间工作等。

（2）人口密集的公共场所：宾馆、饭店、商场、医院、学校、幼儿园、文化娱乐场所、体育场馆、广场、公园、停车场等场所。

（3）市政交通枢纽的管制范围：重点道路、主要交通路口、地下通道、天桥、机场、火车站、公交车站等交通要冲部位。

（4）城市管理的重要设施控制区：主要城市的供水、排水、电力、燃气等重要的城市基础建设和维护。

2. 手机录像和个人计算机系统的结构

在确定的视频监控范围内，各区要结合当地实际，配备车载监控和单兵系统进行辅助覆盖。

3. Vide Management平台函数

通过统一的视频监测系统，可以使各系统互联互通互控，并可对音频进行采集、传输、转换、显示、存储和控制；具备进行身份验证及授权的能力，确保资料的绝对保密；为其他商业体系提供数据链接。

(六) 应急指挥调度平台

应急指挥调度平台的功能如下：

（1）实施紧急处理、跟踪反馈和综合突发公共事件的应急处理，各地区、各相关部门的紧急预案与协调指挥系统可以保持联系；将重大公共事件、现场音视频和重要事件的警报信息按统一的形式上报到各县区。

（2）以市级政府信息平台为基础，涵盖街道办事处、镇、专项指挥部等各类突发事件信息网络。

（3）对突发事件的预报进行总结和分析，并将其与事件发展相联系，对其影响范围、影响方式、持续时间、损害程度等进行全面的研究。

（4）为紧急情况下的处理提供指引和辅助的决策程序，并依据各阶段的处理结果，对辅助决策进行动态的调节与优化。

（5）对突发事件进行动态管理，保证突发事件的指挥和调度。

（6）利用视频会议、异地会商、指挥、调度等方式，为各部门在紧急情况下的快速反应提供快速指挥。

（7）建立一个符合突发事件处理需求的应急数据库，并与各县之间的信息交流平台进行连接，以获得必要的数据支持。

应急预案管理系统包括预案管理子系统、培训演练子系统、应急响应子系统、事后评估子系统、风险隐患监测预警子系统、空间辅助决策子系统，它们相互补充、相互支撑，共同完成和保证复杂条件下的应急保障。它们都是基于数据库的运营，具备数据处理、业务处理等功能，能够承担各种应急工作，支持突发公共事件的运行过程，是反映监测防控预测预警、信息报告、综合研判、辅助决策、指挥协调、信息发布、总结评价及模拟演练等主要功能的核心。

该平台以发现和处理各类突发事件为中心，利用视频监控、GPS 定位、无线采集上报等技术，加速城市管理人员的信息化设备更新，全面改进信息管理的基础支撑能力，为高层应用提供有力支持。同时，运用科学化的商业体系来支持各部门的工作，以实现有效协作。要构建一个完整的监控系统，构建一个统一的可视化、实时、精细化的综合监控系统。

（七）网格化管理系统

基于智能城管的各种资源，拓展和提升了区域的网格管理，将所有的管理元素都纳入网格，从源头到人，形成了城市治理水平多部门覆盖，构建了垂直九级的网格化管理体系。

按照"闭环化、痕迹化"的商业过程监管的需求，街镇在原有的网格基础上，整合公共服务、社会治理、文明城区、平安创建等专项区域作为街镇的职责，并将党员纳入网格，整合的各类资源(城管、综治、执法、机关党员等)体现城市综合管理的智能化，最终实现江北区跨专业、跨区域的统一受理、智能化派遣、扁平化协同、实时追踪、社会监督、综合评价的网格化管理新业务模式。

1. 地图的网格管理

把支部建设在网格里，以党建为先导。各街道按照自身公共服务、社会治理、文明城区、城市管理、安全生产五大领域的工作管理实际划定网格，结合智慧市政 GIS 图进行应用建设，将城市管理的部件、事件及人、地、物、组织等数据上图，同时将党建工作落实到网格中，通过专题图层管理等建设内容支持"一网并行、多网合一、综合监督、科学评价"的城市网格化管理运行体系。

2. 统一的网格管理

在原来的数据城管案件收集、受理、派遣、处置、核查、结案、评价等七个工作环节的基础上，建立纵向到端、指挥到员的精细化、扁平化运行体系和集公共服务、社会治理、文明城区、城市管理、安全生产五大领域于一体的统一问题处理流程。

3. 网格分类和评估的管理

基于各个行业的经营实践及系统自动产生的各种指标，建立相应的评估模式，能客观、真实地反映各地区管理工作的状况和水准；通过对城市经营的全流程监测与评估，发现问题并进行及时的修正与改善；通过对部门绩效客观、科学化的评估，及时掌握部门的工作情况，提升部门的工作效率和管理水平；制定一套客观、合理的工作考核指标，制定相应的工作规范；负责部门要对其绩效进行考核。

二、业务管理平台

企业管理系统基于地理定位技术、地理 IS 与三维立体技术、物联网等新一代的信息化技术，以市政公用设施、市容环卫、园林绿化、城管执法等各个业务为突破口,实现对城市管理局全业务的智慧监管;通过使用无线技术,利用单兵设备和城管执法车辆,对城管执法过程进行全程录像,达到"过程可视、数据可传、后果可控"的目的。

作为智能城市综合经营体系的核心,企业运营管理系统整合各种运营系统,保证智能城市的数据和信息的互通,并在网络融合、功能协同等方面起到很大的推动作用。运营管理平台主要包括市政公用设施综合管理平台、市容环卫管理平台、园林绿化管理平台、城市管理执法平台、视频综合管理平台等。

(一) 市政公用设施综合管理平台

市政公用设施综合管理平台是城市公共服务部门的一个主要手段,它能够对城市公共服务进行集中管理,并运用智能化的设备对桥隧、路灯照明、下水道危险源、地下管网、井盖等设施进行智能监控与定位。同时,该体系能够实现日常检查、定期检查、特殊检测和设备维修及管理。

在城市公共设备的管理中,使用三层标准的数据层、组件层和表示层。具体来说,数据层面收集并储存各类城市的资料(如路灯、道路等),而组件层面则使用资料进行相关的存取与解析,并将成果呈现于组件层面,以方便市民进行直观的行政工作。同时,该体系必须具备良好的运营条件,既要建立在适当、有效的基础架构(比如服务器)和规范上,又要遵守相应的政策、法规。

1. 城市灯光与灯光监测系统

其城市灯光与灯光监测子系统分为两大类:一是城市道路的路灯;二是路灯监测。

城市路灯的灯光控制包括实时监控、单灯控制、城市路灯和城市灯光的规划设计。

(1) 实时监控:市政道路灯光系统既可以用于对城市道路上的街灯和灯光的调节,也可以实现对交通状况的实时监控。本系统是一套无线"四遥"(遥控、遥测、遥调、遥信)的分布式无线通信体系,包括无线通信网络、计算机信息管理、智能街景监控装置等,能够遥控全城所有街灯的开关状况,遥测街灯的开闸次数,并根据监控的结果,对街灯进行监控,从而确定是否存在故障，并对异常现象进行报警，将信息发送给相应的管理部门。

（2）单灯控制：城市路灯照明系统具备单灯控制模块，安装了单灯控制设备，并将单灯控制、照明控制功能接入照明管理总系统中，实现对单灯的远程控制。

（3）城市路灯和城市灯光的规划设计：利用 GIS 表达都市街巷灯光与都市灯光的总体布局，并将灯型、电缆走向、灯杆布局等与市政资讯有关的要素整合于 GIS 中。

2. 排水管道系统的信息化建设

该系统采用了最新的软、硬件与数据处理技术，为排水管网技术提供了一种新的解决方案。即通过 GIS 技术存储、管理、分析排水管网和设施的空间分布和性质数据，将其图形化重建到电脑上，实现排水管网空间位置、连接关系及工程性质的数字化管理。此外，该技术还可以对排水管道的流量、流速、淤积、水质等参数进行实时监控，并将其应用于排水管网的资源和控制，从而使排水管网的信息化、智能化成为可能。

3. 基本资料处理系统

（1）保存城市设施分布和其他有关数据：该数据采集平台可以保存城市设施的地图和数据（包括道路、桥涵、排水设施、防洪设施、照明设施、共用设施、有线电视、井盖、杆柱、管线等详细数据）与普查的市政设施数据，可以进行数据分类、分层、统一编码。

（2）城市设施的显示与预警：利用实景 3D 技术，将城市基础设施的矢量化、卫星图像等信息进行了无缝的融合，使得城市基础设施的信息具有可视化、便于识别、分析、加工等特点。基于 GIS 技术，实现了道路、桥梁、隧道、地下管线、路灯、户外广告等公共设备和辅助设备的 GIS 查询、统计分析、专题图展示。该软件能够实现各种设备的地图预警，如损坏、丢失等。

（3）查询和统计信息：查询市政设施和相关属性信息，并对各种数据进行汇总和输出，为市政设施的规划、建设和维护工作提供可靠的基础，极大地提升市政设施的运行效率和运行质量。

4. 城市财产管理分系统

城市财产管理分系统是对城市资产的可视化、可控化和监控，能够管理各种资产(包括地下管线、路灯、道路、桥梁、车辆等),做好资产的管理、资产的合理配置。通过对城市公共设施的数字化测绘,实现城市公共设施的实时、可视化,使城市公共设施的各项资产得到有效的利用,实现对城市公共设施的动态和存量的实时监测。

5. 城市设备维护和规划分系统

城市设备维护和规划分系统具有制定每日作业和根据设备类型制定维修保养计划的能力,并有相应的维修保养计划;本系统能够查询维修保养记录的时间、计划类型等信息,能够接受由工作主管提交的问题,并将问题分发到其他相关部门。

6. 城市运营公司的行政分系统

城市运营公司的行政分系统能够保证其运行状态的即时监测与高效运行,其中包括公司名称、联系人、电话、地址、主要责任、人员配备信息、车辆配置信息、GPS定位芯片配置信息等。对包括道路设施、桥涵设施、排水设施、防洪设施、照明设施、公用设施、有线电视、井盖、杆柱、管线等设施的维护保养和维护工作实行限额;能够定时定量管理各个工作单位的工作;对作业人员、车辆的实时监测资料进行对比,以保证作业计划的顺利完成。

7. 城市公共服务的综合性评估与分系统

城市公共服务的综合性评估与分系统能全面评估市政养护、案件处理、设备领用、车辆使用、工作效率等,或根据人员(业务)、部门机构、行政区域立案数量、办理时限、未结案件等进行全面评估。同时,对已有的历史资料进行定期或定时的整理,以求出对应的评估级别,并以图表形式呈现。

8. 市政设施、运行经理客户端

市政设施运行经理客户端,能够对运行人员和交通工具进行即时监测和处理,并负责市政设施维修任务和事故处理。作业管理人员能够跟踪包括定位、违规、任务完成统计、任务处理等;能够实现对员工和车辆的在线出勤控制;能够处理、分发和汇报每日巡视中的问题。

9. 井口控制分系统

井口控制分系统采用感应器,利用条形码和RFID技术以及互联网技术,对井盖进行定位、管理和实时监控,从而达到对井盖进行实时监控的目的，有效地提升了井口的管理水平。该系统能够实现对不同类型、所属单位、编码、使用状态、维护状况等信息的管理。同时，还可以显示井底的详细信息。

10. 实时监控桥梁隧道运营状况的分系统

通过对现场交通监控和交通状况进行实时监测，可以对交通进行全面的监控，并将车牌标识与无限制通信技术相融合，对实时路况进行全面监视。利用交通流的统计和分析，可以了解路面的损失情况，为保证道桥的安全提供依据，并利用PDA进行故障信息的收集，把故障的情况上传至道桥。桥梁监测资料的处理，能够为桥梁监测、养护单位、养护措施的追踪提供依据，为今后的桥梁评估决策提供科学有效的依据。维护人员依据本公司提供的保养建议，制订相应的保养方案。可以查看整个城市的道路、桥梁的信息，包括建设信息、产权信息等。

（二）市容环卫管理平台

城市环境卫生管理系统是指对环境卫生工作中涉及的人员、物质等进行全流程的实时管理，并与行车记录仪、油量监测装置相结合，对作业车辆的行驶轨迹、作业时间、油耗、行驶速度等信息进行监控，遇到事故时可以通过行车记录仪的摄像头获取第一手资料；利用旋转传感器和洒水器实现对清扫车、洒水器的清扫、喷洒作业的实时监测。通过对城市环境卫生的管理进行科学的规划，提高了环境卫生服务的品质，降低了环境卫生的运行费用，优化了环境卫生的经营方式，推进了环境卫生的分类，从而达到了"科技环卫"的目的。

城市环卫信息管理平台建设的目的是针对城市环卫主管单位的实际工作需要，构建一种智能环卫管理系统，实现环卫局管理的监测人员、保洁公司、环卫车辆（洒水车、垃圾车等）、公厕、果皮箱、垃圾桶、转运站统一管理，改善环卫部门的科学管理水平。

该平台的各功能组件采用低耦合、易于扩充的原理，采用界面相结合的方式将各功能组件组合在一起，形成一个紧密可靠的体系架构。在此基础上，可以方便地利用界面对新的功能进行扩充。

1. 自动化和清洁卫生管理系统

本系统以机扫、洒水、清洗作业为目标，实现标准化、精细化、数字化管理，管理的内容包括：规划作业区域，实时监控作业过程，自动生成作业车辆评估报告。统筹安排清扫车、洒水车作业计划，依据清扫面积、清扫比率、清扫时间等因素，提高或降低作业量。该软件能自动采集洒水器的喷淋、定时功能，方便现场管理人员对洒水、机械扫进行实时监测。

2. 废物清理与处理分系统

该系根据不同区域的垃圾处理方式（直运、转运），对不同类型的运输车辆进行全程监控。

3. 清洁工的管理系统

在 GIS 系统中，可以将职责范围、巡逻次数、值班时间等信息展示出来。利用 GPS 对人的定位信息进行上报，并根据计划的责任范围、上报时间实时监测现场的值班情况和滞留时间，实时对监测现场进行管理。

4. 卫生监督与管理子系统

卫生监督与管理子系统为各有关部门配有 GPS 模块或车载 GPS 设备，实现对不同作业部门的 GPS 数据的实时监测，划分清扫责任区、洒水责任区、保洁责任区，以满足不同的管理要求。对区域进行维度分级管理，以达到显示的目的。通过与职责范围及有关监测指数的有机联系，实现对人员作业、巡查情况的实时监控，并将其综合起来，生成考核报告。

根据"事前规划、事中监控"的理念，在事前规划每个巡查人员的职责范围，并根据监控模型确定监控指数，确定各监控类别的指标值。根据计划所规定的各种监测指标，对前端的数据进行监测，并对其进行分析和处理，将其反馈给中央服务器。中心的业务监控系统可以即时显示监督管理计划的工作，对指定职责范围内的监督工作进行实时监测，并将各种监测指数进行自动统计，编制评估报告。一旦出现不正常的行为，就会发出警报。巡查的范围包括当前位置、滞留、离岗、越界、巡查轨迹等。

5. 环境卫生应急处理系统

环境卫生应急处理系统对事故处理过程进行规范化，能够有效地解决突发事故。该系统围绕环境卫生工作，将人、车、设施与事件联系起来，保证问题能够被及时地检测、分配、处理、反馈，并对案件的处理和评估进行有效审核。其整体作用包括事件上报、事件派遣、事件处理、事件核查、事件调度、事件监控。

6. 环卫实时指挥与调度系统

环卫实时指挥与调度系统可通过局领导、各业务科室负责人、各环卫所所长的手机，登录指挥中心的无线网络，实时了解各现场作业人员、车辆位置及移动轨迹；对事故现场的视频监测进行即时的观察，实现任意时间、任何地点的可视性调度。

7. 卫生服务管理系统

该系统主要完成对中转站、垃圾箱、公厕等环境卫生设备的网上管理。支持各种条件如编号、所在区域、责任人、完好状态等对废品箱数进行查询和统计，并将其定位显示于图中。该系统按照分区内的分类，对垃圾的容量进行评估，并按照各卡车的重量，确定各路段的清扫责任范围，确定最佳的行驶路线，与有关技术相配合，实现对垃圾桶的及时清理，并能及时地反映各垃圾桶目前的清理状况。

(三) 园林绿化管理平台

该系统对作业管理范围、责任网格进行划分，明确各种责任单位的职责，其中包括数据采集、养护规划、喷灌控制、作业管理、树木生长观测及养护实施等一系列难题。将已有的绿地资料与调查资料进行综合，生成新的绿地图层，使其在 GIS 地图上能够清楚地显示出城市的绿化状况。同时，利用物联网、无线网络、GPS 定位等技术，通过网络管理技术，对施工人员进行动态监控，从而实行信息化、智能化，全面提升城市绿化管理水平。

1. 基本资料处理系统

基本资料处理系统的功能是将园林绿地、居住绿地、道路绿地、公共绿地、林片、单位绿地等与普查的绿化数据进行数据分类、分层、统一编码，实现对向量数据及栅格数据等特征数据的接口维护，并与后台数据库建立一一对应的关系。该软件对属性资料进行批量输入输出。该系统的主要作用是：将已有的绿化资料与统计资料相融合，形成 GIS 图层，将绿地的空间数据进行全面显示，同时对绿化数据进行及时更新，并进行分区划分；支持图像数据的装载和显示，能够无缝拼接、叠加显示，并能支持分层运算，使数据更容易识别、分析、加工；按分区责任制及不同的色彩对其进行管理，并对其进行了细致的检查，包括基本属性、养护规划等；在 GIS 层中，可以看到操作人员和操作车辆的位置和运行路线。

2. 古树名木的经营系统

该系统负责收集和记录相关的资料，其中包含大量的历史树木，并利用这些资料进行了比较和分析。

3. 植物的动力学控制系统

该系统的功能包括：记录种植时间、所属单位/个人、品种、生长状况记录、移植记录变化（如移植、移出、死亡）、历史信息、当前状态（迁移、死亡）等，并可存储更改记录和历史信息。

4. 工作管理系统

该系统主要实现定时作业计划、即时作业任务制定与浏览等职能，可根据计划类型（月、季、年）、养护类别、养护内容制定定期、定时的作业计划。

5. 智能化灌溉系统

通过采用远程控制技术进行远程控制，保证了信息的及时采集。其资料包括：环境温度、风力、气压、湿度、光照、土壤湿度、地理位置、植被类型等。采用资料对比与遥控技术，可达到喷雾作业的智能化。

6. 智能园区分类器

该系统能够完成公园的 3D 显示，并为游客提供最新动态、平面地图、路线推荐、门票价格、紧急出口、Wi-Fi 等相关信息。

7. 园林设计与经营分系统

该系统主要是为园林植物的栽植和维护工作提供支持。

8. 园林工程案例处理系统

该系统接受督察举报的各类绿化案件（如古木、公园景观、绿地），对收到的案件进行核实、核查，并将结果录入数码城市。同时，可为不同类型的案例进行地图演示。

当操作人员完成提交的案件后，可以对已发放和处置的案件进行追踪。该软件还具有派发、处理案件的统计分析能力。

9. 企业和员工的管理系统

该系统为园林养护作业单位的信息进行更新，包括作业人数、车辆数量、作业责任区的划分等。协助显示作业公司的作业规模及作业量、作业单位、作业人员、车辆、设备等作业资料。同时，完成园林企业基础资料的输入和升级。按照职责划分，与各单位的岗位员工形成相应的联系，实现对各单位进行细致的监控和评价。

10. 绿化维护知识基础分科

"绿化维护知识库"是为广大的园林工作者，在此基础上对其进行相关的研究。养护的内容包括养护标准、养护规则、养护流程、养护注意事项、养护方法等。主要介绍了害虫的名称、发生时期、发生规律、病源、防治方法、疾病描述等。

（四）城市管理执法平台

城市管理执法平台是管理人员管理的"监视器、指挥棒"，基于云计算的空间地理数据，借助各种移动通信技术，完成现场执法、人员调度、人员档案管理等功能。该平台通过装载集成各个单独系统的应用部件，通过摄像头、传感器等终端对城市的"体征指标"进行收集、整理，并对各个主题图级数据进行分类、加工、处理，并利用图像的形式将各类数据的内容展示出来，为城市管理者提供数据分析、判断和支持。利用这个系统，可以有效地提升案件的侦破与处理，从而建立起一个有效的法律制度。

该系统的运行模式依赖于执法人员、监管中心、稽查部门和各功能部门之间的业务信息流动，以达到执法部门的计划和决策。这个平台将企业之间的业务联系起来，将城市的经营与监督有机统一起来，从而使城市的行政职能部门能够切实地发挥政府的公共服务与社会治理功能，并形成责任分立清晰、业务分工明确、执法信息与法规规范、执法情况反馈及时、问题解决迅速、监督严谨的数字化及信息化城市综合管理平台。本系统可在执法监控、案件基础数据管理、电子信息采集、受理移动案件、各个职能单位的协同监控和综合评估等方面实现全程地理代码的覆盖。通过上述研究，该系统的建设是对现场、监控、指挥等各职能单位的运行进行统一的规划和组织。另外，还采用了辅机系统，对危险源、执法车辆、监控系统、GPS 车辆监控以及远距离的监控系统进行监控。

在本地网中，需要大量的带宽及业务。为了增强网络的处理性能，对模块的接口和可扩充性都很高，所使用的核心交换机是千兆位，与数据库服务器、GIS 服务器、应用服务器相连，并提供了千兆位连接，确保数据中心和监控中心与数据中心之间的连接，并通过多层平台连接到政府网，协同处置突发事件，便于资源整合，建设统一传输、信息资源及网络平台，实现多网融合资源共享。

(五) 视频综合管理平台

视频综合管理平台是智慧城市管理视频监控系统的核心，以实现智能化城市建设为目标、以视频影像和信息网络为核心，为智慧城市建设提供了一个易用、实用并且具备视频信息共享、存储查询等多项功能的视频综合平台，为智慧城市开展视频取证、视频监控、视频分析等业务提供应用服务支撑。

平台功能主要有设备接入能力、平台联网功能、管理应用功能、运维管理功能、系统管理功能、移动应用功能及界面功能。

智能城市可利用的视频信息资源，以警察和自主建设的视频平台为主，而对于各视频资源的建设，以完成系统的视频综合管理平台的标准化对接。

通过网络网关，可以在不同的网络环境下，进行不同平台之间的信令控制、信令交互、信令路由、视频编码标准化、视频流推送和发布。

三、惠民服务与市民参与平台

该平台是将政务、服务、信息等多种资源整合起来，实现一站式、平台化、智能化民生综合服务平台，为各级机构提供社会管理创新模式、网格智能服务，为广大居民提供全方位、多元化、立体式、智能化便民生活服务。"便民"和"公众参与"是指在"聚合、重构、协同、便捷"的基础上，通过整合和创新公共服务，整合政府、社会各类相关影响系统和上下游资源，从而整合服务与管理的智能平台。

(一)总体架构

惠民服务与市民参与平台，建设门户网站、微应用等窗口，为广大群众提供咨询、投诉、办事指南、网上预约、事务办理、信息获取、停车诱导等全方位的便民服务，提高人民的幸福感。为市政运营单位的流动办公人群提供随地、随时办公的环境支持，提高政府的服务水平。该系统以地理信息和数据为依据，实现信息共享和信息交流。同时，利用地理信息系统进行空间解析，能够很好地解决各部门、各行业、百姓的日常生活需要。这个系统包括运行支持环境、数据层、服务层和应用层。四个层次的功能是逻辑上的相互联系，通过不同的使用者界面相互连接，形成一个整体的体系。

(二)平台主要功能

具体来说，惠民服务与市民参与平台主要包括数据采集系统、数据管理系统、应用服务系统和运营维护系统。根据运营环境，政府公共服务平台分为政府和公众两个部分。惠民服务与市民参与平台的主要作用是：

(1) 实行全市综合行政服务"12319"业务。

(2) 实现"12319"城市管理服务热线与"110"报警电话等其他热线的对接，整合"12345"政务服务热线，建立统一的政务受理平台。

(3) 建立有效的跨区域城市治理问题处理机制。

(4) 在市政行业中，利用微信、微博、手机等移动平台，为市政事业的建设和发展提供便捷的服务。

(5) 实现"办事指南""行政审批""公厕""停车引导""路桥收费""城市道路维护""供水""便民"功能。

便民服务平台由政务公开、网上投诉、智能停车、公厕指引等网络媒体与公众进行交互的公共信息网APP、微博、微信等网络媒体，使城市管理"便民化"。利用云平台体系结构，使其业务流程达到"一站式"、业务流程的网络化、自动化。通过建立跨行业的跨部门协作，使各行业间的审批信息可以实现横向传输，突破跨行业的障碍。

构建"惠民服务与市民参与平台"，形成稳定、可靠、高效的智慧城市管理手机应用，为广大群众提供"就地办公""就地出勤"服务，提高政府公共服务水平。各大平台都有各自的应用支持,并开通了第三方平台,以促进企业的积极投入。

第三节 两个支撑

一、智慧城市运行管理中心

智慧城管监控指挥系统是保障城市管理系统安全、提高城市管理效率和运营效率的重要组织。它的功能是:①建设和运行智能管理系统;②对涉及的市政事务的受理、派遣、监督、评价和考核工作进行监督;③对城市居民进行全面的人口调查;④负责日常的市政事务监督指挥、数据支撑,并为其提供科学的评估报表;⑤负责对全市行政监管指挥系统运行工作进行指导;⑥协同指导有关的城市调度工作;⑦负责运营和维护智能化城市综合服务体系。

二、全业务融合平台

城市智能化是一项复杂的系统工程。要将核心业务系统、诚信评价和第三方业务系统整合起来,对系统的通用和可重用的能力进行精炼,为业务系统的公用支持提供应用服务,增强业务系统的数据通、业务通、流程通。在此基础上,还要综合分析各种不同的信息访问方式,如视频监视和第三方的访问。这个平台要求构建一个业务服务支撑体系,使业务体系更加聚焦业务处理,实现各类业务的有机融合、有序支撑。在整个业务整合支持平台下,实现应用服务支持。

整个服务整合支持平台层次位于智能城市建设中的商业中心。其主要的建设内容有:全面感知引擎、智能调度引擎、流程融合引擎、业务分析引擎、管理配置引擎及统一采集平台等模块。

(一) 全面感知引擎

该系统能够实时、大量地收集视频、文字、语音和命令数据,并采用视频识别、语音识别、图像识别、文本识别等技术,实现对数据进行自动或辅助的识别，并由过程机器人快速接收、派发和处理。全面感知引擎主要涵盖的问题访问、问题识别和问题的预处理。

（二）智能调度引擎

智能调度引擎主要由智能核实、案件关联、流程配置和案件派发构成。

1. 智能核实

案件对比是指将提交的案件和系统的案件与后台的案件库、案件状态等数据进行对比，根据案件的类型可分为以下两种：一种是重复报告，另一种是已经完成的报告。审核合格的案例由处理机器人进行自动化处理。

2. 案件关联

在问题报告中，利用问题的特点将问题的属性与具体的问题进行关联，将问题的责任单位与问题的责任部门进行联系，将问题的位置信息与具体街道、具体网格、具体网格员或监察员、科排队所或专业单位进行连接，同时对问题中涉及的人、地、事、物、情、组织进行多维关联。

3. 流程配置

该平台的管理者具备对已定义的过程进行调整的能力，其主要作用是编写和界定一个城市管理的商业过程。流程组态包括流程定义、活动定义、条件定义、路径定义。一个过程包括许多行为，这些行为由不同的条件和路径连接起来。

（1）流程定义：界定流程名称、流程时限、主办单位、协办单位等商业流程的信息。

（2）活动定义：活动大体上可以分为受理、审核、立案、派遣、执行任务、核查、归档，不同的工作流程由不同部门、不同用户共同完成。

（3）条件定义：在活动过程中，过程的转移是由各种情况决定的，在各种情况下，可以把项目转移到各种活动中。

（4）路径定义：路径是一个优化的条件。在同一情况下，若存在一条路径，则为单一路径流动。多条路径意味着多条路径的流动。工作流程的概念是对视觉的一种支持。通过流程图对企业的流动进行界定，使其更为直观和便捷。

4. 案件派发

基于对视频、图像、文字、语音的全方位认知，利用机器对案件信息、图片信息进行智能培训，并利用机器学习技术，生成一幅典型的都市问题图像，从而实现自动分类、聚类等功能。比如，网格员在拍摄照片、上传照片时，可以根据照片中的场景，自动判断出是哪个类型的城管，建议哪个部门处理，并给出派遣理由、依据，避免基层网格员、社区志愿者、社会公众对分类辨识不清，做到智能推荐和精准匹配。

(三) 流程融合引擎

流程融合引擎连接了包括监控系统在内的所有案件处理系统，包括专门处理部门处理系统和镇街处理系统，将案件的整个过程都记录下来，并根据不同的时间线，将整个案件的各个过程都记录下来。

监控整个程序的实施状况，及时地对有关案例的处置和结果进行反馈。比如，在目前的案例中，具体的处置单元和部门是不是有回应，案子有没有被解决，有没有出现不正常的情况，有没有得到反馈，案子有没有被解决，有没有被记录下来。

(四) 业务分析引擎

业务分析引擎主要包括问题专题分析、案件流程专题分析、责任主体专题分析、人员专题分析及智能报表等。

(1) 问题专题分析。可以对事件的整个过程进行迅速的回顾，并对各种问题和案例进行实时、时空的统计和分析，自动生成日报、周报、月报、图片等全要素的信息。

(2) 案件流程专题分析。通过对案件的统计分析，可以从热点案件分布、多发区域分布、路段分布、历年案件分布及复杂案件特点等方面进行直观的展示。

(3) 责任主体专题分析。是对各个职能单位处理效能的特点进行具体的剖析。

(4) 人员专题分析。对不同层次的工作人员的处理效能进行特性研究。

(5) 智能报表。根据不同的主题，根据组态性管理，按时编制出相应的报告，用于对智慧城管的考核、监督、监测和决策。

（五）管理配置引擎

管理配置引擎主要包括案件分类管理、分发规则管理、案件等级管理、任务配置管理和网格划分管理等。

（1）案件分类管理。它是指确定和维持案例的种类。案例类别为树状清单，可以添加子类案例，并可以对案例进行更改或移除。案例类型包含类型名称、类型描述、目标管理标准、整改期限等。

（2）分发规则管理。确定案例发布的相关规定，以及相关部门和相关人员的互动反应。依据梳理后的案例处理程序和方案，进行相应的程序模板的绘图。

（3）案件等级管理。其主要的作用是：案件等级定义维护、等级显示顺序、案件等级列表显示。

（4）任务配置管理。设定计划的规则，监控操作状态，启动和关闭状态。

（5）网格划分管理。以单元格为基本单元，结合江北区的具体情况，依据所收集的数据，将监测网格分为多个单元的网格化。按照江北区五网融合的要求和国家规定，将职责或基本单元组成一个单元，实现对单元的统一管理。

（六）统一采集平台

统一采集平台主要包括无线数据传输接口、数据共享交换接口、专业数据交换接口及基础数据采集管理等。

（1）无线数据传输接口。该软件能够实现与城市管理电话等移动终端之间的数据连接。无线数据传送是指城市通信系统和数据库系统间的数据传送。利用无线数据收集设备，利用 GPRS 技术将所收集到的有关事件（部门）、相关图片、录音和位置等相关的信息发送给服务器。采用 HTTP 技术实现了文本、图形、图像、声音等多种形式的通信。

（2）数据共享交换接口。能适应多种城市管理工作方式的需要，例如，数据同步结构支持多种数据格式的图像、声音和视频数据的传送；在城市、街道、社区三个层面上，实现了城市、街道、社区三个层面的信息交流，其中还包含商业信息、基本地貌信息的交流和分享。

(3)专业数据交换接口。"12319""12345"热线、视频监控、行政审批、城市防汛、路灯、景观亮化、视频监控等对外业务系统的互通，可以提供城市管理监管问题信息、业务办理信息、专业空间数据信息、综合评价信息等。

(4)基础数据采集管理。主要是对各类"人、地、事、物、组织"等基本数据进行收集。

第四节　两个辅助

一、大数据分析平台

大数据管理系统能够将城市管理资源综合起来，其中包含对各类视频资源、图像资源、城市管理业务数据、公共服务信息、城市突发事件信息、城市管理信息、公共服务信息、城市突发事件信息等信息的处理，利用信息技术对城市信息进行深度的数据处理，为城市信息管理系统的构建提供强大的支持。

随着大数据的来临，中国新的城市化发展战略的科学化和高效的城市经营管理，将会在信息的采集和高效集成的前提下，实现对未来城市化科学、实时、动态的监控。大数据分析系统由大数据管理子系统、存储管理子系统、大数据分析支撑系统、智能城市管理三个指标分析系统组成。

(一)大数据管理子系统

大数据管理子系统由数据标准管理子系统、数据采集管理子系统、数据仓库管理子系统、基础支撑管理子系统、多数据类型管理子系统、数据键值管理子系统构成。

1.数据标准管理子系统

实现统一的数据规范，并对主要的数据进行管理和维护，实现了多个城市主要数据的共用。

2. 数据采集管理子系统

完成数据采集和数据清洗，主要是数据一致性的检验，无效值的处理及丢失值的处理。数据仓库中的数据指的是特定领域的数据，它包含了从多个商业体系中提取的数据、外部的蠕动数据等。数据仓库中的数据不合格分为三种类型，即数据不完整、数据错误、数据重复。

3. 数据仓库管理子系统

负责公共数据资源、数据集和数据仓储的维护。主要采用分析性的方法，通过对特定领域城市经营活动的历史资料进行统计，并依据这些资料的分析，做出相应的决策。

4. 基础支撑管理子系统

基础支撑管理子系统对分布式存储器、HDFS 文件处理、存取权限、资料安全性、存取记录进行了解析。

5. 多数据类型管理子系统

在 Hadoop 分布式档案中，它是一种用于储存混合结构和非结构性资料的系统，它的元资料由主从关系决定，还具有一个通用的名称。基于开放源代码的发展，可以有效地提高 Hadoop 的性能。

6. 数据键值管理子系统

在大数据管理中，对结构化、半结构化和非结构化的资料进行管理，是实现大数据管理的核心。利用分布的关键字型数据库，使 HDFS 中的数据不受数据量的约束，能够储存任何数据的格式，并且通过哈希索引和高效的缓存技术，同时读取和写入数据，从而实现数据高速并行的读取和写入。

(二) 存储管理子系统

存储管理子系统是城市管理基本数据的永久性储存，是各级主管部门进行城市行政决策和指挥调度的重要信息资源，也是集各个业务科室平时处理日常业务、行使监督和控制职能的数据基础。该系统为政府机关的行政管理工作提供了数据支持，它将重点放在推进城管执法、市政设施管理、园林绿化、市容环境等方面，丰富了信息的内容，并实现了信息资源的集成，为各类业务提供了全面、客观的支持和指导。本软件的功能模块包含数据标准管理、数据采集管理、数据仓库管理、数据键值管理、基础支撑管理、多数据类型管理等。

该系统构建的目标是将城市管理信息资源进行综合集成，包括视频资源、图像资源、城市管理业务数据、政务服务数据、公共服务数据、城市突发事件应急管理数据等，通过数据挖掘、人工智能及深入分析技术，逐渐完善数据模型，其服务对象主要是区城市管理局领导、各业务人员。通过对企业运营、公众服务、领导决策等方面的个性化服务，能够迅速地追踪和反应紧急情况，增强对危机的理解和判断，从而进一步加强对各种情况的预见性和应变。

简单来说，大数据分析平台主要是利用主数据管理功能来管理各个业务数据，然后利用ETL的数据提取技术对这些数据进行清理、加工，然后将其加载到数据中心，为高层和外部的系统实现数据的一致性。

(三) 大数据分析支撑系统

大数据分析支撑系统由计算支撑子系统、大屏可视化子系统、智能报表子系统组成。

1. 计算支撑子系统

该系统采用了数据挖掘和实时处理技术，其基础部分包括实时计算、批量计算和流计算三部分。数据采集工作是脱机的，而即时的分析则是对在线的分析。数据处理的中心任务是将分散的异构数据资源，如关系数据、平面数据文件等从数据中提取出来，经过清洗、转换、集成和处理，最终装入数据处理系统。

2. 大屏可视化子系统

该系统主要是将显示的信息和处理的效果显示出来。其目标是通过灵活、直观和可视化的方法，帮助人们快速、准确地获取数据背后所蕴涵的内容，从而为智能城市管理各个层面的决策者提供相关的决策依据。其显示形式为仪表盘、表格、日历等，并具备个性化定制内容、指标等功能，将经理和商务人士所关心的指标直观呈现，实现了个性化设置。

3. 智能报表子系统

该系统是实现数据处理的一个关键环节，主要用于对数据的准确、全面和灵活的反映，为企业的经营提供可靠的数据支撑和决策支撑。本系统分为四大模块,即图形报表制作、报表设计、报表显示和报表输出。

(四) 智慧城市管理三大指数分析

智能城市综合指数由建设指标、运营指标和卫生指标组成,智能指数能够实现对市政系统实时、准确的在线分析,无须预先进行大量的预判,大大提升了智能城市管理指数的运算速度。

建筑指标反映了"1322"智能城市结构系统的构建。实现了智慧管理、智能化业务服务创新化、决策分析科学化、应急指挥扁平化。运行指标要结合城市管理的现实状况,从人员管理、车辆管理、运行管理和评价考核等角度对运行指标进行全面的管理。对各系统之间是否存在数据交互、各系统是否有评价指标、是否将各系统评价的内容等进行全面的评价。

卫生指标采用城市智能数据中心的数据和各个系统的运行数据,将城市部件量、单元网格数、商铺数量和入驻率、民调数据、投诉满意率、环保监测数据、交通运行数据、人口密度等数据进行科学建模、智能研判。

虽然在智能城市建设中,大数据发挥了重要的功能,但它还处在初级阶段。以"以人为中心"的理念为核心,在充分考虑人口需要的前提下,对"以人为中心"的城市管理进行科学的设计,提高城市的建设与行政服务水平,使人们的日常工作更加便利。以此为依据,对信息化系统的建设与技术进行了改进,为实现智能化城市的信息化管理奠定了坚实的基础。同时,对城市的管理系统进行了高效的均衡,实现了各个方面的协调和集成,从而形成了一个科学的、高效的、可持续的、科学化的城市治理模式。

二、部件物联平台

部件物联平台是指建立城市综合物联感知系统,利用网络技术和统一的界面标准汇聚在采集管理平台上,实现市政公用设施与市容环境卫生的泛感知、智能化监控,提升城市管理的服务效率。部件物联平台主要包括感知系统、视频监控网络等。

(一) 感知系统

感知系统主要实现了以下功能的管理:实现了对市政公用设施的访问

管理，按照自身的职责，为综合监控平台、业务管理平台提供相关的信息，并为除市政管理之外的政府机关、社会事业单位的设施接入管理。

所述感知的范围包含但不局限于以下内容：

(1) 对城市公共设备进行监控，包括停车、井盖、水位、桥隧、边坡等；

(2) 包括古木名木、公园游园等园林设施的监控；

(3) 路灯设备监控，由智能灯杆、单灯控制等组成；

(4) 对环卫设备进行监测，包括作业监测、危险源等。

(二) 视频监控网络

视频监控网络主要实现以下功能的管理：

(1) 实施公安平联影像的共用；

(2) 新建并购置移动视频设备、城市通信设备，实现汽车移动视频的扩充；

(3) 建立基于智能影像处理技术的城管视频监控系统，通过智能影像处理等技术，完成智能信息采集、任务智能派遣、案卷智能核查、问题智能结案。同时，为各个企业和平台提供相应的资源；

(4) 建立一个覆盖区域、重点多方位、全天候、全过程记录，以固定监测站为主、以移动无线监测为辅的监控系统。

第六章　智慧城市管理产业发展

第一节　智慧城市管理产业

一、什么是智慧城市管理产业

智能城市经营是一项以智能城市经营为目的的行业，它所使用的各种硬件、软件、数据等元素都与之相关联。"智能"是指利用信息技术代替人力进行的信息采集、分析、处理、评估等基础工作，从而使企业的经营活动更加智能化。智能城市的经营要通过智能硬件、软件、大数据等三个方面的结合达到智能管理。在智能城市的建设中，要使智能硬件、软件、大数据三者有机结合，必须对有关人才进行培训，制定相应的技术和服务规范。要持续提升城管信息化的能力，需要在智能硬件、软件、大数据等方面进行深入的研究。

二、智慧城市管理产业的分类

根据智慧城市管理产业的职能和适用领域的不同，可以将其划分为以下两种经营类型：

（1）根据工业职能的不同，可以将智慧城市管理产业划分为核心产业和服务业。其中，核心产业是指与智能硬件、智能软件、大数据相关的行业。服务业是指与创新研发、金融服务、人才培训等领域有关的行业。

（2）根据行业的使用领域来进行分类，可以将智慧城市管理产业划分为智慧城市管理专用产业和智慧管理通用产业。智慧城市管理专用产业是针对智能城市的管理系统而开发和制造的，通常不能在其他产业中使用。智慧管理通用产业是在智能城市经营和其他智能经营方面都可以应用的产业。

另外，智能城市的特殊行业与一般行业也不是绝对分离的，在特定技术的转换下，可以将其应用到一般行业。

第二节　智慧城市管理产业的现状分析

一、智慧城市管理产业初具规模

我国智慧城市管理产业已形成了一定的雏形，但与其发展的需要仍有一定的距离。

(1) 智慧化城市的软硬件行业已经形成一个相当的规模并呈爆发式增长。

在智慧城市的发展过程中，下水道机器人、智能路灯、智能手表等智能市政设备也逐渐开始应用，相应的智慧城管系统已经具备了一定的规模。

重庆市近几年的快速发展，在智慧型硬件行业中已经有了明显的产业集聚的迹象。以重庆市为代表的智能型手机，已经形成了由零件制造、产品检测、供应链服务等多种形成支持的产业链条，大量手机品牌商和ODM厂商纷纷进驻。

(2) 智慧型城市的软件管理行业诞生。

当前，智慧城市管理软件行业发展迅猛，各种与其相关的应用也得到了发展。

比如，腾讯、阿里巴巴、百度等国内的网络巨头已经和重庆建立了深入的协作关系，同时还包含滴滴出行、东华软件、腾龙等，重庆软件行业的自主创新实力不断增强。

重庆市在加速发展智能化软件产业链的同时，还发展了包括智能化城市管理软件在内的"智能化"工业。在智能化应用软件方面，已初步建立起以计算机视觉为主导、语音识别与自然语言处理协同发展的智能化应用软件和综合解决方案。

(3) 政府信息化行政工作中的大数据运用已经比较完善，商业数据需要进一步完善。

数据显示，目前我国智能城市的大数据管理已经有了一些成果，但是大数据服务仍以政府信息服务为主，商业服务却很少见。比如，重庆市智能硬件、软件、大数据这三个行业虽然已经有了一些成果，但是在现有的基础上，对桥梁、隧道、道路照明等方面缺乏有效的监控，不利于智慧管理的应用。智能管理需要进一步强化，智能硬件、软件、大数据三个行业的发展有很大的距离。

二、智慧城市管理三大主体产业齐备

智慧城市管理三大主体基本形成,但相关的辅助设施还需进一步完善,具体表现为:

(1)智慧型都市的智控、软件、大数据三个行业已具备。智慧城市管理包括设备感知层、物联网平台、云平台,物联网数据资源层包括智能硬件、软件、大数据。重庆市智能硬件、软件、大数据三个方面都有了长足的发展,并形成了完整的工业体系。

(2)在人员培训、技术支持等方面还需继续进行。目前,智能城市的总体规划和标准不统一,设备不兼容,各系统数据复杂,很可能造成应用割裂,数据上报不及时、不准确,数据共享困难等情况,需要进一步对智慧城市管理相关的智能硬件、软件和大数据处理技术进行研发,加强标准建设,强化人员培训和培养。

三、智慧城市管理产业发展基础坚实

目前,智慧城市管理产业发展基础较为坚实,主要体现在以下五个方面:

(一)产业集聚效应明显

智能行业表现出聚集的作用,形成了一个专门的智能硬件生产基地或智慧软件产业园。

重庆目前已有的两大智慧制造业的发展方向:一是重庆市的两江新区,将是未来的机器人工业基地;二是重庆的西永微机电园区,将会是未来的主要发展基地。重庆双江新区数字经济园区聚集了大量的云和大数据公司,它们集中在数字基础产业、数字应用产业、数字服务产业等领域。

(二)重点企业提供强有力支撑

各大公司都将眼光投向了智能城市的管理领域,比如,长城公司的智能安防系统,长城公司为智能城市的信息化建设提出了一套完善的系统框架；永高以智能网管为依托，实现了管道、泵、阀的一体化操作，使其智能化、高效、便捷。

当前，重庆的智慧工业得到了阿里巴巴的大力支持，而紫光则在重庆建设了一个规模达百亿的智慧安全生态。两江云计算、中国联通、中国电信、中国移动、腾讯、浪潮、重庆有线、网宿科技、腾龙，这些公司的数据中心，合计825万个，可容纳100万台服务器，是西部地区最大的数据中心聚集地。

(三) 产业支持政策优惠

在政府的扶持下，智慧城管行业迅速发展壮大。为了推动智慧工业的发展，在重庆市财政局的大力扶持下，积极配合市发改委、科委、经信委等相关单位，将"放管服"的要求和金融工作紧密联系起来，切实推进"营改增"等相关税费改革，进一步扩大减税效果。同时，推行全流程业绩考核，健全跨行业的交办与监督机制，紧紧围绕重大项目培育引进、科研创新与转化、人才供给、产业集聚等环节精准施策，建立政策动态调整和退出机制，切实提升资金的使用效益。发挥种子基金、天使基金、产业引导基金和战略新兴产业基金的功能，引导撬动更多社会资本支持制造业企业的创新发展。市科技委员会与中央及各地的政府引导资金，共同组建了以市场为导向的智能化工业母子资金，提高了智力行业的投资供给。

(四) 产业人才资源丰富

发展智能工业，必须有大批高质量、高层次的专业技术人员。重庆市现有24个省级核心学科和4个核心学科，3个博士点和4个硕士点，在校学生总计6205人；建成省级相关学科30个、一流学科4个，新增一个博士点和7个硕士点，总人数为5807人。当前，重庆部分大学积极推进校企联合，培养了大量的大数据型专业技术人员，可以加强信息技术人才的供应。

(五) 信息基础设施条件好

智能化的城市管理系统，通过智能化的硬件设施，收集了海量的信息，并通过互联网进行传输。云计算、大数据、物联网等技术的发展都离不开一个坚实的网络支撑。信息架构非常关键。

全国的"骨干直联点"和"5G试点"等网络的基础条件对重庆新一波大数据建设具有重大意义。重庆作为全国的网络连接中心，加强了网络之间的交通疏导，有利于推动云计算、数据中心和各类网络资源的集聚。

第三节 智慧城市管理产业化探索

一、智慧城市管理硬件产业化

智能化的硬件设施是城市信息化建设的基础，担负着数据采集、分析和处理等重要功能。根据企业对智能化城市经营的需要，未来将会逐步发展和壮大，从而打造出一套完整的智能化硬件制造企业，促进本地的经济发展。

当前，在智慧城市的管理和施工中对许多智能化的硬件设施都有大量的需求，而这些都是从国外或者其他地区采购的。为了解决目前我国信息化发展不均衡的问题，可基于实际应用需要的思路，将其产业化，形成一条涵盖研发、生产、销售等多个方面的产业链，最后汇聚成专业的智能硬件设备生产基地。

智能化市政硬件的工业化，既可以大幅降低工程造价，又可以吸纳大量具有技术力量的公司到渝投资，提升本地的智能化硬件装备开发能力。同时，以国内领先的科技公司为主导，培育以智能硬件为主的本土公司，提升当地的智力资源，促进当地的经济发展。

二、智慧城市管理软件产业化

不同区域的智能城市管理体系采用不同的建设方式，但又存在许多共同之处。因为构建一个完备的智能城市管理系统所需的成本很高，所以对其他区域，可以通过租赁或购置智能系统的界面，进行软件的共享，使之实现智能化管理软件的商业化。

另外，围绕智慧城市的软件服务需要，扩大与之相关的网络公司的经营领域，进而打破许多企业在原有领域内的发展瓶颈，寻求新的发展机会，逐渐成为一个具有高科技、智能化的软件园区。

三、智慧城市管理大数据产业化

通过智能化城市管理系统的智能化硬件系统，收集到大量的原始资料，再通过智能城市管理系统的智能化软件进行分析，最终得到的信息，可以用于城市的智能化，在其他方面也非常有用。把城市经营数据进行工业化，将城市交通数据、城市空气污染数据、城市降水量数据等综合起来称为数据资源。

比如，相关汽车厂商在对重庆市道路流量进行收集和整理后，选取与重庆道路特点相匹配的汽车，将其推广到广大消费者手中。再比如，将多种资料资源进行综合，形成各大企业所需的资料，推进企业与资料的深度融合，最大限度地发掘资料的价值，扩大科技的运用，从而推动行业的多元化发展。

四、智慧城市管理产业化探索的实践

依托"智慧城市管理"的概念，重庆市江北区在我国第一次智博会上与上市城管局、江北区人民政府、阿里云签署了《重庆市江北区智慧城市管理建设与应用合作框架协议》，与各大科技企业携手，引入国内知名企业、高校、本土企业，建立了一个基于"智能传感器"的生产基地、培训学习与科研、研究与开发的"产学研用"四大服务平台，以重庆市江北区"智慧城市管理"试点工程为依托，打造可复制的模块化、云端化、产品化的智慧城管云服务平台，携手拓展市场，面向全国，带动和助推全市和全国智慧城市管理工作。

第七章　基础设施系统建设

第一节　城市基础设施与城市基础设施管理体制改革

一、城市基础设施概述

（一）城市基础设施的概念

城市基础设施是指为实现社会和经济的平稳发展所必需的各项工程和公共基础设施。

工程基础建设指的是能源、排水、交通、通信、环境、灾害等方面的建设。社会基础建设包括行政管理、教育、卫生、体育、商业、金融保险、社会福利、住宅等。

城市基础设施是城市建设和投资的重要组成部分，是城市发展的重要先决条件。

（二）城市基础设施的分类

按照经济特性，城市基础设施可按以下三种标准进行分类：

第一，根据公共产品的特点，可以将其分为纯公共物品、准公共物品和私有物品三种类型。

所谓的"公共物品"是指拥有"非专有性"和"非竞争性"的商品，即"一位顾客不能将另一位顾客排除在外"；消费者的购买并不会减少其他消费者购买的商品。在城市生态环境、城市防灾、城市绿地等方面，都具有显著的"非专有性"和"非竞争性"特征。

"准公共物品"指的是一种处于纯粹的公益（或劳务）与私有商品（或劳务）间的一种商品（或劳务）。在一定的供应条件下，会产生大量的商品供应，从而导致商品价格的不平等，如公交、污水处理、垃圾处理等。

第二，根据产品能否上市、能否盈利、能否通过市场交换来获取投资收益，又根据能否将其市场营销分为城市基础设施非经营性项目和城市基础设施经营性项目。

城市基础设施非经营性项目是一种没有收费、没有资本的工程，例如，开放的市政公路等。

城市基础设施经营性项目是以收费机制为导向，实现资金流入。根据是否存在效益，经营性项目按其有无收益又可分为纯经营性项目和准经营性项目两类。单纯的经营性项目可以在市场中得到合理的分配，其动力和目标都是利益的最大化，而其投资的构成则是一个价值的增值，如高速公路收费、桥梁收费、废弃物的高收益等。准经营性项目是指收费制度、资本流入、存在潜在利益，但由于其收费标准不到位等原因导致项目不完善，如煤气、地铁、轻轨等的收费不合理。

第三，按照市场的构成、集约化程度把它们划分为自然垄断基础设施和竞争性基础设施。所谓的自然垄断基础设施，就是指在技术、经济等方面，仅有一种或一种以上的公司能够为其提供产品和技术的基础，具有一定的垄断性和寡头性，比如电力输送、给排水、集中供热等。而具有竞争性基础设施是指在一个较小的市场上，通过竞争的不同公司来生产，例如煤炭生产、出租汽车、公交车等。由于我国的市场化程度越来越高，目前人们普遍把电力、供水等产业视为具有竞争力的产业。不管以何种方法来划分，城市的基本结构都没有发生变化，而是随着人类认识的加深、技术的进步和发展的需求而发展的。

(三) 城市基础设施的作用

城市的基础建设是一个城市的基本要素，是一个城市的发展与繁荣。在我国国民经济和城市建设的近代化过程中，由于城市规模的增大、各种职能的演化与加强，人们对居住品质和环境品质的需求也越来越高。因此，作为城市经济和社会的重要组成部分，城市的基础设施的重要性也越来越突出。加强对城市基本结构特征及功能的理解，搞好城市的基础设施建设与经营，对于推动城市的平稳、健康发展，提高城市功能、质量和现代化有着十分重大的现实意义。

城市的基础建设是实现城市经济效益、社会效益和环境效益有机结合的必要前提。其主要功能有以下四个：

第一，城市的基础建设是一个国家生存与发展所必需的。城市是一种高度发达的生产力的空间形态，是一个人口密集、经济集约、科学文明密集的区域体系。城市的基本结构是一个重要的组成部分，城市的存在与发展都离不开它。城市的基础结构和支撑体系是其生存与发展的必备先决条件。城市的基本建设是一个先导性的工程，必须与经济社会协调发展，与经济社会发展同步规划、实施和发展。城市的基础建设水平低，势必对整体的社会和经济发展产生一定的不利作用。

第二，城市的建设对一个国家的形象、地区的投资环境有很大的影响。城市的基本建设情况，是城市、地区乃至国家经济文化发展水平的重要标志。而完善和健全的城市配套设施则是一座城市发展的重要物质基础和先决条件。完善的市政基础建设可以为城市营造一个良好的品牌和投资氛围，为当地的社会和经济发展提供必要的资本和人力资源。

第三，城市的基本建设对人们的生存环境有很大影响。城市的基本功能是为社会提供的，它的服务对象既是国民经济各个行业的生产资料，也是人们一些基本的居住条件，例如防火、防洪、防震等。为市民的日常生活提供便利，是在城市基本结构产生之初就具有的功能。我国城镇人口的生存质量是由其自身的发展程度、国富民强、人均 GDP 等因素决定的，而其是否健全和发展也直接关系人民的生存品质。很难想象，一个没有煤气和电的"现代都市"，人们的生活将会发生怎样的变化。交通不畅、通信不畅、电力供应不足、给排水能力差等，都无法保证高品质的居住环境，最多只能勉强维持市民的生计，最后导致整个都市因此而衰败；与此形成鲜明对比的是，完善的市政基础建设能够为市民创造干净、卫生、优美、舒适的工作和居住环境，改善居民的居住品质，提升市民的凝聚力和向心力，从而推动城市的发展。

一个好的市政基础建设不仅能给人们带来物质上的利益，而且还能给城市的经济带来更大的发展，这对人们的影响是巨大的、深刻的，因此它的作用不可忽略。

第四，城市的公共设施对集聚效应起着决定性作用。城市是人类社会和经济发展的必然结果。随着生产的不断发展，商品的交易逐渐变成人们的必要条件，就形成了一座城市。作为人类文明和社会进步的标志，是社会生产力发展的重要标志。这样的集聚带来了大量的集聚效应，对周边都市的发展具有辐射作用。

城市集聚效应是指大量社会经济单元集中在一个城市的内部，在一定程度上形成了具有较强的职业分工，同时形成了经济、社会、物质三要素的有机组合，从而使生产力得到较大的发展。高度的职业分工与经济实体、社会实体相结合，需要细致的劳动和密切的合作，使都市具有高度的社会组织。以健全的都市基础结构为依托，健全的市政基础建设能够促进不同的社会和经济单元之间的分工合作。各层面的人口、物流、信息流快速地传导，使各区域的社会经济因素更加密切，从而极大地增强了综合经济效益、社会效益和生态环境效益。

简言之，城市的基本结构是一个城镇赖以生存的基石，是一个社会和经济运行的框架，是一个稳定而又幸福的物质条件。因此，人们把它比喻为"城市发展的先锋"，是一座城市赖以生存和发展的"生命线"。

(四) 城市基础设施的性质与特征

城市基建是一个城市的基本要素，为其他行业和市民提供各种生活和工作的综合性工程，也是整个工业系统的一个主要环节。与普通的货物和服务相比，其特点不同，主要具有以下四个：

1. 服务职能的同一性和公共性

构成都市基本结构的各种要素都有相同的功能，也就是服务功能。不管是哪一类市政基础建设，它所面向的是全社会的生产与市民的生命活动。

城市基础建设的公共性主要体现在以下两方面：①城市的基本设施不能为特定部门、单位、企业或居民服务，而应为所有部门、单位、企业和居民进行社会化服务；②市政基础建设所能提供的各种服务，在其所服务的客体上，是为物质性的产品和为居住的人所用的，二者很难分离。根据相关数据，城市自来水占30%、70%，城市煤气占50%、50%，城市公路运输占30%、70%，用于城市人民的日常生活和物质生产。

2. 运转的系统性和协调性

城市基础设施是一个有机的综合系统，也是城市大系统中的一个子系统，具有系统性、协调性，由道路网、电网网、给排水管网、煤气输配网等各种设施组成的网络表现出来。城市基础设施的各个分类设施系统之间的密切联系，形成城市内部一个相对独立的系统。为了使它的工作和外部条件相适应，该体系必须与外部条件相适应。城市的基本建设要与国民经济、人口规模、居民生活水平和规划建设等方面保持良好的关系。此外，不同类型的市政基础结构体系间的关联也十分密切、和谐。比如，在市政公路的施工中，经常涉及电力、电信、给水、排水、燃气、园林、环卫、消防等行业，其中，供水、排水、煤气、电信等管线往往都是预先埋在城市的地下，城市道路的挖掘所影响的不只是城市交通，而且会影响其他城市基础设施效率的正常发挥。城市的排水系统若有缺陷，遇雨后会出现积水，导致交通堵塞，而道路不通，则会导致火灾等灾害的发生。在市区，由于手机的使用和通信设施的完善，可以降低城市的车流，缓解城市的交通拥堵。城市基础建设的各个类型的建筑都是一个有机、独立、相互配合、不可分割的体系。城市道路、公路、地铁、铁路、民航、公共客运、个人运输、货运、交通管理等，组成了一个完整的城市交通体系。

3. 建设的超前性和形成的同步性

城市基建的"超前"具有双重意义。一是时代上的滞后，从发展需求出发，城市的发展与生存都应该以城市的发展和生存为前提；从技术上说，由于市政基础设施的建设周期比较长，在地下埋置的部位比较多，所以要提前进行，这样不仅会导致重复工作，也会降低整个项目的进度，同时会产生巨大的投资成本，从而降低项目的总体效益。二是容量上的先进性，也就是说，城市的基本建设要比满足需求更早。这是由于城市的基本需求在不断地改变和增加，而在这种情况下，基础建设往往会受到很大的影响。因此，对于市政公路中的各类埋于地下的管道等相关工作量大、寿命较久且施工完成后难以迁移的设施，要按照城市特定的发展计划和整体需求一次性完成，或按照最后的计划进行施工，以免影响未来的发展。例如，北京的地铁在1965年时，每日的客流是20万人次，到2009年，每日的客流达到了190万人次；1959年，北京站的每日客流是5万人次，到了2009年，每日客流达到21.3万人次。北京在最初的规划和设计中，对基础设施的能力没有充分的了解，从而给北京的发展带来了很大的阻碍。

城市基建的同步是指在同一时间内，与其他配套的设施项目一起发展起来。由于基建能力的提早增加了其对经济的投入，而其落后的发展则导致对商业和居住小区等投入的停滞，只要城市基础设施能力形成与建设同步，使其效益得到充分的利用，就能使其在宏观上达到最优化。

4.利益的阶段性和持续性

城市基础设施的建设与经营不仅是为了获取自己的经济利益，更是为了为社会整体发展创造有利的环境。城市基础建设项目的投入和运营绩效的改善，常常体现在对目标利益的提升和整体利益的提升上。比如，市政公路、大桥的建设投入和维修成本高，但通常不会直接对用户征收。单从长远来看，城市公路和大桥的收益并不大，但是其为提高效率提供了有利的环境。重庆长江大桥和嘉陵江大桥的建设将把重庆市江北、南岸、城区连接起来，让大部分的公司都能从中获益。

由于市政设施投资大、投资周期长，其投资效益在短时间里很难体现，要经过长时间的积累，其经济效益、社会效益和环境效益都会从长远角度体现。比如，在城市中，通过建设公园等各种环境建设，为人们提供一个较好的居住和运动空间，从而促进人们身体和心理的发展；城市灾害防治措施的完善，可以保证一个城市的安全和稳定运行，其益处是长远的。

二、城市基础设施建设工程管理的基本工作内容

(一) 城市基础设施建设的基本程序

1.项目的前期策划和确立阶段

城市基础设施建设工程项目是一个非常复杂和关键的环节。要想获得项目的胜利，就需要在工程的早期规划中对项目进行严密的项目控制。此工作的重心在于研究、论证和决策。其主要内容有：

(1) 项目构思的产生和选择。任何一个项目都是从其概念开始的。而项目构思产生于解决上层系统(如国家、地方、企业、部门)问题的期望，或满足上层系统的需要，或实现上层系统的战略目标和计划等。

(2)项目的目标设计和项目定义。该部分主要是对高层体系现状及问题的深入分析,确定了项目的指标要素,从而构建一个项目的指标体系,并以文字形式描述该指标体系。

该步骤主要有:①对形势进行剖析,对问题进行调查。就是对上级制度的现状进行全面的梳理、分析和研究,找出问题的根源。②对项目进行目标规划。根据实际的条件和问题给出最优解,并构建目标体系。③项目的定义。确定项目的组成和范围,明确项目的目的。④对项目进行评审。主要内容有目标体系评价、目标决策、项目建议书等。

(3)项目的实施方案。即提出工程的具体实施计划,对工程的技术和经济性进行综合分析,以确定是否能够达到预期的效果,从而为工程的实施提供参考。

2. 项目的设计与计划阶段

项目的设计与计划阶段包括设计、规划、招标及各种前期工作。在确定总体目标后,可以通过规划来进行总体研究,并对总体指标确定的费用、工期、功能要求是否有保障和均衡进行分析。当无法达到或不均衡时,就需要调整指标、更改技术方案,甚至取消项目。计划是对概念、项目目标和技术设计进行更为详尽的说明。

3. 项目的实施阶段

项目实施的总体任务是保证项目按计划实施,保证项目总体指标的顺利完成,是项目决策实施、建成投产和投资效益发挥的重要一步。在实施过程中,按照设计要求、合同条款、预算投资、施工程序和顺序、施工组织设计,保证质量、工期和成本计划等要求,在保证质量、工期和成本计划的基础上,完成工程项目的各项指标,并通过验收后,移交给施工单位。

4. 项目的竣工验收交付使用阶段

项目完工后,可以进行竣工验收。项目竣工验收是项目建设的最终环节,是项目投入和产出的一个重要指标。项目完工后的竣工验收,对项目的按期投产、投资效益的发挥以及项目的成功实施提供借鉴。竣工验收既可以检验工程的实际产能和经济效益,又可以防止工程完工后的持续损耗。

(二) 城市基础设施建设工程管理目标体系

1. 目标管理方法

目标是对预期结果的描述。一个计划要获得胜利，就需要有一个清晰的目标。在工程建设中，实行了一种严谨的目标控制方式，具体表现为：

(1) 项目实施之前，应制定清晰的规划、详细的设计政策，避免工程在执行过程中仍然有不确定因素导致项目的变更。在实际的工程中，也会发生调整、修改甚至放弃项目的情况，意味着一个项目的失败。

(2) 在项目目标体系的规划中，先设定一个总体的工程目标，再运用系统化的办法把整个项目的总体规划分为若干个小的、可实施的项目。目标体系应涵盖项目执行与运作中的各重要环节。项目目标的制定要按照系统化的工作方式进行，一般是在项目的早期进行目标的整体规划，并在项目的实施过程中确立目标体系的整体架构，在项目的可行性和规划的过程中要制定具体、详细、完整的目标。

(3) 把项目的任务分解到每个人身上，把目标和功能管理紧密地结合在一起，把组织任务和组织结构有机地连接在一起，从上到下、由整体到局部的目标控制系统，强化对每个人的绩效考核，激励员工努力工作，做到最好。因此，运用目标管理的方式，可以有效地完成项目的各项指标，并能有效地推进企业的经营。

(4) 在不同的执行阶段进行项目建设。通过对项目目标的讨论和认可，可以为项目工程的技术设计、计划和实施控制提供依据，并将其纳入项目后期评估的考核指标。

(5) 在现在的项目中，人们注重整个工程周期的整合，即以整个生命周期为目标，构建项目目标体系，并将其划分为不同的层次，从而确保整个生命周期中的目标、组织、过程和责任体系的连贯性与完整性。

2. 问题的定义

通过对项目状况的剖析，可以了解和指导高层的制度问题，明确问题的定义和解释。问题的定义是指通过对问题进行界定来判断工程任务的诊断方法。

在确定问题时，应从更高层次的体系视角把握问题的本质。确定问题的主要方法是：

（1）对上层系统问题进行结构化整理，即上层系统有几个大问题，而大的问题可以是由若干个小问题组成的。

（2）对问题的成因进行剖析，把问题与背景、起因联系起来。分析时可用因果关系分析法。

（3）对未来发展及高层体制产生的冲击进行剖析。有些问题可以慢慢缓解或者消失，而另一些问题则会变得越来越糟糕。因为项目建设只有在完工后方能使用，所以应对其运营后的情况进行全面的分析与预报。

3. 目标体系的内容

城市基础设施建设工程管理目标体系包含大量内容，其主要内容可概括为工期控制、成本控制、质量控制、安全控制四个方面。这四个部分除了对项目进行最基本的管理之外，还涉及以下三项关键的控制：

（1）合同管理。现代工程项目参与方往往通过签订契约来明确自己在该项目中的位置和责任。工程承包是指工程目标、工期、质量和价格的综合性工程。因此，与合同相关的工作也要由契约条款来约束。

（2）对企业进行风险控制。工程项目的运行中有很多的不确定性，如果出现极端的情况，可能会造成巨大的经济损失或者项目的完全失败。很多专家和学者都在这方面做过很多的探讨。因此，这也成为项目建设中的一个重要课题。

（3）对项目进行变更和形象的控制。项目的管理与控制往往需要采用调节手段，而这种调节手段势必会导致项目目标、目标体系、实施过程和项目规划发生改变，从而导致项目的整体效果发生改变。

（三）城市基础设施建设的过程管理

城市的基础设施是城市经济发展、社会进步、人民群众生活水平的重要保证，城市发展的步伐、质量都受到人们的高度重视。随着我国城市化进程的加快和城镇人口的日益增多，人们对城市建设的要求也越来越高。城市的基本建设是一个城市的基本要素，在一定的生产水平下，其建设的位置和大小主要依赖其自身的建设。城市的发展也需要市政基础建设。在发展到一定程度之后，伴随着人口和工业的不断聚集，必然会引发环境和交通的冲突。发展城市公共服务体系，可以有效地解决城乡居民之间的利益冲突，同时可以促进城镇化过程中的集聚效应。市政设施包括通信、水电、道路、公园、学校、建筑、卫生、市场等，而市政设施则是一些看不见的设施，如美化、亮化、绿化等。

1. 项目全生命周期管理

项目全生命周期管理思想的核心是管理集成的思想。项目的全生命周期是一种全新的管理方式。在管理理念、管理目标、管理组织、管理方法、管理手段等各个方面进行有效整合。运用公共管理统一的管理语言、管理规范以及整合的管理信息体系，实现项目的整个生命周期目标。

2. 政府职能转变

转变政府的职能，必须确立如下观念：

（1）政府管理是有限的理念。政府要注重宏观调控与法治建设，要充分利用市场机制的优势，将政府的一些功能交给市场，形成政府、市场、社会三种机制的协同和优化。

（2）政府管理是以人为本的理念。它是一种现代城市管理的民主理念。要改变长久以来养成的以行政命令为主导，仅注重惩罚、不擅长引导的观念，以"关、卡、压"为主要特征，以"冷、横、硬"为特征，以罚款、乱收费为特色，缺乏传统的劝说和教育等管理理念。

（3）政府管理是以人为本的理念。这是现代化城市管理的目标，要求我们从"管民"向"为民"转型，以市民为主体，主动为人民提供服务，并将其作为社会公共物品的生产方式。

发展公益，促进社会就业，在城市中积极发展社区机构，健全管理和管理制度，促进城市的政治生活民主化，增强市民对城市规划、建设和管理的知情权、参与权和管理权。要加强对社会治安的动员和组织，必须将其纳入精神文明的创建中，这是实现现代城市治理的一个主要推动力。在我国的市场经济体制中，公共物品与服务供给是最重要的功能。而在供给方面，政府要充分利用市场的力量，而不能仅限于对其进行宏观调控和投入。为此，根据政府职能的转换，在项目建设的同时，要确定建设主体的责任，其中的投资主体、建设主体、市场主体是重点。①投资主体是政府。非营利的市政基础设施不具备独占性质，在运行过程中不存在任何收费和盈利的情况。所以，没有私人资金，只有政府出资，而在政府的投资和施工中，可以引入一些社会力量。②建设主体集中化。按照政府职能的转型和实施工程承包经营的目标，由国家出资的工程项目由专业机构或单位承担，并由其承担起业主的职责。在国家层面上，市政公用工程是城市发展的基石，要强化投资、进度、质量等方面的专业队伍，必须设立一个专业机构。此外，政府是公众的代言人，其下属的政府部门也不能对其进行干预。③养护主体市场化。为了更好地节省建设经费，强化政府投资主体对市政基础设施的管理，必须通过招标来确定以市场为导向的公共基础设施，并在各方面进行竞争，提高基础设施的维护效率和质量，降低维护成本，节约更多的城市建设基金，从而进行新一轮的投入。

三、城市基础设施建设管理概述

（一）城市基础设施建设的基本现状

1. 城市化与基础设施建设

世界银行发展报告指出。一个国家的经济建设是否完善，取决于它的生产多样化。因此，国家必须扩大贸易，解决人口增长，减少贫穷和改善生态状况。如果基础建设不能作为拉动经济运行的发动机，那么它就会像轮子一样推动经济的发展，而一个好的基建可以增加生产力和减少生产费用。城市的基础建设是衡量一个国家发展和文化水平的基础，同时也是一个国家和地区经济与社会和谐发展的物质基础。

2. 城市基础设施的建设水平

我国近几年的城市建设水平明显提升，新技术、新手段层出不穷，同时，基础建设的承载能力、系统性和效率得到了明显的提升，我国的经济发展和人民的生活水平也有了明显的提升。

（1）基础设施领域的拓展。随着人们的不断进步，除了交通、能源、饮水、通信等方面的发展，我们的城市也逐渐向环保、生命支持、信息网络等新的方向发展。扩大基础设施范围的理由包括：一是加强对城市信息化的建设。随着信息化的发展，城市信息化已经逐渐形成了新的趋势。其中以手机、互联网为代表的都市通信及网络基础设施发展迅速。二是加强防灾减灾和突发事件应急情况处理的能力。在我国，应急避难平台、消防、人防、急救医疗设施已逐渐成为我国城市基础设施建设的重要组成部分。强化城市基础设施的安全性，强化双回路、多回路、备用水源、备用气源、备用热源、备用通道等的建设。三是基础设施构成明显变化。除了增加信息网络、城市应急设施和后备设施外，清洁能源如电力和天然气的比重也显著增加。对现有设施进行改造、升级和更新是工程的重点。四是技术水平在基本建设方面有了长足的发展。近年来，随着新技术和新材料的使用，技术和设备的整体水平都有所提高，比如，在改善饮用水质量的基础上，对纯水进行技术改造，采用新的污水处理技术，对供水管网、供水检测、供水计量、再生水生产等进行技术更新和升级。

（2）科学、合理的城市基础设施建设。城市发展与基础设施的平衡与和谐是保障城市科学发展和可持续发展的先决条件。其平衡主要表现在：城市规模、功能、空间，城市发展的不同时期，城市的外在条件、基本结构体系和各子系统的功能与效率，各子系统的平衡与协同方面。在强调平衡的同时，要适当地进行投资和建设，防止出现盲目和落后。因此，科学、合理的发展是必要的。就拿城镇的用水来说，按照国家住房保障政策研究中心的数据显示，要基本满足约3.5亿人口在饮用水数量和质量上的需要，有效地缓解我国400多个城镇的水资源短缺问题。按照计划的长远目标、国家和地区的实际情况，制定全市供水系统布局、净水厂改造与建设、供水管网改造与建设、中水设施建设等方面的工作。该方案的制定与执行，既能保证我国各大城市的用水需要，又能极大地提高我国的用水效率。

（3）要加大节约用水的力度。随着我国城镇空间的不断扩大，人们的生产生活方式也发生了变化，水资源的短缺问题日益突出，严重影响了我国的经济、社会发展。节约用水、提高用水效率、强化水循环利用已是新时期水工程的重点。当前，我国城市的工业用水量仍处于低位，城市的输水管道渗漏率约为20%。因此，我国的城市供水系统依然存在一些问题。提高我国的节水水平，加大对我国水资源的回收利用力度，是节约能源的关键所在。随着对城市给水系统改造工作的进一步深入开展，国家应大力推广节水型技术与设备的研究与运用，加强对水设备的日常保养、中水回用和雨水收集等方面的综合利用。

3. 城市基础设施的建设特点

（1）城市基础设施建设投资的公益性。城市基础设施提供的产品和服务（如道路、公共交通、园林绿化、环卫等）属于公共物品。我国城市基建的最大特色是其具有公益性质，即所谓的"福利性质"。城市公共基础设施为全社会的生产与生活提供服务，在其使用与服务中不得有任何专有或私有的行为。它的公益性质主要体现在两个层面：①公共基础建设不为特定的部门、单位、企业或居民服务，而是为所有部门、单位、企业和居民提供公共服务；②市政基础建设所能提供的公共服务，在其所服务的客体上，是为物质性的产品和为居住的人所服务的，二者很难分离。

（2）在市政建设项目中，国家占有很大的比重。我国的城镇基建产业与其他国民经济领域最大的不同点是由国家主导，而非市场主导。城市基础设施的开发与经营，不仅是为了获取经济利益，更要为整体的经济发展服务。城市基础建设项目的投入与运营绩效，常常体现在对目标利益的提升以及整体效益的提升上。目前，一些城市的基建工程已经进入市场运营阶段，但其整体运营方式依然由政府主导。

（3）城市基础设施整体投资金额巨大。基建工程一般都是投资巨大、融资要求高、工期长的工程。对于城市基建项目而言，特别是大型建设工程，如供水、供电、煤气、垃圾处理、道路、桥梁等，都要统筹考虑，逐步推进，耗费大量的人力和物力。比如我国，在基建方面的整个基建项目的总投入是非常巨大的。我国从20世纪90年代中期起就已经启动了大型的基建工程，现在已经进入快速发展阶段。根据世行的统计，我国在道路和铁路方面OECD的平均水准相差甚远，与亚洲其他发展中国家的差距也很大。

（4）市政建设项目建设的资金回笼时间较短。由于市政基建的建设资金一旦进入，大量的资本将会被沉淀到建设上，而这些投资的主体难以按照市场的需求状态自由出入，而且要收回投资的资金也要花费很久。基建工程的建设周期通常为4~8年，后续的运营、维护和更新投资也是一个较长的阶段。总体而言，基建工程主要财产的生命周期比较长，因此其投入时间也比较长，20~30年是一个很好的回收周期。而随着城市基建的长期沉淀和市场退出的特点，新的项目在旧厂的设备上进行了反复的投入，不可避免地要进行价格战。在激烈的市场竞争中，存在着使公司无法实现正常的盈利乃至出现损失的风险。这就导致我国的基础设施投资不能充分吸引私人资本和外国力量，从而导致我国的基础设施建设融资不足。因此，在进行城市基建项目的竞争中，应注意抓住"度"。

（5）市政基建投入的复杂程度。我国城市基建的资金投入比较复杂，其筹资方式也比较复杂。在各个国家的城市基建运作中，系统的演变从"国有化"到"私有化"，到现在的"公私合营"，都经历了财务融资、市场化融资和混合融资等多种融资方式。一方面，不能彻底地从市政建设中撤出；另一方面要按照规定的制度和流程来利用这些资源，以达到最大的收益。因为市政基础建设具有很大的公共利益，所以从公共服务部门中彻底撤出并不实际。另外，按照工程分区的原则，可以对市政基础建设进行归类。而对具有竞争性的商品，应该坚决地停止投入，由市场来决定其供应与需求，而政府只是为其创造一个公平的竞争环境。所谓"半公共物品"，指的是其营业收入，而非营运所得，否则无法补偿其投入。因此，最好的办法便是对两者之间的差额加以补偿，以确保其产生合理的回报。而非完全的公益事业，由于没有运营收入，必须由国家进行直接投入。但是，即使是直接投入，也可以在一定的生产过程中通过市场操作来增加使用的效益和减少运营费用。由于这些特征，全球各国都面临着基本的基建问题：一是基建投资庞大，政府负担沉重；二是城镇基础设施建设缺乏稳定的资金供应通道和资金来源；三是政府在传统的市政基础项目建设、运营、管理等方面存在较大的问题。当前，我国在市政基础设施的投融资和投融资管理方面存在诸多共性。而在这些措施中，最主要的就是解决如何有效地使用外商投资的问题。

4. 我国城市基础设施建设存在的问题及解决对策

（1）当前我国城镇基础设施建设中的一些问题。尽管我国的城市基础设施建设已经有了长足的进步，但是它的发展还远远不能满足城市的发展要求。与发达城市相比，城市的基础设施建设仍处于初级阶段，其主要问题是缺水、交通不便、城市生态恶化。

（2）加速发展的政策措施。目前，我国的基础设施发展速度较慢，已严重影响我国的经济和社会发展。我国城市基建项目的资金匮乏本质上是由于目前的投融资制度滞后，制约了中外资本的有效投入。为此，应从多种途径筹集建设经费、加强管理观念、积极探索和运用新型融资手段，在基础设投资中引进市场竞争机制、健全城市基础设施投融资体系。

（二）城市基础设施建设的主要模式

在过去的计划经济时代，由于对商业、证券、跨国融资等方面的限制以及对有限的流动资金进行融资，而中国的城市基础设施建设资金大部分来自政府，是金融主导型融资方式。由于缺乏资金，导致我国的基础设施投资普遍偏低，同时由于政府的无偿投资，导致资金使用、管理和运营的低效率。近年来，国家加大了在市政工程方面的投入。但是，我国目前已形成一套以各种形式并存的筹资体系，其内部矛盾依然十分明显。本节认为，在当前的转轨时期，可以采用以银行贷款为主导的城镇筹资模式，进行制度改革，并在市场经济条件日趋成熟的情况下向将来的目标转变，也就是要充分利用两个主要的金融机构（国家和私营）的功能，达到我国的投资多样化。

1. 城市基础设施项目分类实施

所谓的"市政基建工程"，是指按投资主体、运营模式、资金渠道和产权的不同，分为纯经营性、非经营性及准经营性项目。其目标是把国家和整个社会的投入区分开。政府出资的非经营工程，要做好规划，确保重点，量力而行，降低风险；纯经营性建设工程是全社会的投资，要使之真正进入市场化，以公开、公平的竞争招标的形式进行；而准经营性的建设，则要按照运营项目的运作方式，在国家给予一定的补助和政策上给予支持。其分类实施的指导思想有以下四点：

（1）按项目分级进行，有利于提高经济、社会和环境效益；突破了将"经济效益"和"社会效益"相矛盾的思想。在工程分类的实践中，一个重要的思想就是将经济利益与社会福利相联系，两者以"可经营性"的理念相统一。

（2）实行分门别类的工程可以实现政府与企业的分离，使政府和企业各司其职，发挥各自的作用，从而提高企业的工作效率和质量。一方面，由于它突出了工程的非营运与营运的界限，将产业与工程按照不同的投入体制进行运作，可以实现政府与企业的真正分离，实现政府与公司经营功能的完全分离；另一方面，也可以促进政府职能的转型。

（3）按项目分级进行，有助于形成贷款偿还的制度安排。由于项目性质的差异，贷款的支付方式也不尽一致，它是一种纯粹的运营工程，投资目标是为了获得最大的收益，投资对象是通过公开、公平的招标，它的整个投资过程都由投资者承担，通过市场的自我调整；而非经营工程属于公共事业，其投入的对象应当是国家。在制定市政基建规划时，必须兼顾工程与经费的需要，做到量力而为，绝不能超支。

（4）按项目分级进行，可拓宽融资途径。实行分级的工程，可以在某种意义上激发各种不同类型的公司和外国公司的投资。通过这种方式，可以将有限的金融资源进行有效的整合，并能有效地调动其潜能，扩大融资范围。

2.完善多元化融资模式

（1）适度增加金融资金的比例，并在一定程度上实现金融的宏观控制。在当前的发展阶段，应该加大对市政基础设施的投入，并采取如下措施：①确定财务投入方向，缩小政府的投入规模。从目前来看，财务应该从单纯的经营性和可转为经营性的市政基础设施建设项目中逐步撤出，把部分投入市场，把有限的资金用于灾害防治等非经营性项目，以保证其投资的杠杆效应和宏观控制。②增加国债的筹资规模。在紧缩金融投资"前线"的前提下，要扩大财政的来源，以发行公债为主。按照目前的国际标准，我国的债务余额为6.5%，低于美国的84.5%、日本的50.4%，这表明，增加的债务比例处于国家能力所能承受的限度。

（2）加强金融机构的建设，加强对银行业的监管。由于银行的营利性、流动性和安全性等特点，使市政基础设施项目在利用金融机构进行贷款时需要与其相关的资金来源相适应。在市场经济中，这种行为的主要对象是公司。但是，这些公司与政府通过国有市政基础设施项目的资金作为桥梁，通过"委托"和"代理经营"两层结构，是一种城市资产的控股经营型企业，即目前全国各主要城市已成立的城投公司。要健全城投公司的融资主体，既要符合我国的金融需求，又要符合我国上市公司的证券和境外的融资需求。

（3）将证券投资与资本市场相融合。运用资金进行市政建设，既可以促进我国投资制度的变革，也可以为我国的资本市场带来新的生机。加大对市政基础设施投资的投入，必须遵循合法、有效、创新、精心设计和运作等基本方针。

（4）要开拓海外金融市场，开拓思路。在市场化条件下，我国的市政基础设施投资面临如下问题：①要加强对其资金的监管。要达到"借之以法、用之以利、以还以言"的目的。②要强化 FDI 监管。比如，实施外资的国家优惠政策，进一步强化外资的政策引导，强化对外资的管理、监督和服务。③要积极地开拓新的融资途径，开拓海外市场，大力发展国际债券市场。在我国，首先要在条件具备的前提下，逐渐开放我国的股市，实现 A 股和 B 股的合并，使外资进入中国股市；另外，拓展中国公司（包括市政基建），向海外发行债券、股票、基金、权证等，以增加中国的资本水平，并为中国的市政基建投资提供更多的资本。

3. 我国城市基础设施建设与管理制度的发展

市场经济是当今世界上最大的投资、建设、运营和管理方式，然而，要确保基础设施市场利益的最大化，必须加强对基础设施的管理。

好的政府管制能够保证投资人和顾客的权益，并且能够有效地吸收更多的、长期的私营资金。

我国的市政工程建设和运行体系可以划分为三个主要的历史时期：20 世纪 70 年代末期至 80 年代末期、80 年代末期至 90 年代末期、90 年代末期至目前三大历史阶段。在我国过去的两个发展时期，主要依赖于"以政府为导向"的发展方式，而市场经济制度的确立使市场作为一种基本的资源分配方式，国家的功能逐步向宏观调节转变。同时，我国的基础设施投资的短缺已逐渐形成制约经济发展的"瓶颈"，使我国的基础设施建设和经营管理出现新的问题。

四、城市基础设施管理体制改革

随着我国经济体制改革的深入，现代企业制度建立，城市政府职能转变和政府机构改革，把城市基础设施投资、建设和经营及管理体制的改革提上了议事日程。

（一）城市基础设施管理体制改革的指导思想

邓小平的"建设有中国特色的社会主义"和"构建社会主义市场经济体制"是我国城镇基础建设的基本原则。城市基建改造的基本要求是将市政基础建设纳入市场化运作的轨道，并遵循市场化运作的原则来运作。

党的十四大、十五大、十五届四中全会、十六大以及十六届三中全会的决定等,为我国的市政基础建设指明了发展道路。然而,我国的市政基础设施与其他具有竞争性的产业有着自身的特殊性,必须对其进行合理的把握,使其融入社会主义市场经济体系之中,从而使其能够在市场运作中得到妥善的处理。

(二) 正确处理引进市场机制与市场失灵之间的关系

城市基础设施是我国社会的一个主要组成部分。将城市公共经济纳入市场化运作的轨道,实行市场化运作,首先要解决的问题就是"市场失灵"问题,即"市场失灵"地区是否可以引进市场,是否能够根据市场化运作模式进行运营。这既是一个重要的理论问题,也是一个现实问题。

城市的基础设施建设是一个城市的主要产业。由于城市基础设施中的许多部门具有经济外部性,即内部不经济外部经济或内部无经济效益外部受益的问题;非排他性和非竞争性,指用户或消费者在使用或消费上述公共经济领域所供应的服务或商品时,不会阻碍、排除其他用户或消费者的使用或消费;增加消费者对这些产品消费的数量,不一定增加这些产品的成本,此外,某些公共经济领域所供应的服务和商品,因其自身特性,不能为用户或顾客收费,也不能根据市场经济的规则将其销售给他们,更不能确定其定价;如果提供公共物品的人,希望通过某种手段来避免"搭便车"或者在技术上是不可能的或者在经济上是不合算的。此外,一些国有经济领域还存在一定的天然垄断性质,其投资规模大、补偿方式特殊、回收期较长,使其难以涉足。

这种经济行业,在市场经济中并不适合于那些寻求利益最大化的私营公司运营,不能盈利,准入门槛过高。这就是所谓的公共物品的"市场失灵"。

城市的公共经济领域,尽管存在"市场失灵",但它们都具有一定的外在作用,都是经济和社会生活的基本要素,也是一个国家的经济集聚和发展的重要指标。只有国家、政府对这些行业进行运营和管理,才能保证其正常运作。因此,二战后,西欧各个国家在城市改造过程中,大多数的公共部门都由国家或地方的政府出资建造和管理,因此这些都导致了城市的国有程度有所提升。在 20 世纪七八十年代以后，很多国家都进行了一系列的私有化，也就是将国营企业转变为私营企业。

现代西方经济学从长远角度对城市公共经济进行了深入的探索，并提出了大量具有重大理论意义的观点。马歇尔是西方经济发展的主要流派，他在其著作《经济学原理》中对此作了深刻的阐述。世界上最知名的福利经济学专家庇古，对如何通过征税等手段来处理社会中的外部化问题进行了较为全面的探讨。以财产权理论闻名的柯斯，详细阐述了如何从物权的角度来处理经济发展中的外在问题。总体而言，他们在理论上通过征税、明确财产权等途径，使公共经济进入市场化运作轨道。

无论是从实践还是从理论上来看，尽管在我国的公共经济领域中存在"市场失灵"的问题，但只要有一定的经济政策和经济措施，就能使其进入市场化运作的轨道之中。尽管"市场失灵"是我国的一部分，但是对于城市公共经济的运营而言，并不排除采用市场化的手段。

（三）正确处理城市公共经济中经营垄断与引进竞争机制的问题

要将市政公用经济，也就是城市的基础建设引入市场化运作的轨道，解决其垄断问题。由于各行业的经营性质和运营特征，导致城市基建行业中某些行业的运营垄断。然而，在市政建设方面的垄断并不意味着一定要有一个公司来做。当前，在我国的城市经济中，由于垄断的存在，导致企业垄断、行业垄断和政府垄断。要使我国的经济进入市场化运作的轨道，就需要引入这三个领域的竞争，以突破目前的垄断模式。

1. 实行投资主体多元化，打破国有经济一家对城市基础设施经济的垄断

在过去的计划经济时代，我国的市政基础设施等都由政府出资兴建、运营和管理，而实行的是政府的独占。根据传统的计划经济模式，对城镇的公共物品和服务实行政府的垄断管理。其中主要的问题有：投资途径太少、投入不够；城市和公共设施的兴建越多，由国家或地方给予的补助越多，则国家或都市的财政责任越沉重；在我国城镇的一般公营经济中，大部分存在低生产率、低经济效益等问题。在过去的规划体制下，我国城镇公共服务的供应总量显著减少，已经成为制约我国经济发展和人民生活质量的重要因素。

第七章　基础设施系统建设

随着我国经济的快速发展，尤其是在市场化的背景下，我国各地方的政府通过各种途径筹集了大量的资金，投入和修建了一批大型市政设施，使我国的基础设施、市政设施的规模和运行状况得到了明显的改善。然而，由于经营管理制度等方面的问题以及我国城镇居民的收入结构发生了改变，导致城乡居民的收入水平下降，进而导致我国城镇的投资、建设、维护、运营等方面的发展缓慢。随着我国城市的经济体制不断深化，某些国有企业由于其自身的经营管理优势，逐渐出现了以政府为主导的服务收费方式，形成了较大的市场竞争。

这些经验明确地说明，不管是按传统的计划经济模式进行城市公共经济的运营，或者是按不同程度的不同行业或部门的垄断方式，都不利于城市经济发展。其中一个主要的根源在于，国企独占了我国的公共经济。因此，要想扭转当前的城市公共经济现状，就需要突破国有企业的独占优势，实现投资主体的多样化。对我国城镇公共经济进行投资主体多样化的改革，其重点在于区分城市公共物品的经营和单一的政府独占。

在市场经济中，尽管"政府要对其进行管制"，但这并不代表一定要由一个政府来独占。在城市发展过程中，要坚持以各种形式进行投资、运营，同时要加强对城市的规划和政府的严格监管。正确理解和处理好这一问题，直接影响在我国城镇的公共经济领域如何贯彻中共十五大、十五届四中全会、十六届三中全会和十六届三中全会的决策和"十五计划"提出的关于对国家宏观调控政策进行战略性的改革。

2. 在同行业或部门内部引进竞争机制，打破城市公共经济中的同行业垄断

由于城市公共物品特定的地理位置和其自身的特性，使其具有一定的管理垄断地位。在某一特定区域内，某一特定的城市公用经济的投资、建设、经营，仅由一家公司来完成，由此产生了经营上的垄断；获得此项经营权的公司构成了一项专有的经营。然而，到底由哪个公司运营，可以在市场上进行竞争。因此，对城市公有经营的独占，并不排除经营单位与经营者在获得经营管理权或独占经营权方面的竞争。

我国的公共经济领域存在一定的公共化水平，也就是市场的失效水平。在我国现行的条件下，应该容许不同的经济要素相互争夺，从而实现国有和

非国有的市场竞争。也就是在城镇的公众经济中,通过竞争获得政府的独占经营。对"纯粹的公益事业"而言,由国家或市政府所专营的产业或产物,应该在国有企业内部进行竞争;不但在一个地方和一个产业的范围内进行,而且可以在不同的产业和区域中进行。这是一个国家的经济单位(公司)在为一个城市的公用物品而进行的一场竞争。用这种方法,可以突破自改革开放以后对我国城镇国有企业所产生的产业、部门的垄断地位,将其与引入市场竞争相融合,从而有效地促进城市公共物品的运营和管理。

实际上,我们的市政当局在供水、排水、污水处理、供热和公共运输等公共服务行业中,引进了竞争的机制,以促进区域间的合作和农村的整合。当前,主要有以下四个方面:①在有能力的大、中型新开工的新交通设备、新开通的城区内,实行特许权的招标,引进竞争性的机制;②对现有的供水、供气、供热、公共汽车、供水和排水、垃圾处理等行业,进行直接授权,或者采用竞争性方式进行投标;③支持具有较大规模、高度集约化和规范管理的供水、供气、供热企业,通过资本、技术、管理等优势,跨地区、跨部门组建企业集团,通过投资、兼并、收购、托管等方式,纳入其他城市或县级以下城镇供水、供气、供热企业的经营,逐步在有条件的地区建立区域性或城乡的城市供水、供气、供热经营模式;④在现有城市供水、燃气、供热、公交等企业的重组中,实行主营业务和副业分离,副业要按照市场进行资源优化配置,严禁企业利用特殊地位对管道、水表、燃气具等设施的设计、生产、安装、使用进行垄断。这是一个在拥有一定商业专属权的工业或部门中引入竞争的制度,以突破城镇公用事业或部门的运营。

3. 组建资产经营公司和建立现代企业制度,打破行政垄断

在我国城市化进程中,现行的计划经济制度发生了变化,市场经济制度也逐渐确立,但由于改革尚未完成。因此,在我国的城市经济中,企业与政府机关联合起来,逐渐出现了各种形式的行政性垄断。行政垄断对我国的市场经济建设、经济发展都发挥了一定的积极作用。

根据我国社会主义市场经济的要求,国家、政府和国有企业在建设、经营和管理城市的过程中,应遵循国企的基本方针。城市和市政产业的行政机关负责制定有关城市的行政和行政的政策、规章;负责城市公共财政的宏观调控与控制;为了获得城市国有经济的专有权,必须建立公开、公平、公正

的竞争和运营环境。针对我国的国有资产，必须依据其性质、补偿方法、投资与运营等方面的差异，建立相应的国有资本投资运营公司。

城市国有资本投资运营公司是指以国家为主体，利用政府资金，对其进行投资和开发。投资公司可以是国有企业。然而，投资公司并非政府机构的一部分，而是一种商业组织。该公司由市政当局委派，全天候从事市政工程项目的运营和管理工作。国家资产公司可以通过政府的融资方式，按城市的发展需求，通过政府购买、销售各种形式的政府债券。市政公债可以由市政当局或政府的税收来保证，因而是一种非常适合于吸收大量社会资本的融资方式。

国有企业是指在政府机关或国家财产管理机构的授权下，从事城市建设和运营。这种公司可以采取对其附属公司的控制或对其进行管理。

此外，还可以成立具有一定规模的大型公司，这些公司不仅担负着国家财产的管理工作，而且还能从事一些日常的专业化业务。

国有资产公司要适应市场经济发展的需要，就需要在建设现代化的公司体系、健全公司治理体系、强化自我管理、提升经营管理能力等方面做出自己的努力。只有实行政企分离，才能使城镇国有企业真正实现发展。

(四) 建立城市基础设施的有偿使用制度

我国现行的市政公用工程建设用地制度是社会主义新农村建设的主要内容。

1. 制定正确的有偿使用或消费政策

在市场经济中，等价交换和价值弥补是一项很大的基本原理。由于城市的基本结构和产品是一种商品，对其使用也要进行补偿，实行有偿使用和合理收费。因此，要转变不公平的价格，要适度提高某些项目，尤其是资源型公共服务的费用，如水价。符合市场经济的基本原理。然而在以往，对一些城市基建工程进行评估时，往往存在很大的难度，很难准确地衡量其消耗。此外，由于国家利用财政的收益来进行建筑和经营，公司和住户都向其交纳一定的税费，所以在形式上没有实行收费原则。未来的总体发展趋势是收费的规模和工程规模会越来越多。当然，因为其自身的特点，它的使用与消耗也是多层面的。比如，当一个站点建好之后，交通公司就利用这个站点进行交通服务，而乘客也是用户，那么，该怎样收取费用呢？铁路公司的票价能否收回铁路的建造费用？再比如，供水是市政工程中的一项重大工程，但这与水业的建造是两回事，有些国家通常以水价为单位收费，而水务局则以其他方法收费。这些都是非常烦琐的，要经过仔细的调查，才能做出恰当的决策。因此，电力行业的经营管理是一个重要的、非常复杂的问题，必须予以重视，绝不能打着……有偿服务……的旗号进行乱收费。

2. 实施合理的收费（价格）政策

与普通商品相比，政府采购的价格更为复杂。由于其不可能按成本进行定价，也无法依据市场供需来确定产品的价格，所以必须兼顾公司利润和顾客的购买力。对于很多商品，有政府补助，也有消费者的理性消费。因定价涉及各方的权益，必须科学评估、合理分摊、合理折旧、合理定价。在国外，对我国的政府采购进行了很多的探讨，并据此制定了一套具有现实意义的政策，这些都是有必要的。

3. 制定正确的财政金融政策

上面说过，有些是政府供给，有些是大众消费，有些则由消费者自己承担。哪些是政府资助的、哪些是消费者自己承担的，其实质是国家与城市的金融政策，而这一财政决策依赖于各国和各政府的财力，强大的国家和地方政府会给予更多的支持，而弱势的地方则会给予更多的资金支持。而且还要看经济体制，福利国的投资越多，普通的政府就越少。在中国的计划经济时期，尽管财政困窘，但是由于体制的缘故，其基本都是依靠国家和政府提供的。但总体来说，政府在基建方面的投入正在减少。同时，政府资金的投资也能转变成资金的投资，变成公司的财产，实现资产的运营，从而实现投资的价值。

城市的基建必须由财政来支撑。我国的市政公用工程投资大、建设周期长，具有显著的社会效益和环保效益。所以，基建行业的成本就会很高。在我国的基建项目中，可以享受到财政上的优惠政策，也就是以更低廉的利息来获取信贷。

而在外国，通过发行市政基础设施债券来募集建设基金是一种常见的做法，中国也可以进行试点。

4.加大对外开放,充分利用外资

我国的基础建设是吸引和使用外国资金和技术的重要方面,具有巨大的发展空间和途径。为此,必须制定合理的对外投资策略,在城市基建方面增加吸引资金,同时要更具有弹性。

第二节　城市基础设施供给与需求

一、城市基础设施供求及其决定因素

城市的基本公共服务供给和需求是影响我国经济、社会发展、经济效益和人们生存品质的重要因素。根据其组成要素和功能的差异,确定其供应和需求的要素也不尽相同。

(一) 城市基础设施供求理论

在市场经济中,私有财产的供求关系完全受市场调控。市场是一个充分的竞争性的市场,它能很好地调控私有商品。竞争是指在一个市场中,各个生产厂家和消费者的个体行动不会对市场的价格产生任何冲击,而且信息是完整的,各个制造商都能获得最大的利益,且所有的用户都能获得最大的效益,并且在这个过程中,所有的资源都被分配到了一个平衡的、有效的状态。

"看不见的手"虽然是高效的,但不是万能的,市场在某些方面是失灵的。

1. 不完全竞争

市场效率是指个人(包括公司)的行动无法对市场的定价产生作用。然而,在实际的社会中,由于垄断的出现,导致市场的价格被大公司独占鳌头,导致需求和生产结构性的畸形,产生超额收益,而这种收益很有可能被虚假的广告所利用。由此造成市场资源的分配效益下降。

2. 经济外部性

如果一方的生产或使用对另一方造成了有利或不利的影响,则会产生一种外在效应。例如,公司的生产行为导致城市大气的污染,但是公司却不

会对居住在这个地方的人进行赔偿。在市场经济环境中，由于外在因素导致个体利益与社会利益的不平等，也就是一些人的行动有利于个人，但却不利于整个社会，这就导致外在的不经济性。"公共产品"是一种外在效应的极度情形，某些诸如街灯等的公益物品通常对服务提供者的收益不大，但对社会大众却是有利的。所以，这种公益物品难以从私营部门获得，也无法通过市场化的方式来获得。但是，作为一项公共物品，它是一个不可或缺的资源。因此，它需要参与到公共物品的供给中，比如国防建设、修建公路、支持纯科学的科研以及维护公共卫生。

3. 信息不对称性

信息的充分使生产者能够适时地调节生产进度和定价，并能让消费者在短时间内找到更多的廉价商品，从而实现市场平衡。但是，随着社会的发展，社会中的各种信息不对称使社会的效率越来越低下，这是因为人们需要支付大量的交易费用来获取信息。

在公共物品供应方面，存在着明显的市场失效。由于它的非竞争和非专属性，其无法涵盖全部的费用与利益。因此，买卖双方的买卖必然会对第三方造成直接的冲击，也就是市场的外在因素。另外，由于某些具有自然垄断性质的公共物品无法充分地进行市场的竞争，导致供需的不平衡，从而形成了一种垄断的利益。因此，在此背景下，存在市场的失效，导致市场无法进行有效的资源分配，供求之间不平衡。通常情况下，如果私营企业对第三方的利益产生积极的外部性，就会产生"搭便车"的动机，也就是为了获得产品的利益而避免付出成本的驱动，而"搭便车"的消费者愈多，生产者就越不愿意提供这种商品，从而导致市场上的商品供应短缺。然而，如果私营经济对社会利益产生负面外部影响，则会出现与"共享地的悲剧"一样的滥用现象，从而造成社会供应过剩。

科斯公式指出，某些公共物品的市场化失效问题可以由私有途径来处理，也就是由相关各方协商确定产权，形成一个行之有效的方案，从而使其内部化。然而，很多时候因为有了贸易费用，所以很难进行协商，导致最终的失败。

在无法以个人的方法来处理外在问题时，就必须由政府介入，它可以用法律的手段来制止没有效果的活动，也可以用直接或间接的方法来制造和管理。

而准公共物品由于其自身所具备的某种属性，同时也存在某种竞争或排斥的性质，使这种商品的供应和需求必须由国家介入，而且不能彻底抛弃市场调控的作用。

由于大部分的城市基础建设都是准公共产品或纯公共产品，所以它的供应和需要应该依据不同的性质，通过政府或者市场来决定。如消防、治安等纯粹公益属性的场所，由于它本身就是一种非专有性、非竞争性的，可带来巨大的社会利益，所以应当由国家供应，因而它的特性是需求量是无穷的，而供应是有限的。对于那些带有天然垄断属性的准公共物品，如通信、供水、排水等，其供应和需求应政府介入和市场调控相结合，它可以通过政府的直接或间接的方式提供，同时也可以通过市场化的方式将网络中的商品和服务引入市场，即可以防止因垄断而造成的低效；另外，由于我国的经济发展，市政建设的市场化程度越来越高，市场调控的规模和比重也越来越大，例如，中国电信行业由单一的垄断发展到多元化的发展，就是一个很好的例子。

(二) 城市基础设施需求决定因素

城市的发展、城市经济社会的运行、城市居民生活都对城市基础设施提出了需求。因此，决定城市基础设施需求的因素主要有：

(1) 各地区的发展状况及发展程度。城市的发展与城市的建设息息相关，发展到一定的阶段，现代水平的提高需要更多的基础建设。

(2) 城镇的大小和层次。一般来说，随着城市的发展，需要更多的基础建设；相应地，随着城市的发展水平不断提高需要更多的基础建设。

(3) 工业和城镇属性。城市的性质决定了城市的建设需要，城市的基本建设需要比旅游和文化城市更多。虽然都是工业和城镇的大城市，但是因为工业属性的差异，需要的是各种基础建设。总的来说，对于城镇的建设，重工业的城市要远远大于轻工业城市。

(4) 居住在城镇的人们的生存状况。从总体上讲，随着人们生活水平和生活质量的提高，他们对城市的建设有了更多的要求。

(5) 环境状况。由于各地区的自然状况，其需要的交通工具也不尽一致。

比如，我国的北部地区，因为冬天气温较低，需要更多的能量。

（6）关于市政系统和市政建设的方针。城市的行政系统和市政基础建设的制度和要求不尽一致。总体来讲，由于实行了计划经济和对市政基础建设的免费利用，限制了对市政基础建设的需要，也限制了公共服务的供应。

（三）城市基础设施供给的决定因素

决定城市基础设施供给的因素主要有：

（1）我国各地区的经济和文化发展状况。总体而言，随着我国的经济和社会发展程度、科技发展程度、劳动生产率、企业运营管理水平的提高，以及对城市的基本需求的提高，对我国各地区的经济和文化发展提供了依据。

（2）都市的自然环境。由于其天然的地理位置，其提供的基础建设的容量也不尽相同。如城市区域的水源较为充足，则可以提供更多的水力、能量等。

（3）对不同的基础建设、不同的供应模式、不同的供应层次和容量进行分析。

（4）行政制度和行政政策。城市公共服务体系的差异，直接影响公共服务的供应。在计划经济时期，由于城市基础公共设施全部由政府承包，并采取免费的方式，限制了公共服务的供应。在市场经济条件下，城市的基本建设已进入市场化运作的轨道，但由于其经济属性和供应模式的差异，其影响的要素也不尽相同。在市场化条件下，单纯的公共物品通常是由政府提供，而这些公共物品的供应则取决于公共消费的多少。城市的基础公共物品属性由政府开支和消费者的消费需要共同决定。经济发展程度越高，市场化程度越高，对消费的限制就越大。

（四）城市基础设施的供求平衡

城市基础设施供求平衡，才能促进城市经济社会发展，提高城市的经济效益、社会效益和环境效益。要使城市基础设施供求平衡，必须处理好以下四个方面的关系：

（1）均衡发展的城镇基础设施建设。在此过程中，要解决好所需的时间问题，需提前一段时期，并在规定的时间内完成相应的投资。超前时代过快、先进性过多，会造成都市的基础建设空闲和资源的浪费；在城市发展过程中，城市的经济效益、社会效益和环境效益都将受到严重的制约。

(2) 城乡基础结构的供需均衡。要实现城乡统筹发展，首先要兼顾城市基础建设和农村基础建设的需要。

(3) 城乡基本设施供需均衡问题。一个都市的基本结构包括若干大型的设备系统。城市发展的水平、性质、产业结构等因素导致城市各种类型的基础建设需要。即便是同样的城市，在不同的时期，其需要也不一样。为此，需要对城市的基本公共服务进行调整。

(4) 与城市基础结构供应之间的相互替换。一些基础建设的利用效率之间存在某种互补的联系，例如公路、通信、电力、天然气等，这些都可以互相取代。为了实现城乡基本公共服务的供需均衡，各地区要充分考虑基础建设的资源配置。

二、城市基础设施的供给模式

不同性质的城市基础设施，供给的主体不同，供给的模式也存在一定的差异。

(一) 城市基础设施供给的基本模式

在市场经济条件下，根据不同的特征和需求，制定了各种供应途径，但总体上归纳为以下四个主要类型：

1. 公办公营模式

政府通过建立相应的企业、事业单位，建立、控制和经营国有企业，为市政基础设施提供服务。用这样的方法提供基础建设，往往都是一笔庞大的投入，没有多少利润，而且还会影响国家和人民的生活。城市垃圾处理设施、环境工程设施、城市排水设施、隧道工程设施等都是明显的"外部性"特征。公共服务是国家根据自身财力和现实需求进行综合配置的。

在世界各地，很多城市都采用了这样的供应模式。我国是一个水资源匮乏的大国，三分之二的大、中、小城镇都面临着严重的缺水问题，为了保障正常生活，在全国范围内开展了大量的市政基础设施项目，如引滦入津、引黄入津、南水北调、密云水库等项目均由政府出资和经营。在建造水厂时，政府的首要职能是为供应城市的饮水提供政策、开发水源等，以及为这些特别都市基础设施的制造提供资金支持。

2. 公办商营模式

由国家举办，实行商品化管理。国有公司持有公司的所有或一部分股份，并以公司的方式运作。大多数人都选择了这样的方法，他们的利润并不高，或者利润不明确，但是需要大量的投入。像建设都市轨道交通、轻轨、天然气管道等，由于这些机构同私人企业或私人机构竞争，将促使这些重要的城市基础设施能尽快得到发展；它能让国家尽快地回收或减少投资的危险，同时也能从公司的利润中获得一些分红。因为这些地区的基本建设都依靠国家的资金，因此即便企业通过出口信贷、银行贷款或者发行公债来筹集资金，也会得到地方政府的保证，这样一来，就可以在国家给予的特殊环境和保障下，享受普通企业所不能拥有的特殊待遇。企业权益相对应的是，其利润使用方式、准备资金的建立和利息分配，都是由国家决定的，而在运营上，其必须为客户提供优质的产品，同时也要尽量减少运营费用。

3. 专利经营模式

私营企业在国家的监督下，以招标方式获得国家特许的专利权，从事城市的建设和供应。目前，以此方法供应的都市交通工具有巴士、电车、缆车、渡轮、电话电报、电力等。而国家则通过制定法规来规范都市的基建项目。比如，在中国香港，有关的市政基础建设的专利管理方式，对有关的公司做出了以下规定：

（1）要求在特许经营期间，专门经营的公司应按某种标准，为市政基础建设服务。

（2）对指定和组成的特许权进行干涉。例如，赋予了政府委任某些人员担任通信、电话、巴士、轮船等业务负责人的权力，并授予其访问公司一切证件的权力。

（3）赋予公司一段时间的专利使用权，保证其盈利，并设立公司发展资金，将超过年度利润的一部分划入发展资金，当收益低于法定盈余时，发展资金就会补充。

（4）各国政府制定一项立法或管理方案，通过签订一项专利合同，对运营机关的行政事务进行监管，并对公司的征税做出明确的规定。

(5) 对各营运单位收取的费用实行严格的监管，如有变更，应说明原因，并得到有关部门的核准。

(6) 所有的特许经营均实行"终身制"，如果专营公司无法以公众的名义提出申请，则有权利取消其特许经营权，并引入新的市场机制，将特许经营权进行公开拍卖，以选出最适合的经营者。

4. 私营模式

把特定市政基础建设的制造和供应全部交给几个私营部门。当前，此类城市的基建项目价格根据市场需求来决定，无须经过国家审批。从总体上看，此类市政基础建设是一种非专用性或非竞争性的准公共物品，通过这一途径提供市政基础建设，不仅能缓解政府的管理与财务压力，还能改善公共服务的运作和经济状况，并能有效地解决居民和投资人对市政建设日益增加的需要。目前，在全球范围内，增加私人企业对基础建设的投入已经是一个重要的发展趋势。

(二) 城市基础设施供给模式改革的国际趋向

城市基础设施的供给模式随着城市经济的发展，逐渐向更有效的方式演变。这种发展趋势，主要表现在以下三个方面：

1. 城市基础设施供给的决策职能与具体执行职能相对分离

在我国目前的市政基础建设中，由于市场化的作用，导致"市场失灵"。然而，政府提供的市政基础设施不能等同于全部由国家来完成。科学、合理地划分政府的行政功能，实现与决策功能的相对分开是西方国家的一大趋势，也是当前我国市政公用工程领域的一大发展趋势。萨瓦斯曾说过，"政府"一词来源于希腊文"操舵"的含义。不是划桨，是由国家来负责，不是用桨，不是什么事情都是由政府来完成。

市政基础建设的供应功能，是指由国家承担为社会提供某种特定的、高品质的基础建设的产物；市政基础设施的政府建设既保证了市政基础设施所需要的经费，又保证了其在政府的领导下进行的投资。显然，在这样的划分下，政府在市政基础设施方面的直接投资已经变为一种提供市政基础设施的方式，而不是由国家来提供。其本质是，市政当局在"决策"与"执行"两方面的功能上是独立的，它们在确定了政府应为其提供的城市基本结构、提供的数量和水平后，并不必然要"身体力行"地履行其特定的建筑功能（建筑实施功能）。政府直接建设、公营企业、公营机构建设、政府与私营企业签订合同建设、"公私合资"建设等都是建设现代化市政基础建设一种行之有效的方式。

2. 将市场机制引入城市基础设施的供给领域，使城市基础设施市场形成行政方式和竞争方式共同调节的领域

一般人的看法是：市政基础建设供应是"权威制度"中的专有内容，而公共机构的主要特征是其产品的非市场化，市政基础建设则是一种"非市场化商品"。从这个角度来看，行政垄断、官僚主义、效率低下、成本高昂，似乎是理所当然的，而且很难从根本上解决。

但是，戴维·奥斯本和特德·盖布勒却对此做了详尽的剖析："在公共事业中引入竞争性的各种益处。""竞争最显而易见的益处就是效率的提升，这就是投资的减少，生产的增加，竞争会促使公共或私人的独占组织回应消费者的需求，通过竞争来鼓励创新，而垄断则会阻碍创新的发展。"为了突破政府在市政基础设施供应上的垄断，必须采用市场化竞争的方式在市政基础设施的供应上增加竞争性，而政府只是确保市民所拥有的最后的公共基础设施，不必亲自经营，可以采用招标、承包、租赁等方式将城市基础设施的供应尽可能多地交给市场化、商业性的机构去做。对于一些难以引进的自然垄断行业，比如公共汽车行业，可以参考采用特许经营权的形式，将其授权给公司或者私人资金来运营。与此同时，通过对分配给市政基础建设的政府投资收益进行市场投资—产出评估，以提升其利用效率。

戴维·奥斯本和特德·盖布勒指出："对于顾客而言，保护自身的核心并不在于所有权，而在于竞争。"为此，部分地方政府在提供市政基础设施时，突破了政府对市政基础设施的垄断，把市场化的方式引入传统的公共管理领域，使政府部门与公营机构之间在提供市政基础设施方面存在矛盾。在这个过程中，顾客可以从各个厂家建造的市政基础设施中做出抉择，从而引起建筑企业的相互竞争，促使它们不断地降低成本和主动改进服务来满足顾客的需要，大大提升市政基础设施的供应。它的本质就是用市场的"无形之手"来解决"有形之手"，这就是市场经济环境下的一大发展趋向。

3. 城市基础设施投资和建设主体多元化，私营企业介入城市基础设施

领域的深度和广度逐步加大

城市发展的历程表明，没有一个地方的政府可以单独为整个城市的市政建设服务。由于国家的社会和经济发展，对基础建设的要求也随之提高。同时，由于经济的发展，居民的生活水平也随之提高，居民对基础建设的要求也变得更加复杂，尤其是当政府资金短缺时，仅仅依靠国家的力量远远不足以满足城市需要。为此，我国的市政公用工程项目和投资项目的多样化成为今后的发展趋势。在城市的公路、铁路、港口、文化教育等方面，政府不仅从地方组织和企业集团吸收资本，也积极推动了私营企业在城市基建方面的投入。民营经济参与到市政基础建设项目中，既可以缓解政府的资金压力，又可以通过引入竞争机制来提升公共服务的有效性和品质。私人公司参与到市政建设中，必然会与市政基础建设机构进行激烈的较量，其本质是为了改善公共部门的经济效能，改善自身的供应，进而促进居民的商品供应，并使市政基础建设的物价水平得以维持。

当然，也不是所有的基础设施都可以让民营公司参与，对于一些基础建设行业，要严格控制私营部门的准入，仅让私营部门占据一小部分，避免民营公司哄抬物价，以实现基础建设的平稳运行。

第三节　城市基础设施投融资体制与建设方式

一、城市基础设施投融资体制改革

(一) 计划经济体制下城市基础设施投融资体制的基本特征

在计划经济时期，我国的基础建设项目全部由政府承包，其投融资制度也就具备了如下特点：

(1) 企业的投入规模较小。在传统的计划经济体系中，城市的基建项目全部由国家和政府(尤其是市政)承担。政府直接决策，直接进行建设。

(2) 投入的动机和目标，其首要目标不在于经济效益，而在于其社会效益与环保效益。

(3) 投资融资渠道不畅。市政公用设施建设的经费来源以政府的财政投入为主，既有政府的无偿资助，也有政府的贷款。

（4）市政设施完全被国家独占，排除竞争、免费或低价利用，不能形成一个良好的资本流通体系。

（二）传统城市基础设施投融资体制存在的问题

在我国现行的城市基建投入体系中，还面临许多问题。具体如下：

（1）由于政府的单一投入，导致政府投入资本的匮乏，城市的基本设施供应出现了严重的缺口，不能满足城市基本设施的需要，阻碍了城市的发展。

（2）一个单一的投资方，将社会资本、外国资本和其他资本排除在外，给市政府带来了巨大的负担。

（3）城市公共基础建设项目由政府进行专有的投入和运营，从而使其在公共服务领域具有垄断地位。缺少竞争，使城市基建公司不存在任何的存亡问题；此外，由于对市政基础建设的商品实行了价格保障，公司缺乏激励。

总之，在经济体制不断深化的过程中，我国的基础设施建设出现了严重的企业垄断、行业垄断和政府垄断等问题。

（三）城市基础设施投融资体制改革的目标

我国城镇基建投资和筹资体系建设的主要任务是：尽快实现投资主体多元化、资金来源多元化、投资方式多样化；要健全各种投资主体、金融机构之间的利益分配与风险制约；要使政府能够更好地利用市场的资源来进行合理的调节，使投资的手段得到规范和完善，形成一个科学决策、竞争有序、行为规范的投资制度。

1. 放开城市基础设施投资领域，建立多元化的投资主体

当前，我国主要的投资主体仍为中央政府以及地方政府，按照建设社会主义市场经济的需要和城市的技术特征，构建多元化投资主体、多种投资方式。

（1）加强对市政基础建设的投入。当然，城市的基础建设也需要政府和市政当局的共同投入，特别是纯粹的公益性质的市政基础建设。

（2）在市政建设中，鼓励民间资金进行投入。在我国的快速发展过程中，

由于城镇的快速发展,导致城镇的基本公共服务产品供应不足,需要加大对基础设施的投入。要解决目前我国基础设施投资短缺的问题,必须大力支持民间投资。近年来,私营部门的资金也在不断地向市政建设部门渗透。

(3) 加强对民间资本的使用。在城市的近代化进程中,很多大的城镇都在进行基础设施的扩建和改建,为城市的基建带来了空前的机遇。以北京为例,一是2008年,轨道交通的投资规模达到100亿元左右;二是五环、六环等高速公路的修建,在最近两年内投入了大量资金;三是对四环以内的道路进行更新,其中重点是对四环以内的道路进行加密,年销售额达30亿元;四是环境保护工程的建设,包括污水处理厂、区县投资的小规模污水处理厂、填埋工程等;五是区政府出资修建的公路和城市基础设施,特别是海淀中关村科技园、朝阳区CBD商业核心区的项目;六是为奥运会提供市政设施的支持;七是北京城市规划中的城市基础设施等。在这期间,由于我国的城市化进程加快,工业格局发生了变化,原先属于市政公用事业的企业大多已被重组,成为独立的企业,参与到市政工程中。同时,在我国的一些传统行业中,工商、建筑等企业也将目光转向了城市基建,寻求新的发展机遇。这些传统行业拥有庞大的资金,通过有效的并购,可以在城市基建方面发挥巨大的作用。

(4) 大力吸引外资。随着中国经济的快速发展,大量的外国资本涌入了高速公路建设、天然气开发、城市供水、城市废水治理等领域。随着我国市政建设事业的深化,将会有大批外资涌入城市基建项目。

2. 改革城市基础设施投资方式,由直接投资向间接投资转化

在我国现行的制度下,对城市的基建投入主要是以直接投入为主。而在城市基础设施方面,则由投资人将其投资于工程建设中,从而使其成为有形的投资。在我国,由于基础建设投入的不断加大,使城市的实际财产总量不断增长,从而促进了城市的基本建设。城镇基建项目直接投入,因为其具有规模经济效益,需要大量的投入,从而制约了有限的资本。城市基建间接投入是指在城市基础设施中,以股票或债券等方式进行的一种投资方式,能够有效地吸引大量的社会资本,从而达到一定的规模经济效益,推动城市的基础设施建设与发展。

3. 仍然由国家与城市政府垄断的城市基础设施部门投资,必须根据国

有经济改革的方针政策进行改革，实行政资分离、政企分开，深入推进市政基建投资公司的改制，构建现代化的公司体系，调整公司的收益和风险分摊模式，增强基建项目的投资效率。

二、城市基础设施的投资决策与建设方式

城市基建的投资决策是指通过科学的理论、方法和手段，对一些可行的项目进行分析和讨论，最终选择出一个最理想的项目。

(一) 城市基础设施投资决策

我国的城市基建投资决策分为以下三类：宏观投资决策、中观投资决策以及微观投资决策。城市基建工程的微观投资政策，是指对规划中的工程进行技术、经济分析、对比、评价，确定工程技术与经济问题的决策。

投资项目的制定是指在投资活动中，各个工作阶段都要按照自己的行为规则进行。决策过程并非随机决定，而是通过对工程决策过程的不断积累和对客观规律的理解而形成的。要做到科学的决策，就要遵循客观的规律，遵循科学的决策过程，以防止主观和盲目，达到预期的结果。

目前，我国在市政公用工程的投资决策过程中，还出现了一些问题，如政府投资项目的决策机制不够完善、评估过程不够完善、不注重前期工作，对投资项目的决策具有主观、盲目性，偏好于形象工程、政绩工程和短期见效工程，不注重实效和对城市长远发展有益的工程等问题。其主要特点是：对投资的后期评价较多，对前期评价较低，本单位和系统的领导单位进行了大量的可行性调研和项目评价，聘请专业咨询单位、邀请技术经济专业人士进行公平评审的机会较小；规划部门是工程决策机构，而可行性分析则是设计方的职责，投资方没有决策权，也没有否决权，决策的权、责、利未能统一；此外，由于工程的可行性和评价工作不规范，缺乏对专业技术人员和专业知识的有效整合，信息收集不全面，往往是一种普遍的论证，且缺乏权威的意见，使工程的可行性和评价工作水平不高。

经过多年的实践和教训，我们逐步意识到，要实现我国市政基础建设的预期经济效益、社会效益和环境效益，就需要转变过去那种陈旧的投资方式，遵循投资的基本原则，制定科学的投资决策流程，严格地按决策的程序

进行。从改革开放到现在，在借鉴国外先进的政策决策和科学的评估手段以及国内国情的基础上，相关部门建立了较为合理的规划流程。根据相关政策，我国对大型、中型、微型企业建设项目的决策过程，按下列步骤进行：

1. 提出项目建议书

依据城市长远发展规划、行业规划、地区规划和技术、经济方针和施工工作的需要，通过调研、预测和分析，编制规划方案，并将其上报市政府，由相关部门选择。项目建议书是在投资之前对工程概要的构想。对我国城镇基础设施的建设进行评估，并对其进行初步的论证。其内容有：提出投资计划；提出产品方案、项目规模及选址的初步构想；资源状况和建设条件的初步研究；投资评估与筹资设想，贷款偿还能力评估，工程总体计划；对其进行经济与社会的评估。项目方案经综合平衡、审查、筛选，确定有必要开展的项目，列入工程前期工作方案，并将其上报单位及相关部门，供其开展可行性分析。

2. 编制可行性报告

凡是列入前期工作规划的市政基建工程，都可以启动工程的可行性分析。在调查和预测的基础上，对建设条件进行调查，包括自然条件、资源条件、合作条件等，从技术、经济、建设条件上进行技术经济可行性论证，通过对各种方案的对比和分析，得出建设的可行性和实施的建议。基于上述的分析和论述，撰写一份可行性报告，为今后的调研和规划工作提供依据。

3. 编制计划任务书

计划任务书也称设计任务书。在此基础上，对市政公用设施进行全面的规划，对我国市政公用设施的规划具有一定的指导意义。在可行性研究提出的几个工程投资建议中，经过重新调查、研究、补充、修正、选择，作为一个可靠的基础来制定规划的工作。规划工作是市政基建工程建设的重要内容之一。

4. 项目评估

邀请相关技术、经济专家和负责市政建设的银行对该项目的可行性分析进行初步审核，再由该公司的顾问或规划主管部门授权具有资质的工程顾问进行评估，也就是对该项目的可行性分析和规划工作进行全面、仔细的审查、计算和核实，并根据审核结果，为最终的投资决策制定提供科学的参考。

5. 项目审批

根据以上的决策过程，政府主管机关应当对工程可行性分析、规划工作、评价等相关资料进行审查，确定是否可行后，再予以核准。一旦审批通过，就是正式的审批，市政建设的建设方案也就敲定。而这个投资项目什么时候被列入年度规划、开工建设，则需要规划单位进行全面的权衡。

(二) 城市基础设施投资项目决策分析评价指标

1. 项目(企业)收益评价指标

在对市政公用工程建设项目进行经济合理性的评价时，应从动态、静态、定性和定量三个方面对其进行综合评价。经济性的研究重点在于对其进行成本—收益的研究。其主要内容有财务预测、财务收益分析。财政预测是收集、分类、制表、测算、估算、分析、汇总等与工程相关的成本(或支出)及收益，为下一阶段的工作奠定基础。财务收益分析也叫公司(或工程)的财政收益评估，它是根据我国现有的财政体制和定价体系，从公司或工程的视角，对该工程的盈利能力、借款偿还能力、外汇收支平衡等进行评估。工程经济性评估的主要依据是各类财政收入和支出表以及政府制定的评估参数。其中包含财务现金流量表、利润表、收支平衡表、经济现金流量表、经济外汇流量表、固定资产投资估算表、投资使用计划表、单位成本表、总成本表、销售收入表、借款偿还平衡表、国民经济经营成本调整表等。

2. 城市经济效益评价

从整体经济角度来看，工程投资的效益与成本既有成本效益又有资源的合理分配效益，对城市和社会的净收入做出了具体的分析。由于其与公司的财政收益评估存在一定的差异，所以在进行经济性评估时还需要考虑不确定的因素。

城市经济效益和公司的财政收益在下列三个方面存在差异：

(1) 两种评价方法的角度和目的不同。融资评估是从公司和工程本身的角度对资金的使用情况、收益情况、还款能力进行评估，从而判断该项目是否具有融资的可行性。而城市经济评估是从一个城市的全局出发，来衡量一个项目所要投入的成本，以及它对该项目的发展所做的贡献。

(2) 这两种评估所涵盖的成本和利益的范围不同。财政评估是对工程的效益与费用进行估算，通常仅以可衡量的收入与费用为标准；而对城市经济效益进行评估的收入和支出的内涵则与公司的财政收入、支出构成不同，有些纯粹的财政转让收入，如税收、利息、财政补贴等，这些收入和成本并没有纳入相关的财政评估中。另外，在进行经济评估时，还应将机遇成本纳入其中，并将其纳入工程的社会成本之中。

（3）价格、汇率、基础参数等方面的差异。财政评估主要使用的是当前的定价系统和行业或地区的指标，例如参考利率。而对城市进行评估时，需要采用影子价格、影子工资、影子汇率以及国家级的统一基础参数，例如社会贴现率。另外，使用的评估方式和评估对象也不尽相同。金融评估相对容易，对数据的需求也比较少，可以通过一类信息途径获取；但由于其内涵和手段比较烦琐，使用的一些重要数据都是经过处理的第二层次或更高层次的数据，比如通过统一测量制定的全国指标。

基于对财政计量基本数据的分析，对我国的城市经济进行了评估。但是要进行一套烦琐的转换和调节。也就是说，将财政评估中涉及的成本和收益的内容，如税金、利息等，排除在我国之外的其他方面；将各主要的投入和产出进行价值转换，也就是将财政评估中所使用的国内市价转换为满足经济评估需要的经济价值，各类暗值，从而得到经济效益和成本；对经上述调节后的经济现金流，按照一定的社会折现比率进行各项评估，以评估其经济效益。

经济内部收益率、经济净现值、经济净现率等是目前经济发展状况的主要评价指标。

3. 社会效益评价

我国的市政基础设施工程的投资与建造，除了影响经济方面的因素外，还包括一些其他方面的影响。从宏观角度看，对我国的经济、政治、文化、宗教等各方面的影响进行综合、系统的评估，并以一种更为宽泛的、经济的方式来评估项目的收益和成本的关系，以此来衡量项目的优劣并进行取舍。我国市政基建工程建设的社会评估应着重解决以下三个问题：

（1）理顺评价的概念、内涵和外延；

（2）明确社会成本效益的内容、特点和衡量方式；

（3）建立社会评估的标准。

对市政基建工程进行社会评估，主要还是为政府投资项目的政策制定提供依据，也就是在经费的限制下，对具有最大社会效益和最大效益的工程进行评估。它的评估指数目前尚无可借鉴之处，但大体可分为两种：一种是对各领域的社会评估，如就业效益、分配效益、资源节约效益、环境效益等；另一种是专门针对具体工程而设计的指数，用于各个城市的基建部门进行工程的政策制定。

第四节 城市基础设施经营

一、城市基础设施的多种经济成分经营

(一) 城市基础设施领域的公有制实现形式

改革开放后，某些行业在改革后实行了竞争制度，吸引了私人资本和外国资本进入这一行业，开展了一些商业运作。然而，就总体而言，我国在基础建设方面的市场化改革尚未取得重大进展，尚未形成较为健全的市场竞争体制。目前，我国的国有企业处于战略转型时期，国有企业存在进与退、有所为与有所不为等问题，这为基础设施行业的市场化改革和民营企业的发展创造了良好的机遇。

公有制的实现形式是一种生产资料所有制，是社会主义经济体制的基石。然而，在实现公有产权的过程中，必须按照社会的发展程度和现实的经济发展状况采用不同的实现形式。

按生产力发展程度决定了某种生产资料所有权的形态。所有权的实现方式也是对社会生产力发展程度的客观需要。社会主义公有制是社会化大生产的客观需要，因而为生产力的发展开辟了更为宽广的途径；同时，在当前的生产力发展程度下，为了满足广大工人和少数工人的特别需要，对其进行了一次全面的改革，不仅没有使其本质发生变化，反而有助于生产力的发展，使其更加健全。在不同的生产力发展阶段，不同国家、不同地区、不同产业、不同企业、不同所有制、不同经济类型，也可以有不同的表现方式。

(1) 在公共资产的产权结构中，产权是一种权利的集合，主要包含拥有

权、使用权、处置权、收益权等。这种权利既可以是单一的，也可以是属于其他的，这样就使得相同的经济要素具有各种表现形态。在公共经济中也是一样，由于公共财产拥有而产生的各类权利可以被一个共同的对象所整合，比如国家的国有企业；同时，还可以采用"相分开"的方式，例如将国有公司和公司的管理权分开。

（2）就公共财产的运作模式而言，一是公共财产的所有者，二是公共财产的运作模式。从公共财产在社会再生产中的经营模式来分析，要使以前的所有公共财产都是国营的，可以采用委托代理、股份经营、合作经营、承包经营和租赁经营等多种经营模式。

（3）从生产力的发展程度来看，所有权的实现方式本质上取决于一定的社会生产力发展程度。社会主义初级阶段的生产力发展程度存在多重层次、不均衡，这就导致我国的公有制实现方式多元化。

（二）城市基础设施的多种经济成分经营

1. 国有国营

国有国营形式就是国家所有、国家经营，也就是说，国有公司的产权及其使用权、处置权、收益权等一个整体，"国有"是一种集中的、完全的控制，所有权人对经营权的行使有着很大的支配作用。因此，国企更多的是采取政府的方式来进行政府的管理。

2. 国家控股

国家控股即在股份有限公司中国有资本股份占50%以上。股份制是我国国有资产的基本形态，它是一种以投资者自愿入股、按股分红、自主经营、自负盈亏为经营手段的现代化公司的一种资金结构。国企是股份化的，是公司能够自主使用和管理股东出资的资金，使国有股东与公司的产权相分开，从而使公司的财产运行更加高效；股份制公司使公司的财产形式与实体形式相脱钩，股东不仅拥有形式上的产权，而且可以以产权形式获得股利、分红，这是一种有利于政企分开的制度。公有财产可以出资入股，也可以由国有股、法人股、企业股、社会股等多种方式组成。我国拥有超过50%的企业是国有企业，低于50%的企业是非国有企业。在城市基建方面，要形成一种新的竞争体制，必须在基本产业的产权制度上进行创新，构建清晰的产权关系，健全内部管理，以实现基础产业的有效竞争。而股份制则恰恰就是最符合现代化基建、市政基建等发展需求、具有多种类型的投资机构体系和公司机构体系。

3. 国有民营

国有民营是指资产所有权属于国家，经营权属于企业的一种民营经济形式。民营企业的经营模式有股份经营、委托经营、合作经营、承包经营和租售经营。国有民营既是产权与经营权的分离，也是经营目的的转换，也就是利润的转换。城市基建是我国国民经济发展的一个关键环节，其运行不仅要实现社会利益的最大化，而且要实现企业的经济利益最大化。因此，对我国城镇基建行业国企进行私有化，将有助于建立起市场化的体制，从而促进基建行业国企经营效益的获取。

4. 民有民营

民营经济是一种具有某种所有制形态和某种运作模式的经济形态，其内容属于非公有制的所有制和运营模式。从企业的运作模式上，可以分为国有、民营、混合所有制三种。因此，私营企业就是民营企业的一种形态。从所有权形态上来看，是指除了国有经济之外的其他各种经济类型，包括集体经济、个体经济、私营经济、外资经济、混合经济等；在经营模式上，包括集体经营、个人经营、合作经营、股份合作经营、租赁经营、承包经营和代理经营等。与国有企业相比，其他的各种所有制和管理模式都是民营的。我国的民营经济包括集体经济、个体经济、私营经济、外资经济、混合所有制经济等多种类型。

（1）集体经济是一种民营的集体财产，其财产归劳动者集体所有、集体经营。在集体经济组织中，多名职工共同投资或以集体基金共同投资设立经济组织，实行共同经营、联合经营或授权经营。

（2）个体经济是指以个体为单位，个体或少数雇员共同管理的私营企业。

（3）私营经济由劳动者个人出资兴办，以雇佣工人的方式进行管理。

（4）外资经济是指外国投资者或公司在中国部分投资或全部投资设立的私营企业。

（5）混合所有制经济是指两个或多个不同的所有制单位联合投资设立，并按照协议进行管理的私有企业。近几年，伴随着我国国有资产重组的新思路，一些不同类型的国有公司纷纷打破了原有的所有权边界，进行了整合和渗透，从而在原有的产权制度和运作模式中产生了新的特征。尤其是在股份合作制改革之后，我国的国有企业打破了单一的产权制度，实现了资产的多样化和多种所有制的混合，从而产生了我国的混合所有制经济。

要积极推进城镇基建产业的产权改革，勇于尝试各种类型的公有制，发展私营企业，促进私营企业参与，促进城镇基建建设和建设市场的良性互动；通过引入民营资本，既能有效地缓解我国市政公用工程投资的短缺问题，又能推动我国市政公用工程的市场化进程，进而提高市政公用工程的运行效益，并能有效地提升公共服务水平。

党的十五大报告提出："在我国，实行以公有制为主体、多种所有制并存，这是我国社会主义的一种根本的经济体制。"这为私营企业的发展创造了有利的环境，同时也为私营企业的发展提供了有利的条件。

二、城市基础设施的多种经营方式

我国的市政基础建设，以其庞大的投入、较长的投入周期、较高的回报率、较小的规模经济效益等特点，在我国的发展前期，其特以国家为主，实行了较长的行政垄断和管理。由于没有经营自主权、收益权和法人财权，因此经营效益不高。

在我国的市政公用设施建设中，除了要改变产权结构、打破国有化、发展私营经济外，还要建立完善产权明晰、权责分明、政企分开、管理科学的现代化公司体制；同时，在市政建设方面，也要寻求多元化的运营途径，转变单一的国有企业管理模式。

（一）国有独资公司

城市基建具有天然垄断、公共物品属性，又是国民经济一个重要环节和核心环节。因此，除了一些国家控制的上市股份公司以外，大多是国有企业。国有企业是指以公司化方式，独立出资组建的企业。其重点是与国民经济的生命线相关的行业，与国家安全相关的领域，具有垄断公共利益的行业。在一些地方，必须实行国家出资或专营管理，但也不能全部采用国有企业经营模式；甚至在一些地区，要坚持国企的控制权，也要尽量让国企联合起来，通过直接集资的方式，组建一个多元化的国有股份制公司，保留国企的本质特性。

(二) 承包经营

在市政建设方面，对私人投资进行广泛的投资，促进了私营企业的发展，以及市政基础建设的市场化，并形成一种市场竞争的体制。从民营企业的发展形态分析，无论是国有、民营、混合，都可以采用"承包"的模式来进行管理。例如，当前我国大部分的国有独资公司采取了以集体合同形式进行管理。这是一种由公司领导者负责的管理模式，由公司的员工和承包商一起进行管理。这种做法的缺陷在于，集体的风险责任使公司的绩效与领导者的社会责任感、敬业意识紧密联系在一起，从而导致管理的低效；但是，如果能够改进创业者的积极性、分摊收益和风险，那么公司的运营就会更加高效。一些市政基础建设行业，因为竞争强度低，提供的产品和服务标准、供应价格相对稳定（供水、电力、燃气等），容易受到控制，尽管其效益较低，但并未产生严重的负面影响或政府财务压力，因此采用这一合同模式是合适的。除了实行集体合同，还可以实行私有合同。

(三) 租赁经营

租赁经营是指在不变更原有物业产权的前提下，由租户按照契约获得相应的经营权，并以一定的形式交付给出租人。在租赁的过程中，租户会自行承担运营经费的问题，而租赁公司的运营收益会将其中的一部分交给国家，当作房租的成本。租用方式通常需要支付一定的费用，收取的费用应该能够补偿运行和维护的花费。除非预先就维护问题达成一致，租赁企业没有必要对基础建设进行投入。因此，虽然租赁业务更有利于私人资金参与到市政建设中，但由于运营、维护和投资等方面的职责由多个主体来完成，所以往往很难将区域划分清楚，从而造成投资决定和运营需求的无差异性。因此，为了保障当事人的权益，在租赁契约中应当对当事人的权利与义务做出清晰的界定。

在租赁业务中，存在亏损甚至破产的可能，因此，在租赁业中，最好的办法就是采取租赁业务招标制度。招标是以竞争性的方式签订契约的一种法定形式。出租业务投标是指以政府的名义,在一定的时间内向公众发布或者在特定的区域进行招聘。根据公正的原则,通过竞争的方式进行招标,最终确定中标候选人。在采取租售模式时,为了保障国有财产的安全,必须建立出租、保证、运营亏损警示等机制。租赁中的保证是指在与承租人确定了租约关系后,对其进行特殊的权利和责任的补充,以督促其更严厉地执行所承担的责任,并尽量减少因未尽到责任而导致的损害。在出租业务中,承租人的财产质押和第三人的保证是两类。但是,在实施租赁业务时,如果出现了经营亏损,就必须保证在企业的经营活动中避免这种状况的继续,从而降低企业的损失。与此同时,也为租赁方提供了一些挽救的契机,从而加快了公司的恢复。因此,在实际操作中,常常采用契约条款设定出租运营的损失警示公告。当一段时间里发生持续的损失或者资产和债务比率较高时,租赁公司可以立即通知租赁方,责令其限期整改,并对其进行适当的管理,以防止经营不良状况的持续。在营运损失警诫期满后,若出现逆转,将解除警诫,解除对承租人的约束,并将其权利还原至原有状态。若未取得效果,将由承租人终止,并由承租人负责。

(四) 委托经营

市政基础建设对社会公众开放,并引入社会资金进行经营,除了承包经营、租赁经营外,还可以采取特许经营的经营模式。受托人不能变更受托人原来的所有权,仅接受一段时间的经营权,其中受托人承担所有的业务和损失,并确保受托人的权益。委托运营的对象,也就是受托者,是一个拥有接受公司财产的独立法人,拥有一定的资金,而且要具备实施的短期、中期和长期的计划,以及在各个时期内要实现的目标。委托运营是一种适用于大多数市政公共设施的管理模式,例如城市供水、天然气供应、污水处理等。

采用授权模式,要形成一种行之有效的激励机制;公司的运营风险与限制运作的机制。对于履行委托管理的,应当按照受托人的要求,履行其应有的义务。委托代理人必须支付一笔资产作为担保,保证金的支付限额既要约束委托人的业务活动,又要兼顾委托人的承付能力。为了维护股东的利益,提高公司的财政实力,委托人可以请求受托管理人对公司的运营情况进行及时披露。委托完成后,委托单位将安排代理公司对其经营业绩、债权债务、国有资产的保值和升值等进行全面审核，并根据委托经营协议规定委托报酬。

（五）股份制

股份制是一种高效的现代公司体制，是最符合我国市政建设事业发展需要的一种新型的投资机构和组织机构，而股份制又是一种运作模式。在我国的基础建设中，要形成一种有效的市场竞争体制，必须在产权清晰、内部管理体系健全的情况下，形成市场竞争的主体。股份制是现代股份公司的一项重大特点，即资本家与业主的分离，在市政建设方面实行股份制，具有以下优点：一是可以迅速地将大笔的资金投入企业内部，并将其运用到社会化建设中；二是因为企业的产权与经营权分开，使得具备一定技术和经营经验的经营者可以拥有自主的经营权利，能够自主进行经营，从而获得更好的运营收益；三是股权结构将投资者的责任、权利和利益紧密结合，通过引进动态的体制，实现自主经营、自负盈亏，从而实现公司运营的高效性；四是对政府和公司的关系进行有效的梳理。股份制改革后，国有企业的所有制从国有变成了大股东，国有企业也可以按照自己持有股权的份额来享有自己的权益。因此，国家只有间接地管理和依法监督，才能确保公司的独立性和发展。

我国的基础建设行业，因其自身的垄断和社会公益性质，长期处于"国家垄断"的状态。我国的市政基础建设企业实行股份制，为各类资本要素的参与、资本市场的多样化和市场的竞争提供了有利的环境。

（六）股份合作制

股份合作制是一种兼具股份制和合作化双重性质的公司，是一种能够吸引私人资金直接投入市政工程的行之有效的方法。该类公司是指一个或多个公司（或个体）与国家指定的国有资产运营公司共同组建一个项目公司，按照约定的比例进行投资，并持有一定的股权。在这种模式中，有了国家的介入，可以增强投资人的投资信任，而民间资本的介入则能有效地改善融资的效益，提升企业的运营服务。

（七）管理合同

在政府不希望将市政基础建设部门全部交给私营部门或者允许私营部门运作以前，了解公司和市场状况的一种手段。实施经营契约要取得胜利，需要以下两个前提：第一，承包方要拥有实施企业变革的充分自主能力，其中包括雇员和裁员；第二，契约中要包含有效的奖惩条款，比如无法完成任务的处罚以及超出规定的任务。在市政基建公司中，这种奖励与提高收费管理、降低成本和损失密切相关。以合同的形式进行管理并非"没有风险"，应当尽量多地吸引竞标人，在竞标中必须具有高度的透明性，这样才能保证竞标人的公平性，从而挑选出符合条件的人，降低其运营的危险性；与此同时，要想让这项业务取得更大的成效，就需要建立一套监督管理制度。契约管理旨在确保有关协定得到切实履行，特别是对个别或机构进行契约监督、长期合约的管理，对不断变动的环境进行规制。

（八）有偿转让经营权

在国家需要私有资金而长期不愿放弃产权的地区，通常实行经营权转移。土地使用权的有偿出让，既能有效地利用现有资源，又能为城镇的发展提供更多的融资机会。比如，广州市香港国泰国际公司签署了20年股权转让协议，将珠江桥、海印桥、广州大桥、人民桥以及珠江大桥等四个大桥的使用权转让，并募集8.3亿元，为其他市政基础设施项目投资。与BOT模式类似，但其转移的是已经完成工程的一些经营权，而不是施工许可。

（九）BOT模式

BOT是一种投资、建设和运营的基础设施。这不仅是一项为市政建设提供资金的方法，同时也是一项商业活动。BOT是发展中国家引进外国资金的一种手段，但BOT项目投资规模大、投资期限长、投资环境差别大，没有经验可以借鉴。BOT模式在我国已经不是什么新鲜事，已经开始在市政基建工程上进行实践，但是截至目前，BOT的热潮还没有在中国形成，主要是因为BOT没有吸引到本国的民间资本。国务院发展研究机构的一位专家认为，使中国民营企业充分发挥BOT的作用，不但是可行的，同时也有助于促进中国民营企业的发展,并为发展本国的 BOT 提供有益的借鉴。利用 BOT 模式引入民营企业,能有效地解决民营企业盲目发展、不规范经营等问题,为民营企业拓展市场、开发投资机会、促进其健康发展提供有利的环境。引入民营企业参与 BOT,对我们探讨具有中国特点的 BOT 模式更为有益,寻找符合我国实际的 BOT 发展路径。

城市的基础设施,是一个城市总体发展和提高一个民族综合国力的关键。由于我国在市政基础设施方面一直处于政府的独占统治地位,导致其效益低、竞争力差,这不但成为城市发展的瓶颈,同时也很难与世界接轨,尤其是在我国加入 WTO 后,城市基建行业将会迎来一场激烈的竞争。

在推进市政基础设施建设市场化的过程中,要积极引导多种经济成分参与市政基础建设,发展私营经济,建立多种经营主体和市场竞争主体,大胆探索该领域的多种经营方式,实现多种经济成分、多种经营方式的分类运行,以促进城市基础设施产业的发展。

第八章 智慧城市管理中的技术应用缩影

第一节 大数据

一、什么是数据挖掘

数据挖掘就是从海量的资料中发掘新的信息。在此，所谓的"知识"指的是概念、模式、规则和约束等，是人们事先不了解、却具有潜力的数据。数据挖掘与常规数据的最根本不同在于，它是挖掘信息、发现知识，而不是一个清晰的假定。数据的获取具有先前未知性、有效性和可利用性的特点。

数据采集的基本过程包括：业务理解、数据准备、数据理解、模型建立、模型评估和模型运用。在此过程中，资料的编制与理解是最关键的环节，资料的品质将会对模式的选取及运用效果产生重大的影响。

目前，数据挖掘中最常见的有分类、回归分析、据类、关联规则等数据挖掘技术。利用原始资料的构造，可以选用适当的处理方式。数据可以是结构性的，比如在关系型数据库中；可以是半结构性的，例如文字、图形和图像；也可以是其他类型的。

利用这些数据进行信息管理、优化查询、决策支持、流程管理以及数据本身的管理。数据挖掘技术使资料使用从底层单纯的数据检索升级为从资料中发掘、为决策提供支撑。

二、数据挖掘技术在智慧城市管理建设中的应用

数据挖掘技术以海量的数据为基础，在没有足够的数据支持下，根本不可能进行数据挖掘。按照"1322"智能城市的系统结构，以大数据为核心，构建一个基于公共信息的"一体化"平台，为构建智能城市奠定了良好的基础。在智能城市的建设中，利用数据挖掘技术来解决城市公共设备的信息化问题。

在市政公用系统中，要达到城市灯光智能化，就必须通过对车辆的每日交通量进行统计和挖掘，并依据挖掘出的交通流的规律调整路灯的光亮，从而达到满足需求的要求；通过对现有桥梁维护数据的分析，可以判断出桥的老化情况，从而推断其寿命，减少对大桥的人工巡视；为了达到隧道的标准化，必须利用隧道检修数据发现隧道内的安全隐患，对隧道内的安全运行进行预报，从而保证隧道维修工作的顺利进行。

三、大数据分析

在餐厅用餐的过程中，顾客会看到菜单上每一道菜的名字和标价，而每一道菜的价值都会被记录下来，这种信息就是所谓的数据。在我们的日常活动中，也存在着各种各样的信息，比如物体的长、宽、高等，学生人数、男女比例、教职工人数等。正如名称所示，海量的资料可以被解读成海量的资料。有多少数据可以被称作大数据呢？大到不能用大脑进行直接计算的数据，就是所谓的大数据。

对于海量的数据而言，在进行大规模的数据分析时，必须使用高效的分布式运算。分布式运算就是把大量的计算工作分解为一些较少的工作，这些工作由计算机来完成，使其能够进行平行运算，从而大大加快了运算的速度。当前，高性能的分布式计算主要有HA-DOOP、STORM、SPARK等。

上述仅是大数据的一个特征，在海量数据的基础上，它也具备诸如数据的异构等其他特征。同构是一个整体，由多组元素组成。举例来说，一种车可以在各个国家单独生产，而所有的零件都由它们组成。一般而言，大数据由结构化、半结构化和无结构化的数据组成，而表是结构化的数据；邮件、报告、资源等都属于半结构化资料，其中邮件系统、档案系统等最常见；视频、音频、图像等形式的资料都属于无结构化的资料。总体而言，目前的资料不仅是单纯的数组资料，还包含更多资讯，如图片、影像、地理位置等。

对于海量的数据，大部分都是使用无关联的数据库来进行，比如，使用文件式的数据库来保存集中的数据，通过图表来保存基于属性的数据，通过存储器把数据放到存储器中来进行操作等。当前，无关联数据库是最流行的数据库，它包含Redis、MongodDB、Hbase等。

第八章 智慧城市管理中的技术应用缩影

数据可视化是大数据技术中的一个关键环节。可视化技术可以使用户对资料进行更好的分析，并通过图形的方式使数据的内容变得更加清楚。现在流行的大型数据可视化软件有 Jupyter、Tableau、Google Chart、Js 等。利用这些方法可以使数据自身的价值得到更好的体现。

智慧城市推动了大数据的诞生，为大数据的应用带来了巨大的市场空间。

（1）从交通治理角度来看，利用数据挖掘技术可以有效地减少交通堵塞，对紧急事件做出迅速反应，为城市的健康运行提供科学的决策基础。

（2）停车场的管理，通过大数据，对进出停车场的车辆数量和停车位进行实时统计，并自动将每一块停车位的数量都进行显示，从而达到停车的目的。

（3）在环境管理上，例如，利用生物传感器收集资料，可以得到环境、灌溉、施肥、疾病、虫害等因素引起的各种生理异常资料，但仅凭上述资料是远远不够的，必须将影像资料与手工资料相综合，才能获得更为准确的资料。

大数据的诞生引发了一个重要的变革。在网络世界，数据占据第一，信息越来越重要，大数据正在改变着我们的社会，影响着人们的思想和行为。

第二节　网络技术

一、Web

（一）无所不能的 Web 技术

网络技术是怎样的？事实上，网络技术在网络中的应用无处不在，比如，你用百度进行搜索，或者在特定的网页中听音乐、看视频，都会有各种各样的网络应用。Web 的全称是"世界网络"，也就是所谓的"WWW"或者万维网，是一种以网络为基础，集文本、图像、声音、视频等多种媒介为一体的综合性网络。当前的网络架构包括 Web 服务器、浏览器和通信协议三大类。用户通过网络搜索文献、数据时，会将一个资源要求发给网络服务器，然后由网络服务器接收到来自此的信息，然后按照所要求的信息找到相应的信息，将搜索到的信息反馈到浏览器中，再由网络浏览器将接收到的文字、音频和视频进行渲染，然后显示在页面上。目前，在发送要求时，其主要功能是对数据的文件格式、优先级等进行统一的管理，从而有效地提高网络服务的传输速度。Web 为用户带来了一个易于访问、图形化和多样化的动态接口，用户在浏览页面时，将不再是单调乏味的文字，而会增加更多的内容。由于每一页都含有大量的链接，只要按一下，就可以直接进入相关资料，让网络上的资讯变得更为密切。

（二）Web 在智慧城市管理中的应用

互联网的普及，给全球带来了前所未有的信息交流和人文交流，并实现了跨时代的资源共享和思想交流。现在的网络技术，可以和现在的许多新技术相融合，比如 AI、智能对话、24 小时在线回答用户的各种问题、导航、购买商品等。

互联网与云技术的融合导致"软件服务"的出现，各厂商在各自的云端服务器上集成了各种应用程序，并将其通过互联网进行数据传送，并为用户的个性化服务提供了一系列的界面，使该系统具有成本低、易用性和灵活性等优点。在现代化的都市中，大量的数据被存储在服务器中，运用网络服务建立了一个庞大的网络管理系统，对各个区域的数据进行检索和查询，为智慧城市的领导决策分析、智能调度、民意满意度以及市民的信任等提供技术支撑。

网络技术与互联网技术的结合，构建了一套完整的城市设施管理体系，将网站构建成可视化、数据化的接口，协助相关单位对其进行观测、管理，并运用智能监控设备实现公路、桥隧、井盖、路灯照明、地下管网、下水道危险源等设施的定位及安全监测，通过该管理系统可以对设施进行日常检查、特殊检测以及维修管理，不仅可以提高操作效率，还节约了大批的人力和物力。

二、边缘计算

(一) 什么是边缘计算

边缘计算是一个将网络、计算、存储和应用核心能力结合到一起的开放的、位于物体或资料来源附近的一种开放的平台，它可以为使用者提供最接近的计算业务。其优点是与资料来源更加贴近，减少由于有线资料传送及频宽受限而造成的延时，以及对当地资料的初步解析，使云端能够承担更多的工作，而由于资料是本地性储存，因此能够在实时业务、应用智能、安全及隐私保障等基础上，达到业界的要求。

与云计算的集中思想相比，边缘计算的核心计算和应用分散地布置在数据中心附近，因此，在业务的反应速度和可靠性上比传统的集中式云计算要好。在当前的产业中，边缘计算与云计算往往是相互帮助的。在目前的产业环境中，边缘计算与云计算之间不存在相互取代的联系，它更像一个三层的结构，即将运算能力分配到边界，然后由边界运算将运算能力分散到各个节点，以完成对数据的本地化。

云计算中的边界运算存在一定的客观因素，即网络的频宽和运算能力成为云计算系统的主要问题，而且随着网络的发展，需要大量的终端设备来访问互联网，因此大量的"小数据"需要进行实时的处理，然而，由于不需要将数据传送到云端进行运算，因此可以极大地节约通信资源，减少网络负荷和响应时间，而且在不断增加数据流量的情况下，数据的安全性随之提高。边缘计算技术是云计算的一个重要组成部分。

(二) 智慧城市管理中的应用

在智慧城市运行过程中，必须对大量的信息进行处理，并为其提供即时的业务，而对其进行高效的应用，可以极大地减轻网络的负荷、加快反应、节省能耗、减小网络的频宽，同时也能保障用户的隐私。在智能城市中，边缘计算的应用有以下三个：

1.边缘计算在城市交通管理中的应用

在道路的两边设置感应器，实现对路面的实时采集，并将其应用于边缘服务器中，对采集到的数据进行分析，并对其进行实时的交通信号处理，从而减少道路的交通堵塞。

2. 边缘计算在城市安全管理中的应用

本文提出了一种基于边缘运算模式与视频监测技术相结合的新的视频监测应用软件与硬件服务平台，能够有效地提升监控前端摄像机的智能化水平，从而发挥对大型犯罪、恐怖袭击事件的报警及应对的作用。

3. 边缘计算在城市基础设施管理中的应用

由于采用传统的手动控制方法不能满足现场的需要，对空调和灯光进行实时、有条不紊的调节，经常会出现不间断的现象，从而导致能耗的巨大损失。利用边界技术，结合现实的环境和节能的控制方法，能够对城市的基本结构进行实时、有序的监控，并能够有效地克服能耗问题。

第三节 人工智能

一、人工神经网络

(一) 生物神经系统的模拟

人脑中储存着大量的神经细胞。这些信息以不同的形式相互联系，经过信息的传输和加工，形成了记忆力、计算力、识别力等能力。而人工神经则是通过仿真人体的神经而产生的。

构成组成隐藏层的单位是什么？简言之，单元就像"加工器"，把输出端的数据转化成输出端能够利用的数据。打个比方，输入者为稻谷，单元为饭锅，将稻谷煮沸，然后传送到输出层面。这些单元的名字就是神经元，是最微小和最关键的一环。就像生物体的神经系统一样，神经元彼此相连，并且拥有很强的运算功能。

人造神经细胞和生物体的神经细胞类似，有很多的输入和输出，这些输入可以是1，也可以是0。这种联系模仿了脑部的突触活动。就像人脑中的突触一样，在神经元间传送讯息，同时也在人工神经细胞中传送讯息。神经元的连接程度不同，每个节点都有一个加权，这意味着发送到每个链接的

第八章　智慧城市管理中的技术应用缩影

值要乘以这个因子。这个模型来自脑部的神经突触，它的重量其实是在模仿神经元的数目。假如一个链接很重要，则该链接的权重会大于无关紧要的链接。

另外，有很多种类的 ANN，各有其特殊的应用和复杂性。

最基础的神经网络叫作"前向神经网络"，它使从输入到输出的数据仅沿着一条线传递。

另外一种更常用的网络就是资料能在多个方位上流通的递归式网络。这种神经网络在提高学习效率上得到了广泛的运用，例如书写和文字辨识等。

此外，还有卷积神经网络、玻尔兹曼机器网络、Hop-eld 网络和许多其他的网络。

(二) 人工神经网络在智慧城市管理中的应用

目前，ANN 技术已广泛地渗透到城市的各个领域，在城市交通流量、道路超车、停车、绿化等领域都有广泛的运用。有效地加快了智慧城市建设的步伐，为人们的生活带来了方便，使人们的生活更加智能化、科技化和便捷化。

1. 短时交通流参数预测

利用已有的交通信息收集技术，结合 ANN 技术，能够迅速获取快速路的外部特性和动态变化，对其进行正确的评估，并对其未来的发展做出正确的判断，对于解决高速道路的运输问题有着重要价值和实际意义。

2. 超车预测

在城市化快速发展的今天，城市公路上的超速现象将会对城市的交通造成很大的冲击，破坏城市网络的动态均衡。应用 ANN 技术可以有效地预报道路交通拥堵，减少交通事故，为交通管理部门的决策提供依据。

3. 停车位需求预测

城市化进程迅速，导致我国城镇中的小轿车数量急剧增加，虽然目前我国城市公共基础设施的建设规模不断扩大，但是由于道路运输的高速发展，道路停车设施提供泊位总量少，道路内违停现象突出，智能化停车设施滞后，停车难问题更突出。利用 ANN 技术，将城市的道路运输特点与停车要求相联系，建立了停车需求的预测模式，以解决停车与停车供应不相适应、停车难等问题，极大地提高了市民的生活满意度。

4. 生态预测评估

在城市化过程中，城市的快速发展造成城市住房紧张、交通拥堵，资源短缺，城市植被遭到破坏，环境恶化。因此，如何确定一个适合于市区的区域植被，并在此基础上进行合理的绿化建设，是目前我国城镇建设亟待解决的问题。利用ANN技术，可以确定适合都市气候特征的植物种类，对于建立起适合都市的人工林，保障城市森林生态体系的建设有很强的实际价值和经济效益。

二、深度学习

（一）什么是深度学习

深度学习是一种机器学习，既然名为"学习"，和人类的学习过程又有什么关系呢？

人们刚开始学习汉字时，一笔是"一"，两笔是"二"，三笔是"三"，这是一种简洁而又高效的方法。不过，"口"也是三笔，却没有写成"三"字。后来，人们发现了一个新的规则，三笔横排是"三"，围成框是"口"。汉字越来越多，人们也在不断地添加和完善这些规律，并能识别更多的文字。

深度学习也是同样的道理，基于神经网络，模拟大脑的思考模式，对信息进行提炼，从而让机器拥有和人同样的分析和学习的功能，从而模拟出人的视觉、思考、分析和判断。而这种规则，已经不需要人工去做，因为它已经不是传统的机器学习。

所谓"深度"，即人们所采用的神经网络的层数，层数越多、网络越深。简言之，深度学习是一种基于多层次神经网络的机器学习方法。

（二）深度学习能干些什么

在计算机视觉、自然语言处理、工业生产等各个方面，"深度学习"逐渐深入人类的日常工作中，成为一种必不可少的技术。

1. 城市管理视频图像信息的处理应用

在计算机图像识别、图像分类、场景识别和目标跟踪等方面，都有着深入的研究和实践。近几年，在各大城市都有了一个新的"人行违法"曝光系统，而由商唐公司研发的 Sense keeper 智能门禁系统，则是通过深度学习技术，帮助解决安防、金融认证等方面的问题。该技术可以应用于智慧城管的工作，其中包含对小区内车辆违停、占道经营、乱堆物料等违章行为的自动识别、对违章建筑的迅速发现、烟花爆竹燃放点监管等，为城市管理的智能化提供了技术支撑。

2. 语音处理应用

在自然语言的加工中，语音识别是最早期的一个研究方向。像苹果 Siri、谷歌 Now、微软 Skype、科大讯飞等，这些都使用了深度学习的方法，把声音转化成文字，从而支持智能问答系统、机器翻译等智能系统。在城市的日常工作中，可以利用声音辨识技术，对桥梁养护、城市环境卫生、城市行政执法等工作进行语音输入，将文字转换为文字资料，并按其内容进行自动归档，大大提升了工作效率。

3. 智慧管理应用

在工业流水线上实现了智能机械臂的进一步研究。如雄克公司与 KUKA、Roboception 共同研发的 Bin-picking，通过深度学习技术建立物料分类器，完成物料的分选，提高工作效率，使生产过程实现自动化、无人化。这种机械臂可以应用于城市绿化、道路清扫、自动泊车等城市的日常工作，从而实现城市的自动化、智能化和智慧化。

随着时间的推移，深度研究技术会逐渐被应用到更多的工作中，从而解决更多的问题，并将其应用于城市的各项工作中，使其成为智慧城市的具体内容。

三、模式识别

（一）模式识别的通俗讲解

当我们进入一家水果商店时，就可以清楚地分辨出哪个是苹果，哪个是香蕉，哪个是西瓜、葡萄、火龙果等。人类的眼睛怎么能分辨出各种果实呢？

理论上讲，人类可以从过去的经验中，判断出果实的本质和特性，从而判断出果实的种类。比如，在我们鉴定时，可以根据它的纹理、颜色、大小、形状来辨别。

人们把模式识别看作一种分类过程。模式识别的终极目的就是要根据一定的情况，从不同的分类中抽取出不同的类型。比如，模式辨识可以发现西瓜、苹果、火龙果等的最优特性。

如何从科学上界定出图案呢？模式是通过观察特定的物体而获得时空分布的数据。在对原始资料进行特殊用途和方式的解析以后，可以对其进行归类、聚类等处理。

图像的预处理、特征提取和分类是图像识别的基础。另外，有两种主要的模式识别方式：一种是统计模式辨识，另一种是构造模式辨识。统计模式辨识是将贝叶斯判别与统计学的可能性原理相融合的一种技术，也就是所谓的判别学。构造模式辨识是一种基于图像层次特征来进行模式化的模式识别。

（二）如何应用模式识别

在智慧城市中，模式识别技术是一个非常关键的技术，它的高效率开发将会对智慧城市的深入发展和人们的生命安全产生深远的作用。

在智慧建筑中，图像识别技术被广泛地运用到了城市的安防系统中。在此基础上，运用图像特征的方法，实现了文字、指纹、人脸、车牌等多种特征的自动辨识，为城市治安工作的正常进行奠定了基础。主要的应用有以下3个方面：

（1）实现交通引导。利用图像识别技术，可以对车辆类型、车速、停靠方式、人员、非机动车辆等进行实时监测，从而对道路的运行状况进行有效的监测，从而确保对车辆诱导作用的全面发挥。

（2）对人行天桥的安全性检查。利用图像识别技术人们可以实现天桥通行人数的有效控制，并实现通行人员不良行为的控制，保证天桥使用的安全性。

（3）人数总量统计。一些景点使用了模式识别技术对游客数量进行总量统计，通过对游客进出的数量进行准确的识别和计算，对旅游景点的整体数量进行有效的分析和计算，极大地提高了旅游景点的服务品质，同时也提高了游客的舒适性。

此外，重要通道监控、高点监控、人群控制等，是目前在城市安全中使用的重要技术。要保证其应用规范、合理，才能促进智慧都市的发展，更好地适应人类的日常生活需求。

四、知识图谱

(一) 什么是知识图谱

知识图谱是指以"点"和"边"来表示真实世界中各个"实体"的联系。

从理论上来说，知识图谱实际上是一张由多种不同的知识组合而成的知识网络。"知识"并不只是从书中学到的，还包含各种各样的数据信息。在互联网飞速发展的今天，人类已经迈入了一个巨大的大数据时代，大量的数据充斥于人类的日常活动中，而数据的本质就是"知识"，知识的构成就是基于这种基础的知识。

怎样建立一个知识库呢？这里要提及节点、边和方法。节点指的是真实世界里的各类事物，比如名字、年龄、地名、公司、数学概念、某种食材等；边是指白菜、萝卜等不同的物体之间的联系；说到方法，有一个很好理解的比喻，当你提起北京时，你就会想到北京是中华人民共和国的首都，中国四大古城之一，包含天安门、故宫、八达岭长城、颐和园、四合院、胡同等。与北京有关的一切，实际上就是在人们的头脑中建立了一条与北京有着特殊关系的纽带，这种纽带由人类的头脑自动地结合起来。而知识图谱的构造，就是模仿人类的思维方式，用一套特定的规则，将不同的个体进行关联。这种知识图谱与一般人类的传统族谱有相似之处，可以根据这些族谱了解各个家庭的族属和彼此的关系，并根据不同个体间的关联进行推断，挖掘出更多的关联。

(二) 知识图谱的相关应用

知识图谱使智能城市的发展更为迅速。随着知识图谱的不断发展，城市管理也越来越智能化。

1. 智慧城市管理中的智慧园林建设

通过对园林植物的地理位置、植物种类等的分析，可以建立一个知识图谱，帮助管理者们在园林中查找有关的资料，以便为园林管理者提供相应的养护服务，同时也可以将园林规划与城市空间规划有机地联系在一起，对绿化资源进行数字化的管理。

2. 智慧城市管理中的智慧公园建设

基于景区景点的来历、背景、人文、历史等信息，构造出相应的知识库，实现对景区的智能管理。例如，利用知识库建立相应的问答体系，以回答游客尤其是国外游客的疑问。再如，路线导航、景点位置、景点背景典籍等，以知识图谱为基础，协助辨识游客的危险程度，改善公园安全。

3. 智慧城市管理中的地理编码服务

利用所收集到的地籍标记资料建立一个以地理编码为核心的地籍知识图，并利用这些地籍资料进行关联、分析、挖掘有关的空间格局，为GIS系统提供高效、可靠的服务。

知识图谱技术的运用已在许多领域展开。然而，知识图谱的建立却需要标准化的资料，网络中大量的资料品质都不够好，而且在具体的应用场合中，建立知识图谱所消耗的人力、物力也很大，因此，如何利用相应的技术来有效地建立和运用这些技术，就显得尤为重要。我们认为，在未来的大数据环境下，智慧城市的发展必然会促进知识图谱技术的不断完善升级，同时知识图谱技术在不同环境中的运用，将会促进智慧城市的发展。今后，该系统将为构建完善、高效、有序、便民的智慧城市信息系统奠定良好的技术支撑。

第四节　多媒体技术

一、语音识别

（一）什么是语音识别

简单来说，语音识别就像机器的"耳朵"，是一种让机器经过识别和理解过程，把语音转变为相应的文本或命令的高技术。

比如，在手机上设置闹铃，只要把你的电话声音助理打开，并说："把闹钟设定到明天早晨8点。"这一功能依赖的就是语音识别技术。语音识别没有地域、时空的局限，而且速度很快，这使很多不会输入文字的人都能进入这个庞大的网络世界。其存在使人类与计算机进行通信和交流，大大提高了人类与计算机之间的互动感受。但是，语音识别技术并非十全十美，在某些时候也会出现错误，甚至不能辨认出具体的信息。近年来，在基于深度学习的声音识别技术中，它大大提高了语音的识别能力。

(二) 利用语音识别进行智慧管理

在物联网的今天，"说出需求得到落实"的互动方式将会被进一步扩展，将来所有的手机、电器等都会具备"听""说"的功能，而语音识别则会是智慧城市建设的一种重要方式，它将渗透到整个智能城市的每一个角落。

1. 智慧执法

当发生突发事件时，可以用声音发布事先设定好的指令，比如，进行应急方案互动等，或者是通过声音进行即时的反馈。此外，当执行机关要进行快速的录音时，可以使用声音识别技术将大量的声音转化为对应的文本，从而使执法部门的工作更加高效。

2. 智慧停车管理

在我国，由于经济的发展，汽车数量越来越多，因此，汽车停放的问题越来越突出。在智慧城市的管理中，通过对周边停车场的语音信息进行自动搜索，并将其最优化的路径信息传递到车辆的语音导航中。在停车场入口安装智能化的装置，对停车场的利用状况进行监测，并对停车场的剩余车位进行及时的反馈。这样不仅可以降低由于车辆的乱停乱放带来的不良影响，还可以有效地提高停车场的使用效益，降低由于停车引起的交通堵塞，达到智慧停车的目的。

3. 智慧环卫

垃圾分类工作十分繁杂，仅凭经验，在垃圾分类过程中往往会产生一些错误。用户可以用语音和智能垃圾箱进行语音交流，然后对垃圾进行分类，垃圾箱会根据语音识别和图像的匹配，自动完成垃圾的投放，并进行语音操作。这样既有助于智慧环境的营造，又可以减少环境卫生工作者的工作压力。

4. 智慧安防

在城市安防系统中，通过使用声音进行身份认证，可以增强安防系统的防护能力。比如，在常规的安全监测中，采用语音识别技术，在摄像机内部装有话筒，当发现有威胁的词语时，会自动触发警报；再比如，利用声音辨识技术进行案件侦破，可以根据声音的特征来判断嫌疑人的年龄、职业、出生地等，或在嫌疑人改头换面后，可以使用声音辨识来确定逮捕对象。

随着计算机技术和语音技术的不断发展，它在实际中得到了越来越多的应用。在智慧城市的发展中，大规模的使用语音技术将成为智慧城市的一大发展方向。

二、计算机视觉

（一）如何理解计算机视觉

计算机可以拥有类似眼睛的视觉能力吗？是的。但这并不代表计算机也能拥有一对眼睛，它只是说，计算机可以利用影像的运算能力，将所看到的影像进行解析，就如同人类的眼力一般，能够做出正确的判断与领悟。总之，利用计算机进行的人体视觉仿真技术被称作CV，能够实现对影像和视频的自动化、智能化和高效的控制。

计算机视觉主要分为四大类别：计算机成像、图像理解、三维重建和运动视觉。计算机影像是照相的基本理论。研究者利用相应的图像处理方法，使得在有限的条件下得到的影像更为完美。比如，利用卫星接收到的地表影像，常常会受到迷雾的影响，因此利用计算机进行运算，可以得到更为清楚的地形资料；再比如，随着手机功能的不断增强，利用相应的图像处理技术，可以让照片的色彩更加饱满、细节更加清晰。图像理解，正如它的名字所暗示的那样，意味着了解图片中的东西和它的含义。计算机如何解读图片呢？就拿图片中的生物种类来说，人类的眼睛通过图片中的体型、颜色、耳朵、尾巴等特征来判定是犬还是马。计算机也有相似之处，利用一套图像识别的运算法则，首先提取一张图片的色彩与质地，再依此特性来判定影像中的物品。三维重构是建立与平面影像相适应的三维模型，在文物保护、植物保护、临床医学等方面具有一定的应用价值。比如，将2D影像中的树木还原为立体的树木，使之能全方位地从不同的视角来观测树木的成长。动态视觉是指由计算机来处理的一系列的影像，例如，视频是一系列的时间顺序。

(二) 计算机视觉在智慧城市管理中的应用

（1）在城市执法过程中，利用视频图像处理、检测和识别视频图像，实现对交通违法行为的智能判定和处理。

（2）在智慧城市的智慧化管理中，利用计算机影像技术，可以自动划分和辨识不同类型的公园绿化类型，从而达到智能化的绿化类型。

（3）在智慧城市公园的智能建筑中，利用深度学习的方法，可以对各个园区的动态影像进行智能的训练与学习，并对诸如践踏草坪、车辆闯入、火灾等异常现象进行智能辨识与报警，从而提高公园的秩序与安全。

三、虚拟现实

(一) 虚拟现实的简单介绍

所谓的"虚拟现实"，就是将一个真实的场景呈现在真实的世界里，由计算机对各种复杂的信息进行运算和模拟，最终形成一个立体的场景，使用者可以在佩戴特定的装置之后，将自己"投射"到一个真实的环境中，让人有一种置身其中的感觉。

在虚拟现实中，有以下三个主要特征：多感知性、沉浸感和交互性。多感知性（Multi-Sensory）是指在一个真实的虚拟世界中，使用者可以从视觉、听觉和触觉等来进行自由的观看和感觉，而获取这种感觉的方法就是将传感器和计算机技术相融合。沉浸感是指在一个虚拟的环境中，使用者的视觉、听觉和动作与现实生活中的一模一样，仿佛置身于一个真实的世界中。交互性指的是使用者和虚拟环境的交互作用，即使用者可以在现实中操控任何东西，而在现实中，虚拟空间会给予使用者真正的回馈。比如，使用者可以接触到一个虚幻的对象，在这个过程中，他的手会感觉到他的体温，他的视线中的目标也会随着他的手的运动而发生变化。

(二)虚拟现实在智慧城市管理中的应用

将虚拟现实技术运用到智慧城市的管理中,有助于推动城市的信息化建设。具体表现在以下三个层面:

(1)就都市计划而言,利用虚拟技术展示规划,利用数据界面在虚拟环境中实时获得相关的信息,便于管理者进行决策和评估。

(2)在城市的建筑与改建中,可以用虚拟现实技术将设计的改造物品,例如分类垃圾桶、智能灯柱等,通过虚拟的方法和系统的设计,改变设计的形状、颜色、材质等,从而达到节约设计费用的目的。

(3)这种技术也适用于智能城市园林的智能化建设。比如,通过使用虚拟技术,把旅游景点的相关知识以真实的方式加入旅游景点中,或是加入一些带有故事的虚拟影像,让游人能够更深入地理解旅游胜地的历史背景和文化。

四、增强现实

(一)什么是增强现实

增强现实技术是从虚拟技术发展起来的一门新兴技术,将现实世界的信息和虚拟世界的信息融合在一起的新技术。例如,视觉、听觉、味觉、触觉等实物资讯无法在实际生活中得到充分的感受,必须通过计算机等技术将其与现实的资讯结合起来,即将其与现实的事物进行即时的重叠,使之能够被人所感受,以获得超出现实的感觉;又比如,人们可以用全息眼镜观看新闻、天气和视频,还能玩虚拟的游戏。另外,目前已被大量应用的诸如"Face U""P图"等多种功能的手机 App,可以将"眼镜""帽子""兔耳朵"等多种饰品覆盖到人脸上,以增加图片的内容。

该系统的三大特征是:虚实结合、实时交互以及添加到三维空间中的虚实定位中。

(1)虚实结合是指把真实的场景与虚拟的场景相融,让两者同时呈现于一幅场景之中,让人感觉不到真实与虚拟之间的不协调。

(2)实时交互是指用户可以利用诸如摄影软件之类的互动装置,与现实中的虚拟对象进行互动,从而提高对周围环境的感知能力。

(3) 在三维尺度空间中增添定位虚拟物体,实际上说的是 3D 定位性。比如,一个视频式的增强现实系统,它能使摄影机把影像直接呈现在屏幕上,让观众看见真实的画面;同时,虚拟摄像头将虚拟影像传输至监视器,利用两台摄影机进行全方位的立体对齐,使虚实两个场景融合在一起,并能在立体中自由添加和定位虚拟物体。

(二) 智慧城市管理中的增强现实

随着增强现实技术的发展,与此相关的应用软件也越来越多,增强现实已经渗透到了我们的日常生活中。比如,在网上购物时,顾客可以通过网上"试衣"来确定买不买;消费者在选购时,可以把家具"摆"到网上,先看一下是否适合,然后再做出判断,省却了退货的烦恼。在智慧城市的建设中,加强现实技术的应用有利用增强现实技术进行城市园林设计。在智慧城市的建设要求下,必须进行城市园林的设计与布置评价,即进行园林规划。在常规的规划方式中,往往会将目标置于对应的背景中,并在心中或者在绘图中进行分析、求解。利用 AR 技术将被测物体与现实中某个视角所感受到的影像资讯结合起来,以直观的方式呈现与回馈于设计者,进而提升规划的效能。

(三) 增强现实在市容环卫中的应用

由于商业化需求,都市广告牌不断涌现,但大规模投放也造成了资源的浪费。利用 AR 技术,使用者可以透过 AR 眼镜看到城市环境卫生管理的预置式广告板,并结合静态实体与静态建筑达到视觉上的直接要求。

在智慧城市的建设中,AR 技术也可以用于市政工程,其设计的结果可以与现实中的实际情况相结合,从而达到预期的效果。另外,在都市和园林中,人们也可以透过 AR 眼镜来改善他们的视觉感受。在今后智慧城市的建设中,AR 技术必将得到越来越多的运用。

第五节　其他技术

一、信息安全

(一)智慧城市中的信息安全

说到信息安全,相信很多人都不会感到陌生,小到个人的账户密码,大到国家的机密文件,都要保证这些资料的安全性和可靠性。在整个智慧城市系统中,信息的安全性至关重要。

在"互联网+"的今天,智慧城市建设是一种融合了大量新技术的、复杂庞大的系统工程。而信息安全管理体系的建立和运行,包括感知层、通信传输层、应用层和智能分析处理层,如果信息安全出现了问题,将导致城市管理混乱、大量信息泄露、应急决策失误、各类事故频发等情况,严重影响社会治安和个人的健康。此外,在智慧城市的建设过程中,要存储大量的公民个人资料,对其进行安全保护就非常重要。在智慧城市的信息化建设中,信息安全建设是一个非常关键的环节。

(二)信息安全在智慧城市管理中的应用

1. 保护个人隐私信息

"大数据"是智能城市的重要组成部分,它的关键在于用户的个人信息。随着智慧城市的建设,各方面的工作都变得越来越紧密,人们的私人资料在网上被地传播,人们真实的生活在网上也会被记录下来,人们或家庭所使用的设备和物品也会在互联网上公开。这种情况下,会给各个领域和行业带来难以弥补的损失。

当前,我国智慧城市管理的创建尚处在起步阶段,对其危害程度的认知尚不充分,存在安全防护工作的不足,公众对自身的保护也不甚了解。利用信息化技术加强公民日常所用软件的安全性,从根本上防止资讯外泄。

2. 保障城市正常运转和安全

智慧城市的大多数管理系统都是建立在一个公用的网络上,对大量的城市运营和管理的信息进行收集和存储,对大量的资料进行统计、整理,为城市的发展奠定基础。针对恶意偷盗传感器获得存储密码和感知数据、通过多位置放置被控节点副本及发射无线干扰信号、物理层攻击使网络瘫痪等隐患,信息安全技术就是一把捍卫数据信息的利剑,保证智慧城市管理平稳进行。

二、区块链

(一) 大话区块链

区块链技术解决的是哪种问题呢?

如果此时有一支部队遭到了袭击,而且很有可能会被歼灭,那可如何是好?古往今来,虽然都是被人围困,但是只有韩信一战封侯,在萨尔浒之战,明军遭遇惨败。对于这个问题,我们可以这么说:各位将领对于当前形势的判断是不是一致的,对于行动方案的意见是否一致,将领中是不是有内奸、叛徒等,都会对战争的胜负产生重大的影响。

各个单位是否实现了作战情报的分享,是否遭遇了伪造、篡改,是否能够追踪到伪造、篡改的来源,这些都将影响行动是否能够取得胜利。而在此基础上,应用区块链技术来保证各方信息内容的安全、不可伪造、不可篡改、不可追踪等。

这些问题可以从更深层次上抽象地表述:在没有高层领导层的机构,也就是分散的企业,怎样形成统一的意见,确保每个人都能遵守统一的命令,而不受少量错误命令的影响。针对这一问题,本节提出了一种基于区块链技术的解决方法。

首先发给每位将领一份空白的命令书,一旦有一名将领要下达新的命令,他便会在一张纸上签字,再转交给另一名将领。当一名将领接受了这封信之后,他就会在信中留下自己的名字,并把这封信交给下一名将领。等到这封信送到了最后一名将领的手中,他会把这封信来自各个方面的情报收集起来,然后传达给所有人。当所有人都看到大部分将领的签字后,所有人都同意了命令,那么命令就会被立即执行。由于每个将领都清楚这封信的意思,所以这封信的真实性是无法造假的。所有人都要按照命令行事,再把命令写在自己的军令状上,然后把具体的日期写下来,这样每位将军手中都有一本一模一样的军令状，这一点体现了军令状信息内容的可共享性。战争结束后，稽查局会根据这份文件审核每一名将领的战斗表现，以确保他们在战斗中没有任何不正常的表现。一个将领，要动手脚，是非常困难的，不仅要修改自己的军令状，还要修改别人手里的军令状，可见这个军令状的真实性。

在上面的计划里，一个军事命令就像一个区块链，每个页面的记录都相当于区块链中的一个区块，而记录的时间顺序就是区块链的链，基于此，区块链实际上是一个去中心化的数据库，它可以共享、可追踪、不可伪造、不可篡改。

提到这个话题，有一位必须提到的人就是中本聪，他是比特币的发明者和创立者。中本聪将区块链技术应用到比特币，构建了一个基于密码学的分中心化、点对点的、安全的、可持续的体系，以构建低成本的、可持续发展的金融体系。在这个体系中，可以将所有货币的流通情况都记录下来，从而避免假钞的产生，也就是说，建立了一个完整的网络账户，每进行一次交易都会向整个网络进行播放，从而保证网络上每一种货币的真实情况。另外，他还使用了一种工作验证制度，以避免单一的货币反复付款，也就是每次买卖都会在整个网络上播放，一次付款又会导致一种货币的多次播放。一个节点将接收到的一个特定的事务并放在一个方框中进行时间运算，一旦完成，它就会在整个网络上播放；假如另一个人在1号上进行了第二次的确认，第2号就会出现在第一次，如此等等，就会产生一个区块链，而如果多次付款，则会出现一个链分叉。整体而言，区块链是一个分散式数据结构，其数据具有可共享、可追溯性、不易伪造和篡改等特征。

区块链以诸如比特币这样的密码货币为根基，是一个让数据更透明、更不易被攻破和被审核的分散式数据库。区块链技术实质上是互联网上的一项以去中心化、共享、不可篡改、不可伪造和可追踪为特征的技术，它不仅改变了传统技术的中心化，还弱化了中央服务器的概念。在数据中心，不同的数据节点可以作为一个服务端和一个客户机，在没有链接的情况下，可以进行资源的直接共享和使用。在一个区块链中，每个节点都具有相同的身份，并且每个节点都会对其进行记录，这种信息分享特性确保了交易的安全性。

(二) 区块链在智慧城市管理中的应用

由于区块链具有信息共享、不可伪造、不可篡改、可追踪等特点，因此它具有安全、可靠、防篡改等优点。一些地区已经开始尝试推行"区块链+政务"，并在一定程度上获得了良好的效果。

1. 共享型应用

在此基础上，区块链技术能够有效地克服政府与企业间合作所遇到的信用担保问题。比如，在公交体系中，将区块链技术引入 Visa 和 Docu Sign 之间，可以有效地解决汽车租赁流程复杂化、琐碎化的问题，从而极大地提升了车辆的使用效率，为人们的日常生活带来了极大的方便。

2. 智能便民服务

由于区块链的数据具有可分享、不可被篡改等特点，因此，可以利用它来发展更多的智能价值。比如，能源公司可以通过 IOT 装置来实现用户支付，或者通过智能合同来减少交易的风险和管理费用。

3. 智慧政务服务

由于区块链具有信息分享的特点，使得它能够提升政府工作效率，并能最大限度地改善民众的办事感受。比如，利用区块链技术实现机构与组织间信息的分享与同步，可有效地克服行政机关间工作流程烦琐、信息孤立等问题，提高行政效率、降低行政成本、改善群众办事的感受。

4. 智慧执法服务

在城市管理部门的执法和管理部门的行政许可等方面，可以使用区块链技术进行取证。

（1）城管执法和取证记录。在日常的城市管理工作中，执法和取证是一项非常关键的工作，而以往的执法记录大多采用纸质记录和视听记录，存在丢失、篡改、损毁等风险。利用区块链技术，可以很好地处理此类问题。将区块链的电子签名技术加入网络执法系统等执法终端中，将违法的对象、地点、事实、执法过程等全部录入网络执法系统中，形成可查、可信的证据链条，从而增强执法的公平性、公开性和透明度。

（2）行政许可记录。在日常工作中，执行有关许可类型的审查，通常采用对相关纸质许可的审查、保存图片和音频等。不过这种审查方法也会有分辨真假和保质期的问题。利用区块链技术，通过将智能合同等手段进行录入，生成非伪造的固定资料，并设置特定的查询密钥。在执法检查中，可以利用"执法通"等终端进行网上核查，从而极大地增强了执法的针对性和有效性。

目前，区块链技术的发展远远不止于上述的应用，同时区块链技术的兴起，伴随着其他技术的飞速发展，制定一套具有前瞻性、可执行的智慧城市管理策略指日可待。比如，通过使用区块链技术对公司的信贷进行评价和分析，并对其进行监测和管理；以区块链技术为基础，建立分散式的通信与社会体系，以达到点到点通信与保密资讯的目的；建立一个由社区和市民共同参与的选举监测体系，让民众能够及时地提出意见、提出工作方案、实现与公众的面对面交流、增进公众与私人机构之间的交流、营造可持久的创造氛围，从而提高市民和游客的福祉。

参考文献

[1] 杨冰之，郑爱军. 智慧城市发展手册 [M]. 北京：机械工业出版社，2013.

[2] 王文广，苏仲洋. 智慧城市与基础设施智能化管理 [J]. 建筑与文化，2017(5)：33-36.

[3] 宋超俊. 城市型风景名胜区保护与利用规划研究 [D]. 北京：北京建筑大学，2015：2-3.

[4] 张宁远. 户田芳树：风景的价值 [J]. 中国房地产业，2014（11）：102-105.

[5] 金志强. 固体废弃物危害及处理技术分析 [J]. 资源与环境，2012(9)：150.

[6] 盘双. 我国城市水务管理改革方向探析 [J]. 科学与信息化，2017（34）：182.

[7] 陈杰，黄凌. 城市水务工程建设风险管理与控制研究 [J]. 水电与新能源，2012(4)：49-52.

[8] 钟玉秀，王亦宁. 深化城市水务管理体制改革：进程、问题与对策 [J]. 水利发展研究，2010(8)：66-72.

[9] 王旭. "智慧城管"评价指标体系研究 [J]. 现代经济信息，2016(4)：35-37.

[10] 袁勇，王飞跃. 区块链技术发展现状与展望 [J]. 自动化学报，2016（4）：481-494.

[11] 王毛路，陆静怡. 区块链技术及其在政府治理中的应用研究 [J]. 电子政务，2018(2)：2-14.

[12] 高国伟，龚掌立，李永先. 基于区块链的政府基础信息协同共享模式研究 [J]. 电子政务，2018(2)：15-25.

[13] 李国杰，程学旗.大数据研究：未来科技及经济社会发展的重大战略领域——大数据的研究现状与科学思考 [J].中国科学院院刊，2012(6)：5-15.

[14] 中华人民共和国国民经济和社会发展第十三个五年规划纲要.

[15] 左军.基于大数据的网络用户行为分析 [J].软件工程，2014（10）：5-6.

[16] 曾文献，李伟，郭兆坤.视频数据挖掘技术综述 [J].河北省科学院学报，2017(1)：1-7.

[17] 李雄飞，董元方，李军.数据挖掘与知识发现 [M].北京：高等教育出版社，2010.

[18] 杨正洪.智慧城市——大数据、物联网和云计算之应用 [M].北京：清华大学出版社，2017.

[19] 王桂玲，韩燕波，张仲妹，等.基于云计算的流数据集成与服务 [J].计算机学报，2017(1)：107-125.

[20] 顾炯炯.云计算架构技术与实践 [M].北京：清华大学出版社，2014.

[21] 吴朱华.云计算核心技术剖析 [M].北京：人民邮电出版社，2011.